Gabi Schick

# Deutsche Migranten auf der Kanareninsel La Gomera

D1665478

# Interethnische Beziehungen und Kulturwandel

## Ethnologische Beiträge zu soziokultureller Dynamik

herausgegeben von

Prof. Dr. Jürgen Jensen, Universität Hamburg

Band 52

LIT

Gabi Schick

# Deutsche Migranten auf der Kanareninsel La Gomera

Inselalltag in der Spannung
zwischen Idealen und täglichen Erfahrungen

LIT

Umschlagbild: Gabi Schick

**Bibliografische Information Der Deutschen Bibliothek**
Die Deutsche Bibliothek verzeichnet diese Publikation in der Deutschen
Nationalbibliografie; detaillierte bibliografische Daten sind im Internet
über http://dnb.ddb.de abrufbar.


Zugl.: Hamburg, Univ., Diss., 2002
Deutsche Migranten auf der Kanareninsel La Gomera: Inselalltag in der Spannung
zwischen Idealen und täglichen Erfahrungen


ISBN 3-8258-6549-5


© LIT VERLAG Münster – Hamburg – London 2003
Grindelberg 15a 20144 Hamburg Tel. 040–44 64 46 Fax 040–44 14 22
e-Mail: hamburg@lit-verlag.de   http://www.lit-verlag.de

**Für meine Eltern**

Ich danke meinem Freund und Lebenspartner Ulf Albrechtsen für seine Unterstützung und Geduld; ebenso unseren Kindern Jannik, Luca, Kira und Malte.

Ich danke meinen Informantinnen und Informanten für ihre Offenheit und ihr Vertrauen.

Ich danke Prof. Dr. Jürgen Jensen und Prof. Dr. Waltraud Kokot für ihre professionelle Begleitung.

# Inhaltsverzeichnis

VERZEICHNIS DER TABELLEN

1

# 1 Einleitung

Die hier vorgelegte Studie beschäftigt sich mit deutschen Migranten auf der kanarischen Insel La Gomera. Für die Migranten ist eine Erwartung der Verbesserung der Lebensqualität das Motiv für eine Migration. In dieser Arbeit werde ich die persönlichen Einschätzungen der Veränderung der Lebensqualität auf der Insel aufgrund der tatsächlich gemachten Erfahrungen untersuchen. Da die Mehrzahl der Deutschen auf der Insel im Bezirk Valle Gran Rey lebt, fanden die Feldforschungen in diesem Tal statt. Die genauere Fragestellung ist die nach der Verbesserung der Lebensqualität in dem neuen, durch die freiwillige Migration gewählten Lebensraum. Um diese Frage zu beantworten, habe ich mich mit den deutschen Migranten im Valle Gran Rey beschäftigt, den Werten und Normen, die zu einer Auswanderung führten, den kulturell und individuell geprägten Erwartungen an den veränderten Lebensraum und der deutschen Infrastruktur im Untersuchungsgebiet. Aber auch die Kultur der einheimischen Bevölkerung, insbesondere der rasante Kulturwandel durch den sich entwickelnden Tourismus der vergangenen Jahre habe ich beobachtet und analysiert. Denn der Alltag, der für die Lebensqualität der Menschen von Bedeutung ist, wird durch das Zusammenspiel und die Verständigung der Menschen beider Kulturen geprägt.

Seit in den siebziger Jahren die ersten Urlauber nach La Gomera kamen, haben immer mehr Deutsche die sonnige Insel zu ihrem festen Wohnsitz gemacht. In den Medien wird La Gomera mit Superlativen wie „die schönste Insel der Welt" (Kilian 1992:210ff) betitelt oder das Valle Gran Rey als „das Tal der Paradiesvögel" (Reuter 1998:68ff) bezeichnet. Es ist die Rede von „Aussteigern und Gelegenheitsfreaks, die ins zauberhafte Valle Gran Rey ziehen, und mit Gleichgesinnten klampfend, kiffend und nackig sonnenbadend einer besseren, bewußteren Zeit hinterherträumen" (Müllender 1999:20). Diese einseitige Darstellung, die in der Öffentlichkeit das Bild des „Aussteigerziels" prägt, möchte ich kritisch hinterfragen. Anhand meiner qualitativen Untersuchung gelange ich zu einem differenzierteren Bild.

„Aqui tenemos el paradiso", „wir haben hier das Paradies", beteuerte mir eine gomerische Informantin. Das Paradies gilt für viele Menschen als Sinnbild für den verloren geglaubten Urzustand. Der Freizeitforscher Opaschowski behauptet sogar, daß die Sehnsucht nach dem Paradies – gutes Leben, schönes Leben, Wohlleben – eher zu- als abnimmt (Opaschowski 1999). „Die Paradiesvorstellung wie sie von Reisenden formuliert wird, ist offenkundig kein individueller Traum, sondern eine soziale Tatsache im Sinne Durkheims" (Fischer 1984: 334). Daß das Paradies dennoch eine Utopie bleibt, soll in dieser Arbeit deutlich werden.

Die Auswertung meines empirischen Materials nehme ich auf der Grundlage von Theorien zu Migration, Ethnizität, Lebensqualität und Tourismus vor. Auf die Klärung der Begriffe und theoretischen Ansätze werde ich im zweiten Kapitel genauer eingehen.

## 1.1    Untersuchungsort

Im Atlantischen Ozean, knapp einhundert Kilometer vor der Südwestküste Marokkos, liegen die insgesamt elf Kanarischen Inseln. La Gomera ist nach La Graciosa und El Hierro die kleinste der bewohnten Inseln des vulkanischen Archipels (vgl. Landkarten: Anhang I). Die fast runde Insel misst etwa 369 km², hat einen Durchmesser von ca. 22 bis 25 km und eine Küstenlänge von 96 km.

Um den nicht ortskundigen Lesern einen gedanklichen Zugang zu der 18.300 Einwohner[1] zählenden kanarischen Insel La Gomera zu ermöglichen, werde ich zunächst beschreiben, wie der Urlauber die Anreise auf die Sonneninsel erlebt. Bei der Ankunft in San Sebastian, der etwa sechstausend Einwohner zählenden Hauptstadt und dem größten Hafen La Gomeras, hat der Besucher aus Deutschland fünfeinhalb Flugstunden und eine anderthalbstündige Fährüberfahrt hinter sich. Obwohl der nach jahrzehntelanger Bauphase mit EU-Geldern finanzierte Flughafen[2] von La Gomera seit 1999 eröffnet ist, starten dort nur wenige Maschinen pro Woche zu den benachbarten Inseln. Internationale Flüge werden weiterhin über Teneriffa abgewickelt. Von „Reina Sophia", dem Südflughafen Tenerif-

---

[1]Die Zahl erschließt sich aus den Internetangaben des „Instituto Nacional de Estadística" nach der aktuellsten Zählung - „Revisión de Padrón Municipal de Habitantes, 2000" -.

[2] Bereits während der Planung wurde die Rentabilität des Flughafens in Frage gestellt (vgl. Brözel 1993). Das Flughafenprojekt spaltete die Bevölkerung in zwei Lager. Die kanarische Regierung und vor allem die Inselhonoratioren erhofften sich einen anwachsenden Tourismus. Gegner der Projektes, die Mehrheit der Bevölkerung und die ökologisch orientierte Bürgerinitiative Guarapo (Asociacion cultural y ecologista) wollten die Insel genau davor, nämlich dem Schicksal der Nachbarinseln, bewahren. Für den Flughafenbau wurden aufwendige Arbeiten notwendig, Bergrücken waren wegzusprengen, Senken mußten gefüllt werden, eine bedeutende Naturlandschaft wurde zerstört (Nau 1995:42f).

fas, sind es nur wenige Kilometer durch karge, monotone Landschaft und das mit Apartmentanlagen und Hotelburgen verbaute Los Cristianos zum Fährhafen, von welchem die Schiffe nach San Sebastian ablegen. Als der Tourismus auf La Gomera in den siebziger Jahren begann, fuhr nur zweimal pro Woche ein Schiff auf die kleine Insel. Inzwischen hat der skandinavische Unternehmer Fred Olsen[3] einen regelmäßigen Fährservice eingerichtet und auch ein staatlicher Fährbetrieb bedient die Route Los Cristianos – San Sebastian.

Mit etwas Glück kann man auf der Überfahrt Delphine und sogar Wale sehen. Auch fliegende Fische gleiten gelegentlich über die Wasseroberfläche. Immer näher rückt die grüne und bergige Insel La Gomera, an deren Steilküsten das Meer so stark genagt hat, daß sie bis zu 700 Meter senkrecht ins Meer abfallen. Höchster Berg ist der Garajonay[4] mit 1.486 Metern.

Das Gebiet um den höchsten Berg der Insel wurde 1981 zum Nationalpark „Parque Nacional de Garajonay" erklärt. Hiermit wurde mit 3.984 ha Fläche - 10,7 % der Gesamtfläche La Gomeras - die größte und besterhaltendste zusammenhängende Lorbeerformation der gesamten makaronesischen Region unter Schutz gestellt. Der Lorbeerwald bedeckt den dem Passat zugewandten Nordostabfall der Insel und „kämmt" mit seinen Blättern die Feuchtigkeit des Kondensnebels

---

[3] Fred Olsen ist heute der bedeutendste Großgrundbesitzer auf La Gomera. Bereits 1923, als der Agrarhandel mit England florierte, kaufte sein Vater, Thomas Olsen, gemeinsam mit seinem spanischen Geschäftspartner Alvaro Rodríguez López große Ländereien im Süden Gomeras, im Barranco Santiago. Sie ließen Tiefbrunnen bauen, trieben Wasserstollen in die Felsen und bauten sogar Talsperren, um die von ihnen angelegten riesigen Bananen- und Tomatenplantagen zu bewässern. Hunderte von besitzlosen Gomeros wurden angeworben, um die Ländereien zu bewirtschaften. Sie konnten mietfrei in den von Olsen errichteten Arbeiterhäusern wohnen. Außerdem engagierte Olsen sich im interinsularen Fährverkehr und gründete die Ferry Gomera S. A., womit eine regelmäßige Schiffsverbindung zwischen La Gomera und Teneriffa geschaffen war. Thomas Olsen vererbte seinem Sohn Fred das Imperium, der 1978, nach dem Bankrott seines Partners López auch einen Großteil von dessen Ländereien erwarb. Der nicht mehr gewinnbringende Tomatenanbau wurde längst aufgegeben. Olsen weiß auch, dass die Zukunft auf den Kanaren nicht den Bananen gehört. Die Olsen-Company erwirbt bis heute Land auf La Gomera und setzt inzwischen im Süden der Insel auf den Weinanbau. Auch ins Tourismusgeschäft ist Fred Olsen eingestiegen und baute 1987 in Playa de Santiago das Vier-Sterne-Clubhotel Tecina, mit mehr als 800 Betten. Inzwischen warnen Kritiker vor der stetig wachsenden Macht des Olsen Imperiums. Der Bau eines privaten Flughafens wurde ihm verwehrt (vgl. Nau 1995:102f).
[4] Der Guanchenname „Garajonay", so heißt es, beruht auf einer gomerischen Legende. Hiernach sollen sich die Prinzessin „Gara" und der Bauernsohn „Jonay" aus Teneriffa gemeinsam mit dem Ast eines Lorbeerbaumes durchbohrt haben, weil ihre Liebe von den Angehörigen nicht geduldet wurde (Göbel 1995:53).

aus, wodurch er auf der Insel eine überlebenswichtige Bedeutung als Wasserspeicher erlangt, denn die Waldmassen speisen 70% der Wasservorräte der Insel (Lopez 1992:62). Im südlichen Teil des Nationalparks, der weniger durch den Passatnebel beeinflußt wird, herrscht der ebenfalls immergrüne und trockenheitsresistente Myrika-Heide-Wald vor, der „Fayal-Brezal" (vgl. Göbel 1995). Aufgrund seiner einzigartigen Naturausstattung und seines hohen wissenschaftlichen Wertes in botanischer, zoologischer und geologischer Hinsicht, wurde der „Parque Nacional de Garajonay" 1986 von der UNESCO[5] als einziger der spanischen Nationalparks zum „Patrimonio Mundial de la Naturaleza" – „Weltkulturerbe" – ernannt und damit als einzige Naturlandschaft Spaniens gewürdigt (vgl. Sanchez 1990:17ff, ICONA 1990:15).

Die Insel ist tief zerklüftet und zerfurcht. Von der zentralen Hochebene hat das Regenwasser etwa fünfzig Talschluchten, sogenannte Barrancos, tief in das vulkanische Gestein gegraben. Die bis zu 800 Meter tief einschneidenden und teilweise mehrere Kilometer langen Barrancos prägen das Landschaftsbild La Gomeras. Die Insel zeigt ein durch Vulkanismus und Erosion entstandenes Gebirgsrelief, das aufgrund der großen Höhenunterschiede eindrucksvolle alpine Züge erkennen läßt (Steuer 1996:14). Die Hälfte der Fläche von La Gomera liegt über 600 Meter Höhe.

Von San Sebastian gibt es die Möglichkeit, mit einem Taxi oder mit dem Bus die fünfzig Kilometer quer über die Insel ins Valle Gran Rey zurückzulegen. Nachdem einen das Flugzeug in nur wenigen Stunden aus dem winterlich kalten Grau Mitteleuropas in den sonnigen Süden transportiert hat, ist dies eine schöne Art, sich die letzten Kilometer beschaulich dem Ziel zu nähern. Die Naturschönheiten La Gomeras sind ohne Übertreibung sehr beeindruckend: Da sind die tiefen Schluchten, das undurchdringlich erscheinende satte Grün des Lorbeerwaldes mit den meist nebel- und wolkenverhangenen Gipfeln, der Blick auf die benachbarten, aus dem Meer ragenden Inseln El Hierro, La Palma und Teneriffa mit seinem oft schneebedeckten Vulkan Teide und die bis in die hintersten Winkel terrassierten Hänge, an denen erkennbar wird, mit welchem Geschick die Bevölkerung bis ins 19. Jahrhundert versucht hat, mit Hilfe von Trockenmauern jedes Stückchen Erde nutzbar zu machen. Städte und Dörfer im Sinne einer zusammenhängenden

---

[5] Organisation für Erziehung, Wissenschaft und Kultur der UNO. Gegründet 1945 mit dem Ziel, die internationale Zusammenarbeit auf den Gebieten Erziehung, Wissenschaft, Kultur und des Informationswesens zu fördern. Die UNESCO nimmt Aufgaben wahr, wie die Bekämpfung des Analphabetismus in Entwicklungsländern, Denkmalschutz (Rettung von Kunstdenkmälern der Völker), Abkommen zum Urheberrecht, Forschung zur Verwendung von Wissenschaft und Technologie in Entwicklungsländern etc. (vgl. Horlemann 1988:102).

Siedlungsstruktur gibt es auf der Insel kaum. Nur maximal 12 % der Oberfläche La Gomeras bilden kultivierbaren Boden. Darum sind in der Nähe jeder landwirtschaftlich nutzbaren Fläche Höfe und Weiler entstanden. Streusiedlungen kennzeichnen die Landschaft (vgl. Brözel 1993:21).

Geologen schätzen die Insel La Gomera auf etwa 20 Millionen Jahre. Der vulkanische Ursprung und die Erosion sind für das Entstehen besonders auffälliger Formationen aus Basalt und Phonolit verantwortlich. Der Tafelberg „Fortaleza" sowie die steil ins Meer abstürzenden sogenannten „Orgelpfeifen" - „Los Organos" - sind solche Basaltformationen. Aus hartem Phonolit sind die für Gomera so typischen „Roques", die wie Zuckerhüte in die Landschaft ragen. Eindrucksvoll ist der „Roque Agando", oberhalb des Tales von Santiago, den man während der Fahrt vom Hafen ins Valle Gran Rey passiert (vgl. Borjes/Koch 1992:15/ff). Sämtliche vulkanische Tätigkeit erlosch auf La Gomera bereits in vorgeschichtlicher Zeit. Als einzige Insel der Kanaren weist sie keine vulkanische Tätigkeit mehr auf (Steuer 1996:14f).

Das Klima von La Gomera ist mild, ohne große Temperaturschwankungen, was das Eiland für Mitteleuropäer besonders attraktiv macht. Die Tageshöchsttemperaturen der heißen Monate August und September liegen im Süden der Insel bei 28 bis 29 Grad, in den Nordtälern um die 25 Grad. Im Januar und Februar, den kühlen Wintermonaten, liegen die Tagestemperaturen bei 19 Grad. Nächtliche Tiefstwerte betragen durchschnittlich um die 13 Grad. Die mittlere Jahrestemperatur beträgt in San Sebastian etwa 20,9 Grad, und auch die Wassertemperaturen liegen übers Jahr hinweg gleichmäßig etwa um die 20 Grad (Cabildo/Reifenberger 1995: 50ff).

Im Sommer ist der Einfluß der Passatwinde am beständigsten. Im Winter können auch von Westen kommende Tiefdruckgebiete polaren oder tropisch-ozeanischen Ursprungs das Wetter beeinflussen und zu teilweise starken Niederschlägen und Stürmen führen. Stärker unterliegen die Küsten der Nordseite den Passatwinden, und so kann hier auch eine gefährliche Brandung entstehen (vgl. Göbel 1995).

Die Niederschläge sind auf wenige Tage im Winterhalbjahr begrenzt. Da es meist sehr kurze aber heftige Schauer sind, werden nur etwa 20% davon ins Grundwasser aufgenommen, der Rest fließt durch die Barrancos ins Meer. Rund 600 Kubikmeter Wasser werden pro Kopf jährlich verbraucht. Obwohl La Gomera mit rund 500 l Niederschlagsmenge pro Quadratmeter in der Spitzengruppe der Kanaren liegt, belastet der Bewässerungsbedarf in der Landwirtschaft den Wasserhaushalt erheblich. Privatabnehmer und Touristen verbrauchen lediglich 8 % davon, der Rest wird vor allem für die Bewässerung der Bananenplantagen benötigt. Zwei Drittel des Wasserbedarfs[6] werden auf La Gomera von Oberflächenwasser wie Quellen und Stauseen gedeckt. In mühevoll angelegten Bewässerungsrinnen gelangt das Wasser von den Stauseen auf die Felder. Bei Wanderungen über die Insel sieht man auch immer wieder sogenannte „Galerías", horizontal in das Vulkangestein getriebene Stollen, in denen das Grundwasser angezapft wird, das sich in tiefgelegenen Kammern der wasserundurchlässigen Gesteinsschichten sammelt (Nau 1995:37ff).

Bisweilen herrscht auf La Gomera das sogenannte Afrikawetter. Durch von Südosten einströmende Saharaluft, „levante" genannt, kommt es zu Hitzestaus mit völliger Wolkenlosigkeit und Windstille. Diese Wetterlage, die hauptsächlich in den Sommermonaten auftritt und dann das Risiko von Wald- und Flächenbränden erhöht, kann zwischen drei Tagen und zwei Wochen dauern (Steuer 1996:24f).

In unzähligen Serpentinen windet sich die seit einigen Jahren ausgebaute und asphaltierte Straße ins Valle Gran Rey, das „Tal des großen Königs". Wie ineinandergeschachtelt liegen die weißgetünchten Häuser an den steilen Flanken des Tals. Obwohl einige Palmen dem Ausbau der Straße zum Opfer fielen, ist es noch immer das Tal mit den meisten hochwachsenden Palmen[7]. Direkt unten an der Küste des Valle Gran Rey sind in den vergangenen Jahren einige Apartmentanlagen gebaut worden, und auch ein Hotel wurde 1997 eröffnet. Nicht nur aufgrund der aufwendigen Anreise, sondern auch bedingt durch die Tatsache, daß es auf La Gomera kaum Badestrände gibt, blieb die Insel bis in die neunziger Jahre vom Pauschaltourismus unberührt. Im Vergleich zu den großen Nachbarinseln ist die

---

[6] Wasser ist ein Reizwort auf La Gomera. Aufgrund der spanischen Gesetzgebung, die angelehnt an das Römische Recht, wie schon vor Jahrhunderten die private Erschließung unterirdischen Wassers erlaubt, ist das Wasser für kleine Landwirte fast unbezahlbar teuer geworden. Finanzkräftige Großgrundbesitzer besitzen die Mittel, Tiefbrunnen bohren zu lassen. Als Ausgleich für die hohen Investitionen können sie beinahe willkürlich den Wasserpreis festlegen und machen somit die Bestellung des Ackerlandes für kleine Landwirte unrentabel. Im Valle Gran Rey herrscht seit Jahren ein „Wasserstreit" zwischen den Bewohnern des oberen Tales, denen das Wasser der Quelle Guadá zur Verfügung steht, und den Bewohnern der unteren Ortsteile, die Trinkwasser minderer Qualität aus Brunnen entnehmen müssen. Schuld daran sei, so die Gomeros, ein völlig veraltetes Gesetz aus dem Jahre 1927 (Nau 1995:38f).
[7] Die Kanarische Dattelpalme wächst aufgrund ihrer Anpassungsfähigkeit an der Küste sowie in höheren Lagen. La Gomera zählt mit über 100.000 Dattelpalmen als die palmenreichste Insel der Kanaren. Die Kanarische Dattelpalme steht unter Naturschutz und wurde lange Zeit in vielfacher Weise wirtschaftlich genutzt, z. B. zur Gewinnung von Palmsaft - „Guarapo" - oder zur Korbflechterei.

touristische Infrastruktur noch in den Kinderschuhen, und das Tal hat bis heute seinen dörflichen Charakter behalten.


## 1.2 Entwicklung meines Forschungsinteresses

Als ich vor drei Jahren meine erste Feldforschung als Praktikum im Rahmen des Ethnologiestudiums durchführte, entschied ich mich für das Thema „Deutsche Aussteiger auf La Gomera". Daß diese Bezeichnung, wenn unter „aussteigen" der Ausstieg aus dem kapitalistischen Gesellschaftssystem begriffen wird, nicht für alle auf der Insel lebenden Deutschen zutrifft, wurde sehr bald klar. Touristen sind es auch nicht, wenngleich sich einige, die zum Teil schon zwanzig Jahre dort leben, noch immer als solche bezeichnen. Auch die Bezeichnung „Migranten" gefällt manchen Mitgliedern der untersuchten Gruppe überhaupt nicht, da sie darunter eine räumliche Veränderung aufgrund wirtschaftlicher Not verstehen. Unter wissenschaftlich vergleichendem Gesichtspunkt, wenn man Migration als „the permanent or quasi-permanent relocation of an individual or group of individuals from a place of origin to a place of destination" (Parnwell 1993:13) definiert, ist dies jedoch die treffendste Bezeichnung.

Mich hat die Frage beschäftigt, wie das Leben in der freiwillig gewählten Migration aussieht. Eine Frage, die in einer Zeit der zumindest in unserem Land nahezu unbegrenzten Wahlmöglichkeiten viele Menschen beschäftigt, und sei es nur um zu klären, ob sie vielleicht doch eine Chance verpassen könnten. Denn es ist keine Zwangslage, die diese Menschen zur Übersiedlung in ein anderes Land bewegt, sondern es ist die Aussicht auf ein schöneres, besseres Leben, also eine Verbesserung der Lebensqualität im Vergleich zum Leben in Deutschland.

Ein persönliches Interesse an der Fragestellung erwuchs für mich nicht nur aus der Vermutung, daß die Migration eine Form von Kulturkritik am Herkunftsland sein könnte und ihr Auslöser ein Unbehagen an der eigenen Kultur. Sollte eine Form von Unangepaßtheit an die eigene Kultur vorliegen, so könnte eine Wesensverwandtschaft zur Ethnologenpersönlichkeit, wie sie von Stagl beschrieben wird, vorliegen.

> „Der Ethnograph bringt den Großteil seines Lebens mit dem Studium fremder Völker zu. Er tritt also – zumindest gedanklich – aus seiner eigenen Kultur heraus und versenkt sich in andere Kulturen hinein" (Stagl 1974:66).

Viele Menschen träumen irgendwann einmal von einem Leben in einer anderen Kultur, einer anderen Umgebung, aber um es wirklich zu tun, dazu gehören nach Stagl zwei Dinge: Die Anziehungskraft der fremden, aber auch die Abstoßungskraft durch die eigene Kultur.

> „Manchen Menschen erscheint ihre Kultur als fremd und bedrohlich. Die Konventionen, unter denen sie leben, stellen für sie lästige Zwänge dar" (Stagl 1974:78).

Dies ist ein Punkt, dem ich in der Frage nach den kulturell und sozial bedingten Beweggründen für die Migration der Deutschen auf La Gomera nachgehen werde (vgl. Kapitel 6.1).

Meinem nicht nur wissenschaftlichen sondern auch persönlichen Interesse folgend, verbrachte ich 1996/97 vier Monate mit meinem Partner und unseren drei Kindern „feldforschend" im Valle Gran Rey. Es folgten weitere Aufenthalte, 1997 für vier Wochen und 1998 wiederum vier Wochen, 1999 dann ein zweimonatiger Aufenthalt. Während dieser Forschungsaufenthalte haben sich zum Teil sehr intensive Kontakte zu den Informanten entwickelt, die insbesondere bei biographischen Interviews eine hilfreiche und notwendige Vertrautheit ermöglichten. Inzwischen haben mich auch mehrere Informanten bei Deutschlandaufenthalten zu Hause in Hamburg besucht. Außerdem stehe ich mit einem Teil meiner Informanten, zu denen sich inzwischen Freundschaften entwickelt haben, in ständigem E-Mail-Kontakt. Nicht zuletzt haben sich inzwischen schon einige meiner Ansprechpartner aus dem Valle Gran Rey vom Inselleben verabschiedet. Sie leben wieder in Deutschland, aber mein Kontakt zu ihnen besteht weiter.

## 1.3    Fragestellung der Untersuchung

Zugegeben, auch ich gehöre zu den Menschen, die sich nach einem verregneten Wochenende nicht nur im November manchmal fragen, ob das Leben auf einer sonnigen Insel vielleicht schöner, leichter, einfach lebenswerter sein könnte. Es war Neugier, die mich zu meinem Untersuchungsthema führte. Ich schreibe das an dieser Stelle, da wir seit der in den achziger Jahren geführten Writing Culture Debatte wissen, daß die persönliche Erfahrung des Ethnographen nicht vom wissenschaftlichen, objektiven Text getrennt werden sollte (Clifford/Marcus 1986). Die Ergebnisse einer Feldforschung, das Beschreiben und Erkennen des Anderen, ist auch ein Prozess des Selbsterkennens und der Selbstreflexivität.

„The ethnic, the ethnographer, and the cross-cultural scholar in general often begin with a personal empathetic ‚dual tracking‘, seeking in the other clarification for processes in the self... Among the most sensitive and best anthropological works are those that bring personal engagements into play" (Fischer 1986:199).

Obwohl ich selbst viele Jahre durch die Welt gereist bin, ist die Frage, ob es woanders  besser sein könnte, auch für mich noch nicht völlig geklärt. Was aber muß passieren, bis ein Mensch tatsächlich sagt: Ich gehe, um in einem anderen Land, einem anderen Kulturraum zu leben! Und vor allem, wie sieht der Alltag in dieser freiwilligen Migration aus?

Um die Frage nach einer Verbesserung der Lebensqualität in der freiwillig gewählten Migration zu beantworten, habe ich anhand qualitativer Untersuchungen zunächst erfragt, welche kulturell oder sozial bedingten Beweggründe zu einer Migration führten. Gibt es unterschiedliche Motive und führen diese zu unterschiedlichen Gruppierungen im Valle Gran Rey?

Welche kulturell oder individuell geprägten Erwartungen an die Veränderung des Lebensraums wurden erfüllt oder enttäuscht? Falls sie enttäuscht wurden, taucht die Frage auf, wie die Menschen damit umgehen, bzw. bei wem die Enttäuschungen zu einer Remigration nach Deutschland fuhren.

Wie sieht das veränderte Leben, der veränderte Alltag aus? Wie sind die Deutschen wirtschaftlich eingebunden? Sind Freundeskreis oder Partner in der Regel deutsch oder spanisch? Wie wirken sich die kulturellen Unterschiede in den interethnischen Partnerschaften aus? Wie stellt sich der Alltag für die Kinder dieser Familien in Schule und Freizeit dar? Fühlen sie sich eher deutsch oder spanisch?

Welche Bedeutung haben Beziehungen und Kontakte zu Freunden und Familie in Deutschland? Wie intensiv werden diese Kontakte gepflegt? Inwiefern ist eine soziale Absicherung in Deutschland vorhanden und von Bedeutung?

Gibt es eine deutsche Infrastruktur im Valle Gran Rey und wie sieht sie aus? Welche Bedeutung hat diese Infrastruktur für die deutsche Bevölkerung? War sie unter Umständen Vorraussetzung für eine Migration? Gibt es Gruppierungen unter den Deutschen? Welche Werte und Abgrenzungsmechanismen führen zu diesen Kategorien?

Welche Möglichkeiten einer Anpassung an die einheimische Kultur gibt es und wie werden sie genutzt? Ist es überhaupt für die Deutschen ein erstrebenswertes Ziel, sich der einheimischen Kultur anzupassen? Wodurch werden die Möglichkeiten einer Akkulturation erleichtert oder erschwert? Wie sieht die Verständigung mit der einheimischen Bevölkerung aus? Wo gibt es Schnittstellen im Alltag, an denen sich die Menschen beider Kulturen begegnen?

Da ich in den drei Jahren meiner Forschungstätigkeit auf La Gomera erkannt habe, wie viele Menschen nach einigen Jahren wieder zurückkehren, stellte sich auch die Frage nach der Entwicklung und den individuellen Gründen, die zu einer Remigration nach Deutschland oder einem Abwandern auf die Nachbarinseln führten.

Es wäre sehr einseitig und unzureichend, in einer solchen Arbeit nur die deutschen Migranten, den deutschen Raum auf La Gomera zu untersuchen. Es war mir wichtig, auch die Stimmung innerhalb der einheimischen Bevölkerung aufzunehmen. Wie empfindet sie die sich verändernden Lebensbedingungen durch eine wachsende Zahl deutscher Migranten? Welche Machtstrukturen zwischen Migranten und einheimischer Bevölkerung haben sich entwickelt und wie werden damit verbundene persönliche Ängste oder Chancen verarbeitet? Welche Möglichkeiten der Abgrenzung oder Identitätswahrung in einem immer bedrängteren spanischen Raum haben die Gomeros?

Es gibt eine Vielzahl von Fragen, die sich teilweise erst im Laufe der Untersuchung entwickelt haben, die aber allesamt hilfreich sind, das in den Medien einseitig dargestellte Bild eines „Aussteigerparadieses" zu hinterfragen. Ein Bild, das sich auch bei Urlaubern, die einige Wochen auf der Insel verbringen, oft noch hält, das aber für viele der Migranten nach einigen Jahren ins Wanken gerät und die Beantwortung der Frage nach einer Verbesserung der Lebensqualität erneut zur Disposition stellt.

## 1.4    Aufbau der Arbeit

Im **zweiten Kapitel** werde ich zunächst den theoretischen Rahmen, in den die empirische Untersuchung eingebettet ist, darstellen. Die zentralen Begriffe wie „Tourismus", „Migration", „Lebensqualität" und „Ethnizität" werden expliziert und ihre Bedeutung im Zusammenhang mit meiner Studie erläutert.

Die Forschungsmethoden und Begleitumstände meiner Datenerhebung werden im **dritten Kapitel** erläutert. Eine ausführliche Beschreibung der Forschungssituation ist insbesondere bei einer qualitativen Forschung von Bedeutung, denn die Perspektive des Verfassers färbt die Daten in ihrer Gesamtheit.

Im **vierten Kapitel** werde ich die Vorentwicklungen der von mir untersuchten Form einer freiwilligen Migration, deren Beweggrund die Hoffnung auf ein „besseres Leben" ist, betrachten. Das Leben in einem naturnahen Lebensraum, abseits der Zivilisation, lockt die Menschen schon seit dem 18. Jahrhundert. Nur waren es in vergangenen Jahrhunderten Einzelgänger, die einen individuellen Weg wählten, während heute, im Zeitalter des Massentourismus, ganze Ströme von Menschen den alternativen Weg aus der Leistungsgesellschaft „zurück zur Natur" wählen.

Die Rahmenbedingungen meines Untersuchungsortes, das Valle Gran Rey auf der Insel La Gomera, sind Inhalt des **fünften Kapitels**. Für ein besseres Verständnis der heutigen Alltagssituation von deutschen Migranten und der spanischen Bevölkerung ist eine Darstellung der Makroebene hilfreich. Neben den qualitativen Ergebnissen ist eine Verknüpfung zu den historischen und gesellschaftlichen Bezügen notwendig, um die komplexen Zusammenhänge auf lokaler Ebene zu verstehen.

Die Mikroebene der deutschen Migranten wird im **sechsten Kapitel** dargestellt. In diesem Abschnitt werde ich auf die individuellen Beweggründe für eine Migration, individuelle Lebensstile und Alltagsbewältigung eingehen. Ob eine Verbesserung der Lebensqualität tatsächlich über viele Jahre in der Migration anhält, ist von vielen Faktoren abhängig und nur individuell zu betrachten. Anhand von

Falluntersuchungen werde ich die Werte und Normen des Einzelnen, dessen Ängste und Sehnsüchte beispielhaft aufzeichnen.

Lebensqualität im Alltag basiert nicht nur auf der Verständigung der deutschen Migranten untereinander, sondern auch auf dem Austausch und dem Zusammenleben mit der einheimischen Bevölkerung. Wie sieht sie die heutige Situation mit einer wachsenden Zahl deutscher Migranten in ihrem Dorf? Die Beantwortung dieser Frage mit Bezug auf individuelle Betrachtungsweisen, Ängste und Chancen werde ich im **siebten Kapitel** vornehmen.

Schließlich im **achten Kapitel** werde ich die Remigration behandeln. Warum scheitert bei nicht wenigen Menschen der Versuch eines „neuen Lebens" in der freiwilligen Migration? Was ist ausschlaggebend für eine Remigration nach Deutschland? Welche Werte, welche Inhalte des persönlichen Konstruktes von Lebensqualität haben sich verändert? Die qualitative Erforschung der Remigration ermöglicht eine weitere Perspektive auf das Alltagsleben deutscher Migranten im Valle Gran Rey.

Im **neunten Kapitel** werde ich die Untersuchungsergebnisse zusammenfassen, eine Schlußbetrachtung anstellen und sich an die Untersuchung anknüpfende Fragen aufzeigen, die Gegenstand künftiger Forschungen sein könnten.

13

## 2 Begriffe und Theorieansätze

Im nachfolgenden Kapitel möchte ich die in der Arbeit verwendeten zentralen Begriffe definieren und den weiteren theoretischen Zusammenhang erläutern, um Ansätze zur Interpretation meiner empirischen Daten aufzuzeigen.

Der Begriff **Tourismus** ist insofern von Bedeutung, als die deutschen Migranten in der Regel zunächst als Touristen die Insel besuchten. Relevant für diese Arbeit ist sowohl die Motivfindung, die in Tourismustheorien diskutiert wird, als auch die Auswirkungen auf die Bereisten, das heißt die Wahrnehmung tourismusinduzierter Auswirkungen auf die Bevölkerung im Valle Gran Rey und der mit den Auswirkungen verbundene Wandel in der Gastgebergesellschaft.

Ein weiterer wesentlicher Begriff ist die **Migration.** Die neueren Tendenzen in der Migrationsforschung, welche auch „nichtökonomische" Motivationen berücksichtigen und für die Untersuchung deutscher Migranten auf La Gomera einige theoretische Ansatzpunkte zeigen, werden umrissen. Bedeutend ist insbesondere der verhaltenstheoretische Ansatz zur Erforschung von Wanderungsentscheidungen.

Der Begriff **Lebensqualität** läßt sich nicht als unabhängige Größe definieren, trotzdem gibt es Versuche, den Begriff mit seinen unterschiedlichen Dimensionen in einen theoretisch handhabbaren Rahmen zu bringen. Diese Versuche werde ich darlegen und eine eigene Arbeitsdefinition aufzeigen, die auf meine Fragestellung ausgerichtet ist.

Zentral ist auch der Begriff der **Ethnizität,** denn Gruppenbildungsprozesse tragen zum einen zur Entstehung von Kategorien unter deutschen Migranten bei, zum anderen führt das wachsende Identitätsbewußtsein unter der einheimischen Bevölkerung zu einer Abgrenzung zwischen Deutschen und Gomeros. Die Qualität der Interaktion der verschiedenen Gruppen wirkt sich häufig auf die Lebensqualität der deutschen Migranten aus.

## 2.1 Tourismus

Auch wenn ich meine Untersuchungsgruppe als Migranten und nicht als Touristen bezeichne, so ist der Tourismus doch ein Aspekt, den ich in dieser Arbeit berücksichtigen muß, zum einen, weil der Tourismus zu einem rapiden gesellschaftlichen und kulturellen Wandel im Valle Gran Rey geführt hat, zum anderen, weil fast alle deutschen Migranten zunächst als Touristen die Insel La Gomera besuchten und kennenlernten und sich erst danach für eine Migration entschieden.

Seit das Reisen nicht mehr das Privileg Einzelner ist, sondern sich nach dem Zweiten Weltkrieg der sogenannte Massentourismus[8] entwickelt hat, werden die Auswirkungen des Tourismus zunehmend diskutiert. Dabei werden ökonomische und ökologische Aspekte untersucht, aber auch Auswirkungen auf räumliche Strukturen sowie die sozio-kulturelle Ebene.

Tourismus ist eine Wortbildung, die in Deutschland erst nach dem Zweiten Weltkrieg Verbreitung fand, übernommen aus dem englischen „tourism". Nach der internationalen Reisestatistik gilt für Touristen folgende Definition:

> „Touristen sind vorübergehende Besucher, die wenigstens eine Nacht und weniger als ein Jahr in einem Besuchsland verbringen, wobei ihr Besuchszweck entweder familienorientiert (Verwandten- und Bekanntenbesuche) oder freizeitorientiert ist (Urlaub, Erholung, Gesundheit, Sport, Religion), der Weiterbildung (Kongreß, Tagung, Studium) oder einer geschäftlichen Tätigkeit dient." (Opaschowski 1996:21).

Valene Smith, die Herausgeberin eines der ersten ethnologischen Standardwerke zur Tourismusforschung, unterscheidet fünf Typen von Tourismus anhand der Freizeitaktivitäten, die während eines Ferienaufenthaltes durchgeführt werden. Aufgrund dieser Aktivitäten besitzen die fünf Typen ein jeweils unterschiedliches Ausmaß des Kontaktes von Reisenden und Bereisten:

---

[8] Massentourismus bezeichnet die durch wachsenden Wohlstand hervorgerufene Reiseintensität breiter Bevölkerungsschichten. Nach 1945 wurden in Deutschland Urlaubsgesetze verabschiedet und seit 1963 hat jeder Arbeitnehmer einen gesetzlichen Anspruch auf bezahlten Erholungsurlaub (Scherer 1995:12). Die ersten großen deutschen Reiseveranstalter wie TUI und Neckermann entstanden in den Nachkriegsjahren (Gleich 1998:94). Diese Veranstalter übertrugen das Prinzip „Großer Umsatz – kleine Preise" von industriellen Produkten auf Urlaubsreisen. Es war der Beginn der für jedermann erschwinglichen Flugpauschalreisen (Scherer 1995:17) und der Beginn des Massentourismus.

„Ethnic Tourism is marketed to the public in terms of the „quaint"
customs of indigenous and often exotic peoples... Destination activi-
ties that stimulate Tourism include visits to native homes and vil-
lages...
Cultural tourism includes the picturesque or local color, a vestige of
a vanishing life-style... with its old style houses, homespun fabrics,
horse or ox-drawn carts...
Historical Tourism is the Museum-Cathedral circuit that stresses the
glories of the past...
Environmental tourism is often ancillary to ethnic tourism, attracting
a tourist elite to remote areas such as Antarctica to experience a truly
alien scene...
Recreational tourism is often sand, sea, and sex – promoted by beau-
tiful color pictures that make you want to be „there" (1978:2ff).

Gomera-Reisende fallen nach meiner Einteilung unter die beiden letzten Kategorien. Hier betont Smith, daß die Beziehungen zwischen Gastgebern und Gästen
stark variieren können und beeinflusst werden von einem zusätzlichen Bedarf an
Arbeitskräften im Dienstleistungsgewerbe und einem dramatischen Anstieg von
Grundstückspreisen. Diese sind beides Punkte, die auch auf mein Untersuchungsgebiet zutreffen. (vgl. Kap. 7.2)

Der Tourist ist ein Reisender. Und Reisen gilt nach dem Freizeitwissenschaftler
Opaschowski als die populärste Form von Glück. Es ermöglicht Orts-, Szenen-
und Rollenwechsel und bietet die Möglichkeit, die Seele vom Alltagsballast zu
befreien. Ein Tourist tut dies für einen begrenzten Zeitraum. „Am Ende der Urlaubsreise muß sich die Traumqualität einstellen und den eigenen Ansprüchen
genügen, so daß die Paradies-Sehnsucht weiterhin aufrechterhalten werden kann"
(Opaschowski 1996:94). Ich erwähne diesen Satz, weil er verdeutlicht, was ein
Aufenthalt auf der Urlaubsinsel La Gomera für viele Menschen bedeutet: Die
Verwirklichung eines Traumes.

Der Paradiesmythos ist Bestandteil der Bilder in Reisekatalogen und oftmals der
Grund, warum Reisende „Sehnsuchtsziele" ansteuern (vgl. Kap. 4). Durch Reisen
wird versucht, das Paradies in realen, irdischen Gegebenheiten zu finden. Bereits
in der Bibel war die Paradiesbeschreibung eine Idealvorstellung, die in den Defi-
ziterfahrungen der damaligen Gesellschaft ihren Ursprung hatte und in erster
Linie eine religiöse Vorstellung war, die auf die Genesis zurückging.

„The first human habitat was, according to the narrative of Eden, a fertile, well-watered garden or orchard that supplied all things required by its inhabitants for nutrition and ease... Among the marks or characteristics of primordial paradise are perfection, purity, plenitude, freedom, spontaneity, peace, pleasure, beautitude and immortality... human beings and animals live peaceably, sexual tension has not yet appeared, and labor is unnecessary... Paradise is outside ordinary, historical time" (Pardin 1987:185).

Als wesentliches psychologisches Motiv für eine Urlaubsreise gilt eine „weg von"-Bewegung, die vor allem aus der Unzufriedenheit mit den Gegebenheiten in der eigenen Umgebung resultiert (vgl. Bertram 1995:79; Fischer 1984:49; Uysal und Hagan 1993:800ff). Das Fremde wird als Gegenbild zum Alltag idealisiert und übt eine Anziehungskraft aus, eine „hin zu"-Bewegung. Diese Bewegungen werden in der Migrationsforschung als push- bzw. pull-Faktoren bezeichnet (Uysal/Hagan 1993:802).

Als eskapistische Hauptreisemotive von Pauschalurlaubern in Dritte-Welt-Länder gelten folgende Phänomene[9] :

| Faktoren der eigenen Umwelt „weg von" | Projektion auf die Fremde „hin zu" |
| --- | --- |
| „Authentizität" (Ursprungsgedanke) Unüberschaubarkeit der postmodernen Welt, Informationsflut (Selwyn 1993:117f., Silver 1993:303ff.) | einfache Strukturen, Statik, Abgeschiedenheit von der Zivilisation |
| globale Phänomene gleichen sich immer mehr, z.B. Konsumgüter (Gleich 1998:94) | Suche nach Exotik, dem Anderen |
| Verlust sozialer Strukturen (Fischer 1982:28) | harmonisches Zusammenleben, Authentizität, intakte soziale Strukuren |
| Staats- und Sozialverdrossenheit | einfache Lebensweise, |

---

[9] Die Tabelle der Reisemotivationen erfolgt in Anlehnung an Bertram (1995:79f) und Kortländer (1999:53).

| | |
|---|---|
| (Pollig 1987:16) | zurück zum Ursprung, ideale Gesellschaftsform der „Edlen Wilden"[10] |
| Technisierte Welt, Umweltzerstörung | Einklang mit der Natur, intakte Natur |
| **„Erholung und Entspannung"** Viel Arbeit, Hektik, keine Zeit | Muße der Einheimischen, Erholung und Entspannung |
| schlechtes Wetter, kaltes Klima (Marshment 1997:20) | Sonne, Sand und Meer, üppige Natur |
| **„Neues erleben"** Langeweile im Alltag, Überdruß (Urry 1990:3) Weg von Gewohnheiten und Pflichten (Hebestreit 1975:69) | Exotik, Abenteuer, Erlebnis |
| Kontaktarmut Neugierde an menschlicher Begegnung (Hebestreit 1975:69) | Gastfreundschaft, Freundlichkeit, Herzlichkeit |
| **„Selbstbestätigung/Prestige"** Minderwertigkeitsgefühl, machtlos, unterdrückt (z.B. im Beruf oder in der Familie) (Marshment 1997:20) | Überlegenheitsgefühl, Service genießen, sich bedienen lassen, Faulheit als Luxus, sozialer Status durch Urlaub (Urry 1990:4) |

---

[10] Das Bild des „Edlen Wilden" entstand im 16. Jahrhundert mit neuentdecktem humanistischen Gedankengut und erreichte im 17. und 18. Jahrhundert seinen Höhepunkt. Eine frühe Vorlage waren die nordamerikanischen Indianer. Die Vorstellungen wurden im Laufe des 17. Jahrhunderts auch auf Bewohner anderer Weltgegenden übertragen. Die Einheimischen der Karibik beschrieb man als unschuldig, glücklich, unbefangen und sorglos, während Afrikaner als gutherzig und gastfreundlich galten (Bitterli 1985:275f.). Heute wird der Begriff des „Edlen Wilden" gemeinhin mit Rousseau in Verbindung gebracht, der in seinem Aufsatz „Abhandlung über den Ursprung der Ungleichheit unter den Menschen" (1755) das Bild des „Edlen Wilden" entwarf, das sich zur exotischen Kunstfigur entwickeln sollte. Rousseau bezeichnete damit einen Menschen, der frei von moralisierendem und zivilisatorischem Ballast im ursprünglichen Naturzustand lebte (Bitterli 1985:277).

| Überfluß der Konsumgesellschaft | Suche nach dem ganz Besonderen, Exklusiven, Exotischen |
| --- | --- |

Wie ich in dieser Arbeit zeigen werde, sind viele der hier aufgeführten Motive auch Beweggründe für die Migration der von mir untersuchten Gruppen deutscher Migranten.

Als Antwort auf die Frage, wie es dem Urlauber möglich ist, die Diskrepanz zwischen Paradies und Urlaubswirklichkeit wahrzunehmen und zu verarbeiten, schreibt Opaschowski:

„Aus motivationspsychologischer Sicht gelingt es den Menschen tatsächlich, eine Balance zwischen unerfüllbaren Paradiessehnsüchten und konkret erreichbaren Urlaubszielen herzustellen. Pointiert: Ein gelungener Urlaub ist manchmal nichts anderes als eine gelungenen Selbsttäuschung – ein handfester Traum, eine reale Fiktion, eine konkrete Utopie" (Opaschowski 1996:94).

Die ethnologische Erforschung des Tourismus[11] beschäftigt sich aber nicht allein mit der Sichtweise des Reisenden, sondern auch mit den Folgen des Tourismus für die Bereisten. Für meine Arbeit bedeutet dies, die Betrachtung der Folgen des ständig wachsenden Tourismus für die Gomeros. Was hat dies mit der Lebensqualität der deutschen Migranten zu tun? Es spielt insofern eine Rolle, als durch den steigenden Kapitalzufluß aufgrund des Tourismus als bedeutendem Wirtschaftsfaktor ein bis dahin nicht in dem Maße vorhandenes soziales Gefälle entsteht. Der Sozialneid wächst und dies hat auch Auswirkungen auf die deut-

---

[11] Das Traditionalismusdenken vieler Ethnologen und ihre Scheu, sich mit den Repräsentanten aus der eigenen Kultur zu beschäftigen, führte zu einer eher schleppenden Entwicklung ethnologischer Tourismusforschung (Kahrmann 1995:7ff). Bis zum Beginn der 80er Jahre beklagten amerikanische Anthropologen das Desinteresse an und die Deskriminierung von ethnologischer Tourismusforschung in ihrer Fachdisziplin, obwohl die erste ethnologische Tourismusforschung von dem amerikanischen Anthropologen Nuñez bereits im Jahr 1963 durgeführt wurde (Pi-Sunyer 1981:278; Nuñez 1977:212; Finney/Watson 1979:470). Die erste amerikanische ethnologische Tourismuskonferenz fand in Mexico City im Jahr 1974 statt (Matthiessen/Wall 1982:159). In den USA setzte sich Tourismus wie gesagt erst in den 80er Jahren als ethnologischer Forschungsbereich durch, hat aber heute ihr Pionierstadium überwunden. Fischer schrieb 1982, daß Tourismus bisher kein Forschungsgegenstand der deutschen Ethnologie gewesen sei (Fischer 1982:37). Auch heute noch sind Tourismusthemen in der deutschen Ethnologie eher selten (vgl. Wahrlich 1984; Fischer 1984; Scherrer 1986).

sche Minderheit. Der Lebensstandard von Einheimischen und Deutschen in meinem Untersuchungsgebiet ist oft unterschiedlich. Hier entsteht ein Konfliktpotential, das, wie ich später noch zeigen werde, die Lebensqualität einiger Migranten
erheblich beeinträchtigt.

Da neben dem Tourismus die Landwirtschaft und Fischerei als Erwerbsquellen
kaum noch eine Rolle spielen, ist der Konkurrenzkampf um den Tourismusku-
chen groß, und die meisten Deutschen leben, ebenso wie die Einheimischen, vom
Tourismus. Smith hat den Tourismus im Hinblick auf „host and guest"-
Beziehungen aus ethnologischer Perspektive betrachtet und weist auf diese Problematik hin:

> „The two major bases for conflict and stress appear to be economic
> and social and are individually considered... tourism can economi-
> cally benefit a community if individual participation and local in-
> volvement are broadly based. Interpersonal conflict between hosts
> and guests is minimal when their respective standards of living are
> similar" (Smith 1978:4).

Gegenstand der Tourismusforschung sind u. a. die unterschiedlichen Faktoren,
die die Wahrnehmung tourismusinduzierter Auswirkungen auf die Bereisten
beeinflussen. Da ist einmal die Beschäftigungsart, das heißt, ob es sich bei der
Tätigkeit der einheimischen Bevölkerung um eine tourismusbezogene Arbeit
handelt (Liu und Var 1986:211). Auch das Alter der Bereisten ist ein Faktor, der
die Wahrnehmung beeinflussen kann. Deweiteren spielt die Bildung eine Rolle,
die wie Husbands in einer Studie über Tourismus in Sambia feststellte, einen
besonders großen Einfluß hat:

> „While respondents with only primary education are indifferent to
> the assumed impact of tourism those with secondary education indi-
> cate that tourism is a powerful force in the community, and that to
> some extent this impact is favorable. On the other hand, respondents
> with post-secondary education do not attribute any real importance
> to tourism; of anything, they have a negative view of tourism" (Hus-
> bands 1989:245).

Auch der Beschäftigungs- oder Familienstatus einer Person (vgl. Husbands
1989:245ff) sowie der Einfluß moderner Medien (vgl. Liu und Var 1986:201)
sind Faktoren, die die Wahrnehmung auf Seite der Gastgeber beeinflussen.

Durch die Entwicklung des Tourismus findet in der Wirtschaftsstruktur von Agrargesellschaften oftmals ein direkter Sprung vom primären in den tertiären Sektor, also von der Agrarwirtschaft in eine Dienstleistungswirtschaft, statt (vgl. Boyer 1972:171). Touristen müssen transportiert werden, sie brauchen Unterkunft und wollen ein zusätzliches Freizeitangebot zum Baden, Sonnen und Wandern. Im Gegensatz zu anderen „Industrien" erfordert der Tourismus den direkten Kontakt der Menschen untereinander und zwar den Kontakt zwischen Gast und Gastgeber. Ideelle Werte wie Gastfreundschaft werden zugunsten einer finanziellen Besserstellung aufgegeben. Da ein Zuwachs an materiellen und finanziellen Mitteln angestrebt wird, hat dies psychologische und soziale Folgen für die einheimische Bevölkerung.

„In the tourist area, the necessity for at least some of the hosts to function as marginal men or culture brokers in order to deal with tourists and their metropolitan sponsors creates a pressure for acculturation in the direction of metropolitan cultures, learning how to carry on superficial, objective transactions, and providing for leisure needs. The acquisition or reinforcement of such qualities (including unfulfilled aspiration) could lead to social conflict among hosts, between hosts and guests, and also create intrapsychic conflict between incompatile personality dispositions" (Nash 1978:43).

Beispiele für Konflikte zwischen Touristen und Gastgebern finden sich in Untersuchungen von Lewis (1972) und Nuñez (1963). Individuelle und soziale Mechanismen, die sich entwickeln, um solche Konflikte zu lösen und es der einheimischen Bevölkerung erleichtern, sich dem Tourismus in ihrer Gesellschaft anzupassen, tragen im wesentlichen zu einem sozialen Wandel bei und ziehen einen Wertewandel in Richtung kapitalistischer Werte nach sich (vgl. Nash 1978:43). Lewis schreibt in seiner Diskussion der amerikanischen Virgin Islands: „all... differences yield to a united front when the total image of the economy is challenged" (1972:130).

Tourismus führt also zu einem Wandel in den Gastgebergesellschaften.[12] Allerdings haben zahlreiche Autoren bereits auf die Schwierigkeit hingewiesen, den durch Tourismus induzierten Wandel von anderen Faktoren des kulturellen Wandels (Urbanisierung, Medien, Kolonialisierung, Missionierung etc.) zu trennen (vgl. Fischer 1982:45; Nash/Smith 1991:16; Dogan 1989:220). Fischer hat den

---

[12] Den Wandel im Valle Gran Rey hat auch Duysens Bart in seiner Studie „Migranten en Toeristen op la Gomera" untersucht (1985:123ff).

Vorschlag gemacht, nur solche Formen des Wandels zu untersuchen, die überwiegend als Folgen des Tourismus erkennbar sind. Diese sind demnach der Demonstrationseffekt, den Touristen ausüben, die Kommerzialisierung bestimmter Kulturbereiche durch die Nachfrage der Touristen und die zunehmende Tätigkeit von Einheimischen im Dienstleistungssektor (Fischer 1982:46).

Nach Padilla findet ein Wandel in folgenden Bereichen statt:
1. Sprache/Bilingualität
2. Kulturelles Erbe (vor allem Zeremonien, Tänze, Kunsthandwerk)
3. Ethnizität, ethnisches Selbstbewußtsein und ethnische Identität
4. Art der Interaktion mit Fremden (historische Analyse der Kulturkontakte)
5. Art der Interaktion mit Touristen („Gast-Gastgeber-Verhältnis"), interethnische Dikrepanz
6. Art der Interaktion verschiedener Interessengruppen in der Gastgebergesellschaft (Elite, Regierung, Dorfbevölkerung, Hotelarbeiter etc.) (Padilla 1980:48ff).

In diesen Bereichen ist allerdings der Tourismus nicht die Hauptursache des Wandels, sondern er hat eher eine Akzeleratorfunktion (vgl. Nash/Smith 1991:16; Fischer 1982:46).

Für meine empirische Untersuchung finden sich Ansätze zur Dateninterpretation der Beweggründe für die Migration, wie auch der Konflikte zwischen Migranten und Einheimischen, sowie des kulturellen und sozialen Wandels im Valle Gran Rey.

## 2.2 Migration

Migration bedeutet eine Bewegung von Menschen im geographischen Raum. Eine Ethnologie der Migration kann es nicht geben, vielmehr werden in der Ethnologie unter fachspezifischen Gesichtspunkten Migrationsphänomene erforscht.

Wesentliche Impulse zur Migrationsforschung wurden durch die Chicago Schule gegeben. In der Zeit von 1920 bis 1940 waren in den anwachsenden Städten der USA die Anpassungsprozesse der Einwanderer ein Untersuchungsgegenstand der Soziologie. Die Chicagoer Soziologen betrachteten Migration als einen bedeutenden Motor zur Modernisierung und Stadtentwicklung. Eine Assimiliation der Migranten war, nach dem Begründer der Chicagoer Schule, Robert Ezra Park (1864-1944), das Endstadium einer Reihe von Interaktionen zwischen Aufnahmegesellschaft und Migranten, wobei sich seiner Meinung nach jedoch lediglich die migrierten ethnischen Minderheiten veränderten und anpaßten (Park, Miller 1921).

Durch die Ausweitung des Forschungsinteresses der amerikanischen Kulturanthropologie von den Indianerkulturen im eigenen Land auf die bäuerliche Bevölkerung Lateinamerikas wurden der Migrationsforschung neue Impulse hinzugefügt. Der Schwiegersohn Parks, Robert Redfield (1897-1958), entwickelte während seiner Forschungen auf der Yukatan Halbinsel die ethnologische Variante des Stadt-Land-Gegensatzes, das „folk-urban-continuum". Gegenpole der Stadt-Land-Dichotomie Redfields waren die ländliche, isolierte und homogene „folk-society" sowie am anderen Ende der Skala die moderne und entwickelte „urban-society" (Redfield 1966:333).

Auch für die Mitglieder der Manchester Schule (1940-1960), die sich in der britischen Sozialanthropolgie entwickelte, wurden Wanderungsprozesse, insbesondere in die von sozialem und kulturellem Wandel geprägten Kolonialstädte Afrikas, zum Forschungsinteresse. Im Vordergrund standen dabei Fragen nach der Anpassung an städtische Lebensweisen (vgl. Ackermann 1997:1ff).

In der Regel führen bedeutende interne und internationale Bevölkerungsbewegungen vom Land in städtisch-industrielle Gebiete. Dies bedeutet eine Auswanderung aus einem von Traditionen geprägten Umfeld in einen modernen Raum. Heckmann sieht die Ursachen hierzu folgendermaßen:

> „Aus- bzw. Einwanderung resultiert aus einem fundamentalen Ungleichgewicht zwischen Gesellschaften unterschiedlichen Entwicklungsniveaus: relative Kapitalarmut und die Existenz einer Surplusbevölkerung im Auswanderungsland stehen Land- und andere Naturreichtümer, Kapitalbildung bzw. transferiertes Kapital und wachsender Arbeitskräftebedarf im Einwanderungsland gegenüber" (Heckmann 1992:64ff).

Die Ausgleichung dieses Verhältnisses führt zu einem Nachlassen der Auswanderung und einer Verlagerung der Wanderungsbewegungen. Kritik an dieser in den 50er und 60er Jahren vertretenen „push and pull" Theorie (vgl. Gade 1970:74) bezieht sich darauf, daß hier nur ökonomische, objektive Faktoren in Rechnung gestellt werden und nicht alle Faktoren, die zu einer besonderen Intensität von Migrationsströmen beitragen, berücksichtigt werden. Hieraus resultieren die Bemühungen um einen verhaltenstheoretischen oder moderner handlungstheoretischen Ansatz.

Eine Wanderungsbewegung, die sich auf eine Ortsveränderung innerhalb der Bevölkerung einer geographisch abgrenzbaren Einheit bezieht, wird auch als „Regionale Mobilität" bezeichnet. Sie beruht auf Verlegung des Wohnsitzes von Personen, die sowohl im Rahmen der verwandtschaftlich-lokalen Bindung, als auch unter Durchbrechung der verwandtschaftlich bestimmten Residenzregel vorkommen können. Die „Regionale Mobilität" beinhaltet immer eine Verlegung des Wohnsitzes bzw. Residenzplatzes; d.h. Reisen, Pendeln und auch die periodischen regionalen Bewegungen von Nomaden werden ausgeschlossen (Jensen 1980:51ff).

In den sechziger und siebziger Jahren lag der Schwerpunkt der Migrationsforschung noch auf den ökonomischen und politischen Aspekten des Phänomens. Das aber nicht nur ökonomische Motive beim Residenzverhalten eine Rolle spielen, sondern auch psychologische, persönliche oder soziale Motivationen in Frage kommen, gewann in der Ethnologie in den folgenden Jahren an Bedeutung. Solche „nichtökonomischen" Motivationen können sein:

> „z.B: Entgehen aus Streitigkeiten am Heimatort, Gewinn von Prestige, Zwang oder physische Bedrohung (z.B. durch Krieg) am Heimatort, Erwartung von mehr oder besseren sozialen Kontakten oder Vergnügungen anderwärts, Erwartungen einer gesünderen Umwelt anderwärts." (Jensen 1980:66)

Bei allen vorangegangenen Beispielen handelt es sich um Beweggründe, die sich auf eine subjektiv empfundene Verbesserung der Lebensumstände beziehen, also auf die Erwartung einer besseren Lebensqualität, wodurch man sie mit den ökonomischen Motiven im weitesten Sinne auf einen Nenner bringen kann (ebd.).

Es sind also auch die kognitiven, wertenden und emotionalen Komponenten, die Handlungsentscheidungen vorausgehen. Im Zusammenhang mit der Wanderungsforschung hat Vanberg Schwerpunkte für diese komplexen mentalen Prozesse gesetzt, die eine Wahlentscheidung beeinflussen[13]:

> „1. Jedes Individuum hat den Wunsch, seine Situation so zu gestalten, daß eine Übereinstimmung zwischen den in seiner Situation ge-

---

[13] Die von Vanberg aufgeführten verhaltenstheoretischen Grundannahmen stehen in engem Zusammenhang zu den statischen und dynamischen Aspekten von Lebensqualität, auf die ich im Anschluß (Kap. 2.3) eingehen werde.

gebenen Belohnungen und den von ihm erwarteten Belohnungen besteht.

2. Befindet sich ein Individuum in einer Situation, in der die gegebenen Belohnungen geringer sind als die erwarteten Belohnungen, so besteht eine Wahrscheinlichkeit zur Handlung.

3. Die Auswahl einer konkreten Handlungsalternative erfolgt nach dem Kriterium der Einschätzung von Ertrag und Kosten dieser Alternative im Vergleich zu anderen Alternativen.

4. Die Erwartungen eines Individuums über den Belohnungswert einer Situation hängen von den Wahrnehmungen und Einstellungen des Individuums über alternative Belohnungen bzw. Belohnungswerte ab.

5. Der Rückgang empfangener Belohnungen ist umso wahrscheinlicher, je größer die Anzahl und Intensität negativer Veränderungen (in Bezug auf die Erwartungen des Individuums) im persönlichen und sozialen Umfeld des Individuums sowie in den es beeinflussenden Makrostrukturen ist.

6. Die Erwartungen eines Individuums werden sich dem Rückgang seiner Belohnungen nicht anpassen, wenn seine spezifischen Einstellungen und Wahrnehmungen eine solche Anpassung nicht zu legitimieren gestatten." (Vanberg M. 1971/72: 62ff)

Jensen hat unterschiedliche handlungstheoretische Ansätze in der Wanderungsforschung verglichen. Er geht davon aus, daß sich sogenannte soziale oder kulturelle Tatsachen auf die das Handeln von Individuen bestimmenden Regelmäßigkeiten zurückführen lassen. Hierzu gehört, daß menschliches Verhalten oft ein sinnorientiertes, also ein auf grundlegenden Werten basierendes, Entscheidungen verlangendes Wahlverhalten ist. Von Bedeutung ist ebenso:

„...daß nicht allein augenblickliche Empfindungen, sondern rückwärts auf Erfahrungen beruhende und vorwärts auf Erwartungen ausgerichtete Vorstellungen das Verhalten beeinflussen; ...daß die beteiligten mentalen Prozesse sowohl im Bereich des Unbewußten als auch als bewußte Denkprozesse ablaufen; daß Menschen phantasiebegabt und schöpferisch sind." (Jensen 1980: 58f)

Aus dem Vergleich der Theorieansätze hat Jensen einen übergreifenden theoretischen Ansatz hinsichtlich des Residenzverhaltens[14] von Individuen entwickelt, basierend auf einer generellen Annahme der Verhaltenstheorien, daß nämlich menschliches Streben allgemein auf angenehme Empfindungen und die Reduktion von unangenehmen Empfindungen gerichtet ist:

„(a) daß Individuen hinsichtlich der Zukunft *Erwartungen* haben, *die angenehme und unangenehme Empfindungen* u.a. *mit Aufenthaltsorten* verbinden und Handlungen einleiten, die eine Verschiebung zugunsten der angenehmen Empfindungen intendieren. (b) daß eventuell *Alternativen von Wohnorten* gegeben sind, so daß die Erwartungen auf verschiedenen Möglichkeiten gerichtet sind und Entscheidungen für eine Wanderung getroffen werden können. (c) daß von objektiven Kräften ausgehende, mit bestimmten Orten verbundene Stimuli die Entscheidungen beeinflussen. (d) daß diese *objektiven Kräfte* nur soweit wirksam werden, als sie überhaupt und dann in bestimmtem Lichte vom Individuum *wahrgenommen* werden, nämlich als bestimmte Handlungsmöglichkeiten begünstigende und behindernde Kräfte. (e) daß *Bewertungen* von Stimuli und ihren Wirkungen vorgenommen werden." (Jensen 1980:76)

In der heutigen ethnologischen Migrationsforschung werden also Normen und Werte, die zu einer Migration führen, analysiert, aber auch Veränderungen, die durch den Prozeß der Migration in Gang kommen. Dabei werden, wie ich es unter anderem auch getan habe, Veränderungen in der Migrantengruppe sowie in der Aufnahmegesellschaft untersucht.

Mit dem Aufkommen globaler Phänomene wie transnationaler Flüchtlingsströme und Diaspora-Kommunitäten, werden Vorstellungen von in sich geschlossenen, homogenen Kulturen zusehends in Frage gestellt. Begriffe wie Ethnizität und Multikulturalität, Grenzen und Identitäten werden in der ethnologischen Migrationsforschung debattiert (Ackermann 1997:20). In einer postmodernen, neuen Weltordnung sind Mobilität und entwurzelte Biographien, Reisen und Kontakte für viele Menschen zum Alltag geworden (vgl. Clifford 1997). Für die Untersuchung der sozialen und kulturellen Faktoren von Migrationsphänomenen gewinnen die ethnographischen Methoden zur Analyse der individuellen Sichtweise der

---

[14] Residenzverhalten wird in der vorliegenden Arbeit verstanden als „alternatives Handeln in bezug auf den Wohnsitz von Personen; Verweilen am bisherigen Wohnsitz, Verlegung des Wohnsitzes an einen Ort oder konsekutiv mehrere Orte". (Jensen 1980:17)

Migranten auf ihre Handlungen und auf Veränderungen sowohl am Herkunftsort wie auch im Aufnahmeland zusehends an Bedeutung. In neueren Migrationsstudien, basierend auf ethnologischen Feldforschungen, geht es um individuelle Entscheidungen konkreter Individuen, um Wertehorizonte, um subjektive Lebensstrategien und Perspektiven in der Fremde und zuhause. (z.b. Wolbert 1984, 1996; Beer 1996)

Es ist kein Phänomen der letzten Jahrzehnte, daß Menschen auswandern, weil sie sich in einer natürlicher empfundenen Umgebung, abseits der Zivilisation, ein besseres Leben erhoffen (vgl. Kapitel 4). Bereits im 18. Jahrhundert verkündete Rousseau das glückbringende Leben im Einklang mit der Natur, und im frühen 20. Jahrhundert zog es bürgerliche Stadtflüchtige, Künstler und Lebenskünstler in den europäischen Mittelmeerraum, um auf oftmals exzentrische Art und Weise ihre gesellschaftlichen, religiösen und naturnahen Lebensentwürfe zu leben (Saehrendt 2001). Allerdings produziert dieses Phänomen keine Migrationsströme, die bedeutende politische, ökonomische oder demographische Veränderungen mit sich bringen und wurde wohl auch aus diesem Grund bisher kaum wissenschaftlich untersucht.

Man unterscheidet zwischen freiwilliger und unfreiwilliger Migration (Lucassen/Lucassen 1996). Ich bin der Meinung, daß eine Migration, wenn sie nicht der Befriedigung existentieller Bedürfnisse dient, das heißt durch wirtschaftliche, politische oder auch persönliche (z. B. gesundheitliche) Krisen ausgelöst wird, freiwillig ist. Im Falle der Deutschen auf La Gomera ist die Migration freiwillig. Oftmals erwachsen die Migrationsmotive aus einer Suche nach einem besseren, sinnvolleren Leben. Diese Sinnsuche schlägt sich in unserer nach materiellem Wohlstand strebenden Gesellschaft zum Beispiel auch im ständig wachsenden Interesse an Esoterik und Spiritualität nieder.

Migration wird in der Ethnologie nicht mehr als ein eindimensionales Phänomen betrachtet und untersucht, sondern sie wird zunehmend aus beiden Richtungen, nämlich aus der Herkunftsgesellschaft sowie aus der empfangenden Gesellschaft betrachtet. Auch die Rückbindungen und Kontakte zu den Herkunftsländern sind von Interesse, sowie die Untersuchung der Remigration, also der Rückkehr in die Heimat (Gmelch 1980).

Dies ist ein bedeutender Aspekt meiner Arbeit. Je länger die Menschen auf der Insel leben, und je klarer es für sie wird, daß es sich um eine definitive Migration handelt, desto schwächer werden die Kontakte zum Heimatland. Eine „permanente Migration" liegt nach Parnwell dann vor, wenn der Migrant nicht beabsichtigt, in absehbarer Zeit in seine Heimat zurückzukehren (Parnwell 1993). Die Mehrzahl der sozialen Bindungen bilden in diesem Fall die Kontakte zu anderen Menschen am neuen Aufenthaltsort.

Andererseits gibt es aber das auch an meinem Untersuchungsort beobachtete Phänomen, daß die Rückbindungen zum Herkunftsland derart intensiv sind, daß wirkliche Beziehungen zu den Menschen an dem neuen Wohnort nicht wachsen können. Das Offenlassen einer möglichen Rückkehr, die ja bei einer freiwilligen Migration jederzeit vollziehbar wäre, verhindert in vielen Fällen das vollkommene Einlassen auf die neue Situation und damit den Eintritt der „permanenten Migration".

Der Bedeutung von Raum als kulturelle Dimension wird in der ethnologischen Migrationsforschung zunehmend Beachtung geschenkt. Bei der Betrachtung der Welt als „globalem Raum", existieren keine klar definierten Orte mehr, sie sind vielmehr das Ergebnis kultureller Konstruktion (Gupta/Fergusen 1992).

Bedeutend für diese Studie sind die in den Migrationstheorien enthaltenen Konzepte zu Migrationsmotiven. Die Migrationsmotive stehen in engem Zusammenhang zu den Erwartungen an die Migration und somit auch zur Lebensqualität der Migranten.

## 2.3    Lebensqualität

Der Begriff Lebensqualität ist eine Übersetzung des englischen „Quality of life" und wird im deutschen Sprachraum seit Beginn des 20. Jahrhunderts in wissenschaftlichen Arbeiten thematisiert[15].

> „Lebensqualität ist ein multidimensionales Konstrukt, das die subjektive Bewertung seelischen, körperlichen und sozialen Erlebens auf einem definierten Gebiet umschließt" (Seifert 1992:2f).

Es gibt keine einheitliche Definition für Lebensqualität, sondern es scheint, daß jeder Forscher den Begriff jeweils auf die eigene Untersuchungshypothese ausgerichtet definiert. Fillip und Ferring sehen diese Definitionsschwierigkeiten dadurch bedingt, daß sich Lebensqualität im herkömmlichen Sinne einer definitori-

---

[15] Zum Beispiel Rudolf Eucken (1907) „Sinn und Wert des Lebens".

schen Präzisierung entziehc, und daß es allenfalls unterschiedliche Heuristiken gebe.

„Fragten wir nämlich nicht danach, was Lebensqualität ist, sondern lautete unsere – davon durchaus nicht weit entfernte – Frage „Was ist Glück?", so erhielten wir darauf vermutlich nur sehr zögerlich Antworten. Vielmehr wären die Befragten... sich sehr schnell darin einig, daß Glück doch relativ sei" (Filipp/Ferring 1992:93).

Die Qualität des Lebens ist ein Konstrukt, das in den letzten Jahren zu einem zentralen Begriff in der Psychologie und der Medizin, aber auch der Wirtschafts- und Sozialforschung geworden ist. Die nationale Wohlfahrt wird nicht mehr nur durch den globalen materiellen Status der Gesellschaft, sondern auch durch die individuelle Lebensqualität des Einzelnen definiert (Rupprecht 1993:7ff).

Auch in der Freizeit- und Tourismusforschung ist Lebensqualität ein Begriff, der diskutiert wird:

„Lebensqualität gilt als Gegenbegriff
-zur überzogenen Quantität des Konsums und der materiellen Sätti-
gung,
-zu Wachstumssteigerung, Überangebot und Überfluß.
Wohlstand allein schafft noch keine Lebensqualität" (Opaschowski 1994:286).

Lebensqualität ist also zunächst ein inhaltsleeres Konstrukt, das mit Inhalten gefüllt werden sollte. Nach Rupprecht sollten zur Erhebung von Lebensqualität mindestens vier Dimensionen berücksichtigt werden:

„-„**Physical state**" (körperliche Verfassung). Hierunter fallen sowohl der objektive als auch der subjektive Gesundheitszustand.
-„**Psychological well-being**" (psychisches Wohlbefinden) wird in Stimmungen und dem Selbstbild bzw. Selbstwertgefühl meßbar.
-„**Social relations**" (soziale Beziehungen). Von Bedeutung ist hier sowohl das objektive Ausmaß als auch die Zufriedenheit mit den vorhandenen sozialen Beziehungen.
-Die Dimension „**functional capacities**" beinhaltet die Funktionsfä-
higkeit in Alltag und Beruf, d.h. die Fähigkeit, mit dem Alltag zu-
rechtzukommen" (Rupprecht 1993:30).

Ist Lebensqualität nun ein Parameter, der sich wissenschaftlich messen läßt? Die Beziehungen zwischen Mensch und Umwelt sind sehr vielfältig, und neben dem psychischen und körperlichen Befinden sind auch soziale Integration und funktionelle Kompetenz zu berücksichtigen. Lebensqualität kann als Negativdefinition die Abwesenheit von Belastungen und Beeinträchtigungen beinhalten, kann aber auch, wie in der psychologischen Forschung (z.b. Bradburn 1969) als positive Affektbilanz verstanden werden, d. h. daß „positive Affekte hinsichtlich Intensität und/oder Häufigkeit – bezogen auf einen bestimmten Zeitraum – stärker ausgeprägt sein sollen als negative" (Filipp/Ferring 1992:90). Nach den Befunden von Diener, Sandvik und Pavot (1991) ist eine positive Affektbilanz gleichzusetzen mit Lebensqualität. Sie kamen zu dem Ergebnis, daß sich eher die Häufigkeit als die Intensität positiver Affekte auf ein subjektives Empfinden höherer Lebensqualität auswirkt.

Lebensqualität hat also eine affektive Komponente. Emotionale Zustände lassen sich in ihrer Intensität nur schwer messen, aber das subjektive Wohlbefinden einer Person läßt sich mit intensiven Interviews erfragen. Lebensqualität ist dann das, was sich im subjektiven Urteil jedes einzelnen als Qualität seines Lebens darstellt. Jeder schätzt selbstreflexiv die Qualität seines Lebens ein. Allerdings ist die subjektive Lebensqualität kein statisch zu konzipierendes Merkmal, sondern das Ergebnis eines individuellen Konstruktionsprozesses im Rahmen kultureller Werte.

Filipp und Ferring haben 1992 für den statischen und dynamischen Aspekt von Lebensqualität eine Formel entwickelt, die mir für meine Untersuchung hilfreich ist:

**Der statische Aspekt:**
Lebensqualität als Verhältnis von wahrgenommener Realität und Erwartungen/Aspirationen aggregiert über k Lebensbereiche.

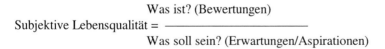

$$\text{Subjektive Lebensqualität} = \frac{\text{Was ist? (Bewertungen)}}{\text{Was soll sein? (Erwartungen/Aspirationen)}}$$

**Der dynamische Aspekt:**
Lebensqualität als individueller Konstruktionsprozess (Regulation von Ist-Soll-Diskrepanzen):
(a) Verändere den Zähler durch Verbesserung des tatsächlichen „Was ist" und/oder Veränderung des Bewertungsmaßstabes = offensive Glückskonstruktion

(b) Verändere den Nenner durch Reduktion der Erwartungen/Aspirationen = defensive Glückskonstruktion

Dieser Ist-Soll-Bereich ist eine komplexe mentale Kalkulation. Als Bewertung können soziale und temporale Vergleiche herangezogen werden, aber auch vorgestellte „hypothetische Zustände und Visionen eines guten Lebens". Das kann in meiner Untersuchung zum Beispiel die Paradiesvision sein, aber auch der Vergleich mit den armen „Zwei-Wochen-Ottos", die ja immer nur für begrenzte Zeit auf der sonnigen Insel sein dürfen oder auch der Kontrast zum früheren Leben in Deutschland.

Es wird nicht möglich sein, pauschal zu urteilen, ob das Leben in der freiwillig gewählten Migration eine Verbesserung der Lebensqualität bedeutet, aber ich kann an meinen Beispielen demonstrieren, ob es sich für diese Personen um eine Verbesserung der Lebensqualität handelt. Durch die Erfragung der Beweggründe für eine Migration, der Betrachtung des Alltags und der Erfüllung der mit der Migration verbundenen Erwartungen, lassen sich Schlüsse für die jeweiligen Migranten ziehen. Letztendlich aber bleibt es jedem Leser persönlich überlassen, anhand der Daten, Fakten und qualitativen Beispiele in meiner Arbeit für sich zu entscheiden, ob eine Migration auf die Sonneninsel für ihn ein erstrebenswerter Schritt wäre.

## 2.4   Ethnizität

Der Begriff Ethnizität wurde in den sechziger Jahren im anglo-amerikanischen Raum geprägt. Er bezeichnet die

> „...für individuelles und kollektives Handeln bedeutsame Tatsache, daß eine relativ große Gruppe von Menschen durch den Glauben an eine gemeinsame Herkunft, durch Gemeinsamkeiten von Kultur, Geschichte und aktuellen Erfahrungen verbunden sind und ein bestimmtes Identitäts- und Solidarbewußtsein besitzen" (Heckmann 1992:56).

Ethnizität bedeutet dementsprechend, daß die Mitglieder einer bestimmten Gruppe unter anderem den subjektiven Glauben an eine gemeinsame Abstammung teilen. Ethnizität ist ein askriptives Merkmal der Gruppendifferenzierung und kann nicht durch eine individuelle Anstrengung erworben oder abgelegt werden.

Ethnizität kann eine der wichtigsten Grundlagen der sogenannten sozialen Identität von Menschen werden. Dabei können prinzipiell beliebige Merkmale wie Mode, Haartracht, Alter, auch Blutsverwandtschaft, Hautfarbe, Sprache und Religion oder ein gemeinsames Territorium in Vergangenheit und Gegenwart als abgrenzende Kriterien, das heißt zur Heraushebung von Unterschieden zu anderen Gruppen und der Betonung der Einmaligkeit und Eigenwertigkeit der eigenen Gruppe in Betracht gezogen werden (Esser 1996:65f).

Essentiell für die ethnische Indentität einer Gruppe sind allerdings nicht die eben genannten objektiven Unterschiede, sondern das Bewußtsein der Gemeinsamkeiten und Unterschiede, das ein Wir-Gefühl innerhalb der Gruppe erzeugt. Sie entsteht nicht so sehr durch die Tatsache der gemeinsamen Abstammung, sondern durch den Glauben an die Eigenheit der Gruppe und durch die Wechselwirkung von Selbst- und Fremdzuschreibung (vgl. Nuscheler 1996:294f).

Zwar war schon wesentlich früher die soziale Tatsache bekannt, daß Menschen, die Gemeinsamkeiten von Kultur besitzen, eine gemeinsame Geschichte, Herkunft und auch aktuelle Erfahrungen teilen, Gruppen bilden; warum diese Gruppen aber in einer Zeit moderner Nationalstaatlichkeit über Generationen weiterbestehen, mit diesem Phänomen beschäftigt sich die Ethnologie erst seit der Frage nach dem Scheitern der „melting-pot" Idee (Moynan, Glazer 1964) und der Zunahme von interethnischen Konflikten in den Industriestaaten und Staaten der sogenannten Dritten Welt. Wissenschaftler waren davon ausgegangen, daß Modernisierung mit der Überwindung ethnischer Grenzen einhergehe (Esser 1988). Das Gegenteil, nämlich die Ausbreitung ethnischer Bewegungen und die wachsende Häufigkeit und Intensität ethnischer Rivalitäten und Konflikte, war und ist zunehmend der Fall (Smith 1981).

Ethnizität besitzt auch eine zeitliche Dimension und kann sich innerhalb einer Gesellschaft im Laufe der Zeit wandeln. Identitätsbewußtsein entwickelt sich, es kann sich verstärken, abschwächen oder ganz auflösen.

„Ethnicity is not something that is simply passed on from generation to generation, taught and learned: it is something dynamic, often unsuccessfully repressed or avoided. It can be potent even when not consciously taught; it is something that institutionalized teaching easily makes chauvinist, sterile, and superficial, something that emerges in full—often liberating—flower only through struggle. Insofar as ethnicity is a deeply rooted emotional component of identity ...transmitted less through cognitive language or learning (to which sociology has almost entirely restricted itself) than through processes analogous to the dreaming and transference of psychoanalytic encounters" (Fischer 1986: 195f).

Durch den raschen Wandel von Werten und Glaubensinhalten in modernen Gesellschaften kann sich ein Gefühl von Entwurzelung einstellen. Bell schreibt, daß ethnische Identität auch einen „psychologischen Anker" bieten kann (Bell 1975:141ff). Verstärkt werden können ethnische Grenzziehungen und ethnisches Bewußtsein aber auch als Antwort auf gemeinsame Diskriminierungserfahrungen. Durch Unterstützung und Belebung einer Gruppenkultur versuchen Angehörige einer Gruppe ihre ethnische Identität zu stärken.

„Ethnizität ist der Prozeß der ethnischen Abgenzung in Form der Selbst- und Fremdzuschreibung spezifischer Traditionen" (Hackstein/Orywal 1993:599).

Das Erleben von Fremdsein und Fremdzuschreibung verstärkt die Identifikation mit der ethnischen Bezugsgruppe, die Schutz bietet. Unter erschwerten Lebensbedingungen kann sich eine ethnische Identität entwickeln, die vorher nicht bestand, oder in dem Maße vorhanden war (vgl. Nuscheler 1996:300).

Ethnische Grenzen entstehen nur in Opposition zu anderen, ähnlich strukturierten Gruppen.

„The term ethnicity refers to the degree of conformity by members of the collectivity to shared norms in the course of social interaction" (Cohen 1974:IX f.)

„Ethnicity is essentially a form of interaction between culture groups within common social contexts" (ebd.:XI).

Aus diesem Grund sind die bestehenden oppositionellen Identitäten einzubeziehen. Hieraus resultiert eine holistische Sichtweise mit dem Vorteil,

„daß erst durch die Einbeziehung auch der fremdzugeschriebenen Grenzkriterien Aussagen über die Durchlässigkeit oder Rigidität der ethnischen Grenzen möglich werden, und damit weitergehende Aussagen über die Qualität der Intergruppenbeziehungen." (Orywal/Hackstein 1993:600)

Es muß also eine interethnische Beziehung vorliegen, wie sie zum Beispiel der Tourismus schafft. Durch die Interaktion mit Touristen kann sich das Ethnizitätskonzept der Einheimischen entwickeln bzw. verändern. Folgende Merkmale hat der Tourismus mit anderen interethnischer Beziehungen gemeinsam:

1. Es finden Interaktionen zwischen ethnischen Gruppen statt durch die direkten und indirekten Kontakte ihrer Mitglieder (insbesondere zwischen Touristen und Einheimischen).
2. Verschiedene kulturelle und soziale Systeme interagieren.
3. In den Interaktionsprozessen kommt es zu Identifikationen der beteiligten ethnischen Gruppen anhand kultureller und ethnischer Differenzierungen, um sich von den anderen ethnischen Gruppen abzugrenzen.
4. Die anderen ethnischen Gruppen gelten als fremdartig.
5. Es entwickeln sich Fremdbilder und Stereotype.
6. Im Interaktionsprozess vertreten Gruppen ihre Interessen.
7. Die Interaktion führt zu Reaktionen gegenüber den anderen im Interaktionsprozess beteiligten Gruppen.
8. Die Interaktion kann zu Spannungen innerhalb der ethnischen Gruppen führen. (Kahrmann 1995:23)

Als Beispiele nennt Kahrmann die aus der interethnischen Beziehung entstehenden Stereotype (z.B. Touristenbild) sowie die sekundär hervorgerufenen Veränderungen in den Interaktionen der bestehenden sozialen Gruppen. So zum Beispiel auch zwischen der Elite und dem Rest der Bevölkerung, oder auf einer abstrakteren Ebene die Rolle des Staates als kollektivem Mittelsmann des Tourismus, insbesondere wenn die Kultur eines Landes vermarktet wird. Es entstehen dann neue ethnische Stereotype, die von kollektiver Bedeutung und nicht unabhängig von Machtwirkungen sind (ebd.).

Für meine Studie sind Konzepte und Theorien der Ethnizitätsforschung von Bedeutung um Gruppenbildungsprozesse und Abgrenzungsmechanismen innerhalb der deutschen Migranten einzuordnen, aber auch um Identitätsbildungsprozesse innerhalb der einheimischen Bevölkerung zu verstehen, die als Reaktion auf die Interaktion mit den deutschen Migranten entstehen, denn das Erkennen des Fremden führt immer auch zum Bewußtwerden des Eigenen – der eigenen ethnischen Identität.

## 2.5    Zusammenfassung

Im vorangegangenen Kapitel war es mir wichtig, die Begriffe Tourismus, Migration, Lebensqualität und Ethnizität sowie damit zusammenhängende Theoriegesichtspunkte zu klären, und ihren Bezug zu meinem Untersuchungsthema deutlich zu machen. Ohne die Entwicklung des Tourismus im Valle Gran Rey wäre es nicht zu einer derart hohen Zahl von deutschen Migranten gekommen, zudem kamen fast alle Deutschen zunächst als Touristen auf die Insel, bevor sie sich für den Ort als ständigen Wohnsitz entschieden. Tourismus kann einen positiven Beitrag zur wirtschaftlichen Entwicklung leisten, führt aber in der Regel zu einem kulturellen Wandel in den Gastgebergesellschaften. Die Grenzen vom deutschen Touristen zum Migranten sind im Valle Gran Rey fließend, zumal sie sich äußerlich nicht voneinander unterscheiden, denn der Tourismus auf La Gomera ist in erster Linie von Deutschen geprägt.

In den Theorien der Migrationsforschung finden sich Ansätze zur Interpretation meiner Daten über Normen und Wertvorstellungen, die zu einer freiwilligen Migration führten. In meiner Arbeit geht es in erster Linie um die individuelle Sichtweise auf bestimmte Handlungen und die Entwicklung von Lebensstrategien, die daraus erwachsen. Es werden die Beweggründe für eine Migration aus handlungstheoretischer Sicht analysiert.

Die Lebensqualität in der Migration ist eng mit den subjektiven und emotionalen Erwartungen und Erfahrungen verbunden. Ich werde das Konstrukt Lebensqualität im Laufe der Arbeit mit den Ergebnissen meiner intensiven Interviews füllen, um die subjektive Einschätzung der Lebensqualität von deutschen Migranten im Valle Gran Rey deutlich zu machen.

Ethnizitätstheorien sind für die Analyse meiner Ergebnisse wichtig, weil der Alltag der deutschen Migranten auf La Gomera, genauer gesagt jede Form von sozialen Kontakten auch durch Abgrenzungsmechanismen der unterschiedlichen Gruppen beeinflußt wird. Wie ich in der Arbeit aufzeigen werde, wirkt sich das soziale Verhalten der Gruppen untereinander auch auf die Lebensqualität des Einzelnen aus.

# 3 Forschungsmethode und angewandte Verfahren

In diesem Kapitel werde ich meine Forschungssituation auf La Gomera und meine Verfahren der Datenerhebung darstellen.

## 3.1 Feldforschung

Grundlage für diese Arbeit sind die aus mehreren Feldforschungsaufenthalten gewonnenen Daten. Obwohl die stationäre Feldforschung[16] im konkreten geographischen Raum Valle Gran Rey die Grundvoraussetzung meiner Forschung war, berücksichtige ich in meiner Arbeit auch den in der Ethnologie in den vergangenen Jahren laut werdenden Ruf nach Multilokalität[17]. Die Teilnehmende Beobachtung als Forschungspraxis fand auf La Gomera statt, aber Mobilität war nicht nur mir als Forscherin vorbehalten, sondern wurde auch als Teilaspekt der Kultur der erforschten Gruppe berücksichtigt; zum Beispiel bei der Bedeutung der Nähe des Untersuchungsortes Valle Gran Rey zu Deutschland. Teilweise wird ein sehr intensiver Kontakt zu Freunden und Familie in Deutschland aufrechterhalten und dieser durch Besuche aus Deutschland oder persönliche Besuche im Heimatland erleichtert.

„Das Leben ist hier einfach völlig anders. Das ist eben Exil. Mir geht immer ein Satz durch den Kopf, den ich mal in einem Buch gelesen habe: Wie alle Menschen auf Inseln warteten sie auf Nachrichten vom Festland. Das hat mich irgendwie so getroffen. Weil ich denke, das stimmt so... Die Frage ist ja auch, wo man seine Bindungen hat, und die habe ich eben nicht hier... Nee, ich fühle mich unserem Be-

---

[16] Als Feldforschung bezeichnet man in der Ethnologie den Aufenthalt im Gebiet einer fremden Gesellschaft oder Gruppe mit der dadurch gegebenen Möglichkeit, die „natürliche Lebenssituation" der zu untersuchenden Gruppe zu beobachten, ohne diese zu verändern oder eine künstliche Situation herzustellen (vgl. Fischer 1988:62). Die Forschungsarbeit kann unter lebenden Völkern anderer Gesellschaften oder in Subkulturen unserer eigenen Gesellschaft, wie dies bei meiner Arbeit der Fall war, durchgeführt werden.

[17] Seit einigen Jahren wird in der Ethnologie im Zuge des Globalisierungsdiskurses Kritik an der Annahme geübt, dass die zu Erforschenden nur die Ansässigen sein dürften (vgl. Clifford 1997).

such aus Deutschland mehr zugehörig." (Interview mit Annette: 04.01.1997)

Karen Fog Olwig bezeichnet eine solche Situation als „die lebendige Gegenwart des Abwesenden." (Olwig 1997:17)

> „The general problem is that people who are mobile, and therefore not immediately present in the research site while the ethnographer is paying his or her fleeting visit, have often been ignored, even though they are in fact often of great importance to the more settled people." (Fog Olwig 1998:5)

Auch meine Kontaktaufnahme zu Remigranten, die nach einigen Jahren Inselleben wieder zurück in die deutsche Großstadt gezogen sind und durch die gewonnene Distanz meinen Blick auf die Untersuchungsgruppe ergänzen, ist ein Aspekt dieser neuen Form der „multi-sited ethnography." (vgl. Marcus 1995)

Eine weitere Besonderheit meiner Forschung, auf die ich an dieser Stelle nochmals explizit hinweisen möchte, ist die Tatsache, daß sich meine Forschung mit Unterbrechungen über drei Jahre erstreckte, wobei ein intensiver viermonatiger Aufenthalt von Oktober 1996 bis Februar 1997 zu Beginn stand und ein weiterer intensiver zweimonatiger Aufenthalt im Oktober und November 1999, am Ende dieser drei Jahre. Zwei jeweils vierwöchige Feldforschungsaufenthalte im März 1998 und im Januar 1999 sowie einige Kurzaufenthalte von einer Woche fanden zwischendurch statt. Während der gesamten Zeit und auch heute noch habe ich einen regelmäßigen Brief- und E-mail-Kontakt zu einem Teil meiner Informanten. Aufgrund dieser mehrjährigen Forschungsdauer war es mir möglich, Entwicklungen über den Zeitraum von drei Jahren im Valle Gran Rey zu beobachten. Interviewpartner aus meinem ersten Aufenthalt lebten zu einem späteren Zeitpunkt wieder in Deutschland, neue Migranten waren hinzugekommen. Nicht zuletzt durch diese längere Beobachtung wurde deutlich, welche Kriterien und Bedingungen für eine permanente Migration bzw. für eine Remigration ausschlaggebend sind.

## 3.2    Kontaktaufnahme

Meine ersten Kontakte zu deutschen Migranten im Valle Gran Rey hatte ich über eine Freundin, die selbst mehrere Monate auf Gomera gelebt hatte. Weitere

Kontakte ergaben sich zufällig, am Strand oder in den Geschäften. Manchmal habe ich die Leute auch angesprochen, wenn ich den Eindruck hatte, daß sie schon länger auf der Insel lebten. Aus diesen Kontakten ergaben sich nach dem Schneeballprinzip weitere Möglichkeiten, mit Informanten ins Gespräch zu kommen. Und da sich in einem Dorf mit knapp viertausend Einwohnern sowieso alles recht schnell herumspricht, notierte ich schon bald in meinen Feldnotizen:

„Mein Bekanntheitsgrad nimmt langsam zu. Immer wieder, wenn ich mich vorstelle, höre ich „ach, du bist das", und bei einem Frühstück in der „Villa Kunterbunt" bemerke ich, wie jemand seiner Nachbarin ins Ohr flüstert: „Das ist doch die Ethnologin." (Feldnotizen 22.12.1996)

Später, nachdem sich für mich Kategorien von Deutschen herausgebildet hatten, habe ich gezielt Personen aus den einzelnen Kategorien interviewt, um meine Daten zu vervollständigen. Zu einigen meiner Informanten entwickelten sich intensive und persönliche Beziehungen, so daß sie zu Schlüsselinformanten wurden, die ich regelmäßig traf, und mit denen ich auch biographische Interviews und Genealogien aufnehmen konnte.

Mit den Gomeros war es ähnlich. Den ersten Kontakt hatte ich zu meinen Vermietern. Dann kamen Geschäftsleute hinzu, Ehepartner und Familienangehörige aus binationalen Ehen, aber auch Menschen, die ich bei einem Spaziergang im Tal ansprach, Taxifahrer und andere. Meine Spanischkenntnisse waren für diese Kontakte zu den Gomeros Voraussetzung. Ich mußte feststellen, daß die Gomeros, auch wenn sie zum Teil sehr mißtrauisch waren, sich doch meistens erfreut über die Tatsache zeigten, daß ich Spanisch sprach. Die meisten deutschen Urlauber sprechen kein Spanisch, und auch viele der deutschen Migranten sprechen die Sprache nur gebrochen oder gar nicht.

Das teilweise Mißtrauen der Gomeros auf meine Fragen lag in der Tatsache begründet, daß ich Deutsche bin und mich insofern nur bedingt von den von mir untersuchten Migranten, sowie auch von den Touristen unterscheide. Als Touristen sind die Deutschen willkommen, denn sie sichern den materiellen Wohlstand. Touristin war ich aber für die Gomeros schon bald nicht mehr, da nach einigen Wochen klar wurde, daß ich länger blieb. Außerdem zeigte ich mich in der Öffentlichkeit häufig mit den ansässigen Deutschen, was von den Gomeros, so war mein Eindruck, genau beobachtet und verfolgt wurde. Den deutschen Migranten wird häufig mit Skepsis begegnet, weil sie Grundstücke kaufen, Geschäfte eröffnen und somit zu Konkurrenten für die einheimische Bevölkerung werden (vgl. Kapitel 7.2).

Ich hatte also eine Form von Sonderstatus. Zwar war ich nicht eindeutig Touristin, trotzdem wohnte ich in einem Ferienapartment. Ich ging keiner „normalen" Arbeit nach, hatte aber genügend Geld, um monatelang im Valle Gran Rey zu leben. Ich glaube, daß offenbar nur wenige Gomeros, trotz meiner Erklärungsversuche, den Grund meines Aufenthaltes verstanden. Einige glaubten, ich sei Journalistin oder Buchautorin, und sie nutzten die Gespräche mit mir, um persönlichen Ärger mit Deutschen loszuwerden, in der Hoffnung, er gelänge auf diesem Weg an die Öffentlichkeit. Für andere war genau der Punkt ein Hindernis, sich auf ein ehrliches Gespräch mit mir einzulassen, wie das zum Beispiel bei meinem Interview mit dem zweiten Bürgermeister des Valle Gran Rey der Fall war.

Kontakte zu Remigranten knüpfte ich nach und zwischen meinen Feldforschungsaufenthalten, nachdem klar geworden war, daß eine Betrachtung der Remigration als weitere Perspektive auf das Leben im Valle Gran Rey interessant wäre und ein Verständnis der Migranten abrundet. Einen Teil der von mir befragten Remigranten kannte ich bereits von meinen Gomeraaufenthalten, sodaß ich gezielt über Kontaktpersonen auf der Insel nach ihren Telefonnummern und Adressen suchen konnte. Andere Kontakte ergaben sich zufällig, zum Beispiel als ich auf einer privaten Feier von Freunden über den Inhalt meiner Dissertation plauderte, und mir eine Frau mitteilte, daß eine ehemalige Schulfreundin doch auch mal zehn Jahre auf Gomera gelebt habe und nun wieder in Deutschland sei; oder über eine Bekannte, die mir erzählte, daß ihre Masseurin auch mal einige Jahre auf Gomera gelebt habe. Bei dieser Remigrantin stellte sich heraus, daß ich sie bereits bei meiner ersten Feldforschung auf der Insel interviewt hatte.

## 3.3    Methoden der Datenerhebung

Im folgenden Kapitel werde ich die angewandten Verfahren und die Begleitumstände meiner Datenerhebung darstellen, denn die Darstellung der Situation und die Voraussetzungen der Datenerhebung können zu einer deutlicheren Bewertung der Ergebnisse führen.

Grundsätzlich handelte es sich bei meiner Forschung um eine qualitative Untersuchung. „Qualitativ" bedeutet, daß ein Spektrum möglicher Einstellungen, Meinungen und Verhaltensweisen wiedergegeben wird. Diese qualitativen Ergebnisse habe ich aber mit quantitativen Ergebnissen aus einer von mir durchgeführten Fragebogenumfrage untermauert sowie durch Zensusdaten ergänzt.

3.3.1    Interviews

In der Regel waren die Informanten sehr hilfsbereit und unterstützten meine Arbeit. Für einige war es persönliches Interesse am Thema, für andere eine willkommene Abwechslung zum manchmal einseitigen Inselalltag. Oft wurden die Gespräche auch sehr persönlich, und ich glaubte zu merken, daß es einen Bedarf dafür gab, die eigene Situation mitzuteilen und zu reflektieren.

Aber es gab auch Ausnahmen. Manche hatten „einfach überhaupt keinen Bock auf so was" oder „keine Lust drauf", weil sie „sowas jeden Tag fünfzigmal von den Touristen gefragt" werden. Auch Gomeros waren, wie erwähnt, manchmal skeptisch und nicht bereit, ein Interview zu führen. In letzterem Fall war ich im Laufe der Forschung dazu übergangen, nicht mehr nach einem möglichen Interview zu fragen, sondern nur nach der Möglichkeit, ein wenig zu plaudern, „charlar un poco".

Ich führte unterschiedliche Formen von Interviews durch. Einige waren teilstrukturiert, wobei ich meinen Frageleitfaden allerdings immer im Hintergrund hielt und am Ende der Gespräche prüfte, ob noch wichtige Punkte fehlten. Andere Interviews waren offen, so zum Beispiel biographische Interviews, bei denen ich den Informanten lediglich die Anregung gab, aus ihrer Lebensgeschichte zu erzählen oder nach bedeutsamen Ereignissen in der Familie oder Ausbildung fragte.

Während meiner Aufenthalte auf der Insel habe ich 54 Interviews mit dem Aufnahmegerät aufgezeichnet. Es waren Informanten, die eine unterschiedliche Aufenthaltsdauer auf der Insel hatten – von einem Jahr bis zu dreißig Jahren. Es waren jüngere und ältere Menschen, Spanier[18] und Deutsche. In dieser Anzahl enthalten sind zwei Interviews mit deutschen Ehepaaren (in der Regel habe ich Interviews mit Einzelpersonen durchgeführt) und vier Doppelinterviews, d.h. mit den gleichen Personen zu einem späteren Zeitpunkt nochmals intensivierte und erweiterte Gespräche. Andere Informanten waren eine spanische Lehrerin aus der

---

[18] Ich schreibe in dieser Arbeit von Spaniern oder Gomeros, wenn es sich um die spanische Bevölkerung des Valle Gran Rey handelt. Sofern die betreffenden Personen von der iberischen Halbinsel oder einer anderen Kanareninsel stammen, werde ich dies zusätzlich deutlich machen.

Schule[19], der Bürgermeister, eine Mädchengruppe aus einem Wahlkurs[20] an der Schule, Geschäftsleute, Privatpersonen und zwei Kinder.

Die Gespräche dauerten im Durchschnitt etwa zwei Stunden. Es gab aber auch einstündige oder dreistündige Interviews. Die Aufzeichnungsorte waren unterschiedlich. Bei Geschäftsleuten fanden die Interviews oft in deren Laden statt. Mit anderen wiederum verabredete ich mich an öffentlichen Plätzen, wie zum Beispiel einem Café oder Restaurant. Bei den Informanten, die ich gezielt aussuchte und zu Hause aufsuchte, fanden auch Interviews in der Wohnung statt, ebenso bei vertrauten Personen, die mich zu sich nach Hause einluden. Da ich auf den Feldforschungen zum Teil meine Kinder dabeihatte und nur tagsüber ein Kindermädchen in Anspruch nehmen konnte, führte ich einige Interviews auch abends bei mir zuhause auf der Terrasse meines Apartments durch.

Desweiteren habe ich ab Januar 1999 sieben Interviews mit Remigranten in Deutschland durchgeführt. Diese Personen lebten in Deutschland verstreut, in München, Berlin, Freiburg oder Hamburg. Die Mehrzahl dieser Gespräche führte ich telefonisch durch, lediglich eine Informantin aus Hamburg traf ich persönlich. Es war mir aber möglich, die Interviews mit dem Aufnahmegerät aufzuzeichnen.

Sämtliche Interviews sind von der Tonbandaufnahme transkribiert. Nicht aufgezeichnet, aber im Nachhinein schriftlich in meinen Feldnotizen festgehalten und ebenfalls für diese Arbeit verwertet sind viele weitere Gespräche, die sich spontan ergaben oder während formloser Verabredungen stattfanden.

Aus Gründen der Anonymisierung der Daten habe ich alle Namen von Interviewpartnern verändert, außer solchen von Personen der Öffentlichkeit, z. B. Vertretern der Institutionen wie der Schule oder dem „Ayuntamiento" (Rathaus). Eine Liste der veränderten Namen habe ich angefertigt. Ich habe meinen Informanten während der Forschung Anonymität zugesichert und werde aus diesem Grund

---

[19] Wenn ich in dieser Arbeit von der Schule im Valle Gran Rey schreibe, dann meine ich damit die Schule im Ortsteil Borbalán, das „Colegio Nereida Díaz Abreu" am Fuße des Valle Gran Rey. Im „Colegio Nereida Díaz Abreu" werden Schüler im Alter von drei bis sechs Jahren (infantil), sechs bis elf Jahren (primaria) und elf bis vierzehn Jahren (secundaria) unterrichtet. Oben im Tal, im Ortsteil Guadá, gibt es eine weitere, aber wesentlich kleinere Schule für Kinder von drei bis elf Jahren.

[20] Dieser am Nachmittag stattfindende Wahlkurs wurde von einer deutschen Informantin angeboten und beinhaltete einen Gesprächsaustausch über Veränderungen in der Pubertät und geschlechtsspezifisches Rollenverhalten.

auch keine kompletten Interviews wiedergeben.[21] Selbst die Arbeit mit Fallbei-spielen fand ich problematisch, da in dem Dorf Valle Gran Rey fast jeder jeden kennt.

Um die Textmenge meines transkribierten Materials handhabbar zu machen und zu Aussagen zu kommen, die der Spezifik der Zeugnisse und zugleich ihrem allgemeinen Geltungsanspruch Rechnung tragen, habe ich leitende Fragen für die Analyse der Interviews entwickelt. Diese waren durch die grundsätzliche Frage-stellung der Untersuchung vorgegeben. Bestimmte Inhalte, beschriebene Ereig-nisse und Situationen habe ich meinem Fragenkatalog zugeordnet und kategori-siert. Allerdings haben sich auch Begriffe und Argumente aus dem Material selbst entwickelt, die dann einem interpretativen Verfahren folgend erst anschließend in theoretische Zusammenhänge eingeordnet wurden.

### 3.3.2 Teilnehmende Beobachtung

Zentrale Idee der Teilnehmenden Beobachtung ist, daß der Feldforscher über längere Zeit in einer Gemeinde oder Gruppe lebt, also am Leben dieser Menschen teilnimmt und eine Rolle in ihrem Sozialsystem erhält (vgl. Fischer 1988:63). Es ist also eine Methode, die sich eigentlich nur schwer eingrenzen läßt, denn beo-bachten muß man während einer Feldforschung ständig. Teilnehmen konnte ich während meines Aufenthaltes im Valle Gran Rey an verschiedenen Veranstaltun-gen oder Treffen und Feiern der deutschen Migranten.

Wichtig war mir dabei zu beobachten, wo sich Deutsche treffen, wo Gomeros, an welchen Orten sich die beiden Nationalitäten mischen, aber auch ob die Katego-rien, die sich aus meinen Interviews herauskristallisierten, durch meine Beobach-tung bestätigt wurden.

Folgende Orte waren dabei von Bedeutung:
* Cafés und Szenetreffpunkte wie zum Beispiel das Bistro in Vueltas, die Saftbar in La Caléra oder die Konditorei „La Canela" in Borbalán
* das deutsche Kulturzentrum „La Galeria" in La Caléra
* das spanische Kulturzentrum „Casa Cultural" in La Caléra

---

[21] Ergebnisse müssen in der Wissenschaft nachprüfbar sein. Aus diesem Grund ist der Zugang zu meinen Interviews und nicht anonymisierten Daten für wissenschaftliche Zwecke, bei einem Nachweis der Notwendigkeit, möglich.

- der Strand
- öffentliche Feiern wie zum Beispiel ein Tag der offenen Tür auf der „Finca Argayall"[22], die Eröffnungsfeier von Ilonas Fitnesstudio oder der Weihnachtsmarkt in Vueltas
- private Treffen wie Geburtstage oder gemeinsame Ausgehabende

### 3.3.3     Fragebögen

Es gibt Ethnologen, die Feldforschung als ein rein qualitatives Verfahren betrachten (vgl. Kohl 1993:111). Während meiner Forschung ergaben sich allerdings Fragen, die mit quantifizierbaren Daten deutlicher zu beantworten waren, und aus diesem Grund habe ich bei meinem letzten Forschungsaufenthalt einen Fragebogen verteilt. Die Beantwortung der Fragebögen sollte Auskunft geben über folgende Themenkomplexe:

- Wer geht nach La Gomera (Alter, Schulbildung, Beruf)?
- Woher kommen die deutschen Migranten (Dorf, Kleinstadt, Großstadt)?
- Motive für eine Migration?
- Lebenssituation auf La Gomera (Wohnsituation, ausgeübte Tätigkeit, Spanischkenntnisse)?

Die Verteilung der Fragebögen stieß im Dorf zum Teil auf Unmut. Auf dem Wege des Klatsch und Tratsch erreichten mich Meldungen wie: „Will die uns hier ausspionieren," oder „ist das überhaupt zulässig, was die da macht". Außerdem gab es Kommentare wie: „Was glaubst du wie viele hier vom Sozialamt leben, die haben einfach Angst, daß das rauskommt!"

Trotz dieser gemischten Reaktionen gab es auch in diesem Fall, wie bei meiner Suche nach Interviewpartnern, Hilfestellung und positive Rückmeldung. Einige Fragebögen füllte ich im Anschluß an Interviews mit meinen Informanten aus, andere verteilte ich, wann immer es eine Gelegenheit dazu gab. Eine große An-

---

[22] Die Finca Argayall „Place of Light O.M.C." ist ein von Sanyasin 1986 gegründetes spirituelles Zenrum. Auf einem 15.000 qm großen Gelände in einer eigenen Bucht direkt am Meer gibt es neben den Fincagebäuden mit Swimmingpool auch Unterkunftsmöglichkeiten für Urlauber, einen biologischen Gemüsegarten und eine Obstplantage. Auch wenn die Finca rein geographisch nicht mehr zum Valle Gran Rey gehört, so ist sie doch nur zehn Minuten zu Fuß vom Ortsteil Vueltas entfernt und kann, da sie auch sozial an das Valle Gran Rey angebunden ist, noch dazugezählt werden.

zahl von Fragebögen verschickte ich mit einem Rundbrief des im Oktober 1999 neu gegründeten Residentenclubs (vgl. Kap.6.5.1), allerdings ohne Rückmeldung.

Einundvierzig Fragebögen kann ich für meine Auswertungen nutzen. Das entspricht etwa einer Zahl von 10% der deutschen Migranten im Valle Gran Rey.

### 3.3.4    Medien

In Deutschland wird in Presse und Fernsehen ein Bild von La Gomera dargestellt, das, wie so häufig in den Medien, in vielem weit von der Realität ist (Reuter 1998, Simon 1993). Da werden Klischees von „Aussteigern" und „Paradiesvögeln" wiedergespiegelt, die völlig unbeschwert ein unkonventionelles sonniges Leben führen. Das ist auch spannender als das Leben von zum Beispiel den Residenten, die an sechs Tagen in der Woche im Valle Gran Rey um sieben Uhr aufstehen, um zu ihrem 8-Stunden-Job in der Autovermietung zu gehen.

Das in den Medien kreierte Bild vom „Tal der Paradiesvögel" (Reuter 1998) prägt auch die Erwartungen der Gomerabesucher und nicht zuletzt der Menschen, die das alternative Inselleben suchen. Ich bin von meinen Informanten wiederholt gebeten worden, in meiner Arbeit solche undifferenzierten Darstellungen zu widerlegen. In meinen Interviews wurde diese Diskrepanz in der emischen und etischen Sichtweise[23] häufiger angesprochen. Meine Aufgabe als Wissenschaftlerin ist es, beide Sichtweisen wahrzunehmen und gegebenenfalls zu korrigieren, wobei die etischen Sichtweisen der Journalisten Momentaufnahmen sind und dem Alltagsdenken entspringen, während ich im Laufe der Forschung die Blickrichtung ständig wechseln mußte.

Seit 1992 gibt es im Valle Gran Rey die Gomera-Zeitung „Der Valle-Bote", eine Satirezeitschrift mit einer Auflagenhöhe „entsprechend der Nachfrage" und einer Erscheinungsweise „nach Bock- und Wetterlage". Der Herausgeber lebt seit fünfzehn Jahren im Valle Gran Rey. Die Zeitschrift verarbeitet auf etwas schräge, oft witzige Weise das Geschehen und die Entwicklung im Tal und wird von

---

[23] Die emische Sichtweise ist die Perspektive des Betroffenen selbst, sie gibt die Weltsicht der Beobachteten so wieder, wie diese sie als real, sinnvoll und angemessen einschätzen. Die etische Sichtweise ist die Perspektive des Beobachters. Sie kann dabei helfen, wissenschaftliche Theorien über die Ursachen kultureller Unterschiede und Übereinstimmungen zu entwickeln, und Regeln und Kategorien aufzustellen, die den Angehörigen fremder Kulturen oft nicht vertraut sind (vgl. Harris 1989:26f).

Migranten und Touristen gelesen und inzwischen von „Gomera-Anhängern" aus Deutschland abonniert. „Das vermutlich längste Abo der Welt" bis zum 31.12.2999 für nur 1000 Euro machte in der deutschen Presse im vergangenen Jahr Schlagzeilen (Müllender 1999:20).

Die Satire ist eine Kunstform, in der sich „der an einer Norm orientierte Spott über Erscheinungen der Wirklichkeit nicht direkt, sondern indirekt, durch die ästhetische Nachahmung eben dieser Wirklichkeit ausdrückt" (Meyers 1984, Bd.12). Es wird also auch im Valle-Boten eine Wirklichkeit ausgedrückt, und zwar die Wirklichkeit aus der Sicht eines seit vielen Jahren im Valle Gran Rey lebenden Deutschen.

„Und war es die Abkehr von Wohlstand und Konsum, die uns Alt-Gomerianer seinerzeit Zuflucht auf diesem begnadeten Eiland suchen ließ, so scheint es heutzutage wohl eher der betörende Geruch einer schnellen Mark zu sein, der Neugomerianer in Scharen anlockt." (Valle-Bote Nr. 24:2)

Abgrenzungsversuche von den deutschen Bewohnern der „Insel der Beknackten" zu den „Qualitätstouristen" und „Zwei-Wochen-Ottos" sind erkennbar. Die Lektüre der Zeitschrift ermöglicht somit einen weiteren Blick auf das Valle Gran Rey (vgl. Anhang II).

Der spanische oder besser kanarische Blick wird durch die Lektüre der gomerischen Wochenzeitung „La Isla" oder der kanarischen Tageszeitung „La Gazeta de Canarias" erweitert.

3.3.5     Fotografie

Zur systematischen Betrachtung möglichst aller Teile einer Kultur gehört auch die Aufnahme der materiellen Kultur. Hierzu bietet sich neben den Feldnotizen die fotografische Dokumentation an.

Während meiner Feldforschungsaufenthalte habe ich fotografisch festgehalten, wie die Deutschen im Valle Gran Rey leben. Wie bauen sie ihre Häuser, ziehen sie Mauern und Zäune um ihre Grundstücke oder sind die Häuser offen? Bauen sie konventionell oder künstlerisch frei mit viel Glas und Holz, mit runden und dreieckigen Fenstern, entsprechend dem Platz und dem Material, das sie für den

Hausbau zur Verfügung haben? Bauen sie mit kanarischen Trockenmauern oder Beton? All dies sind Unterschiede, die sich fotografisch dokumentieren lassen.

Wohnungs- und Ladeneinrichtungen oder Gärten konnte ich in Wort und Bild festhalten. Hier gibt es große Unterschiede zwischen Gomeros und Deutschen. Eine Informantin berichtete zum Beispiel von der Finca Argayall:

> „Also wenn du dahin gehst, dann bist du in Deutschland... Naja, daß da lauter Deutsche sind, daß die Einrichtung deutsch ist, daß da gar nichts Spanisches ist. Das ist ganz einfach. Gar nichts Spanisches. Weder vom feeling, noch vom Essen, noch von der Einrichtung und so. Auch vom Garten her, von den Pflanzen, wie das aufgeteilt ist..." (Interview mit Julia 14.10.1999)

Ein weiterer Punkt sind die von vielen Spaniern kritisierten Privatwege. Wege, die ehemals auch von den Gomeros benutzt wurden, aber nun zu deutschen Grundstücken gehören, werden zum Teil gesperrt und als Privatwege ausgewiesen. Einige Schilder sind nicht einmal ins Spanische übersetzt. Solche Schilder, ebenso die über das Tal verteilten Graffitis wie „Gomero no vende tu tierra" oder „Alemanes fichas fuera"[24] zählen ebenfalls zu meinen Daten. Ein Teil der Fotografien befindet sich im Anhang (vgl. Anhang III).

## 3.4    Zusammenfassung

Ich habe die verschiedenen Verfahren der Datenerhebung und meine persönliche Position in der Erhebungssituation dargestellt, um eine Quellenkritik zu ermöglichen. Von besonderer Bedeutung ist in dieser Arbeit der Aspekt, daß sich die Feldforschungen mit Unterbrechungen über drei Jahre hinzogen und somit auch Veränderungen am Untersuchungsort sowie innerhalb der zu untersuchenden Gruppe in die Ergebnisse einbezogen werden konnten.

Von größter Bedeutung für meine Fragestellung nach der Lebensqualität deutscher Migranten waren die intensiven Interviews. Während der oftmals sehr persönlichen Gespräche und beim wiederholten Lesen des transkribierten Materi-

---

[24] „Gomero verkaufe nicht dein Land" oder „Registrierte Deutsche raus"

als war ich bemüht, die „Lebenswelt" meiner Informanten zu verstehen und zu interpretieren[25]. Da die Lebensqualität wie erwähnt ein sehr persönliches Konstrukt ist und ich die Kontakte zu meinen Informanten nicht nach den Kriterien der Stichprobenauswahl hergestellt habe, gelten die Ergebnisse dieser Studie nur für den von mir untersuchten Personenkreis und die von mir zitierten Personen. Allerdings dürfte die Variationsbreite der Auffassungen in etwa vertreten sein.

Die Kontrolle durch die Nutzung verschiedener Verfahren waren im Forschungsprozeß von großer Bedeutung. Interviews, Lebensgeschichten, schriftliche Quellen und Beobachtungen ergänzten einander. Die Interviews mit Remigranten in Deutschland vervollständigten den Blickwinkel auf meine Ergebnisse. Durch die Kombination der verschiedenen Verfahren hoffe ich dem holistischen Anspruch der ethnologischen Feldforschung einigermaßen gerecht geworden zu sein.

---

[25] Zu Auswertungsmethoden qualitativer Daten vgl. Miles/Huberman (1994); Bernard (1995:360ff); Wolcott (1990)

## 4 Zivilisationskritik und Vorentwicklungen des Aussteigertums

Es ist nicht erst ein Phänomen der letzten Jahrzehnte, daß Menschen auswandern, weil sie sich in einem als natürlicher empfundenen Lebensraum abseits der Zivilisation ein besseres Leben erhoffen. Schon Rousseau verkündete im 18. Jahrhundert, daß das Leben nahe einer glückbringenden Natur verheißungsvoller sei, als die „Verderbnis" der Kultur. Durch die Herausbildung der frühbürgerlichen Gesellschaft und das damit verbundene Naturgefühl fanden auch die sich bereits aus dem Altertum herzuleitenden „Schaferszenen" ihren Höhepunkt in der zweiten Hälfte des 18. Jahrhunderts. In diesen festlich heiteren und zum Teil auch eleganten Landschaftsdarstellungen, die in der Kunst, aber auch der Musik und Dichtung zu finden waren, beschäftigten sich Schäfer, Hirten und Bauern mit naturschwärmerisch genußvollem Spiel, anstatt mit der Arbeit. Sie veranschaulichten die Illusion menschlichen Glücks in ländlicher Ruhe (Lexikon der Kunst, Bd.4:329). Es wurden auch sogenannte „Schäferspiele", als aristokratische Gesellschaftsspiele durchgeführt, wobei aber die Hirtenwelt nicht mehr eine Gegenwelt zur Gesellschaftsform am Hofe bildete, sondern eher Spiegel eines schäferlich kostümierten höfischen Lebens und seiner verfeinerten Sitten war (Meyers Bd.12:307).

Der französische Seefahrer Louis-Antoine Comte de Bougainville leitete 1766 bis 1769 die erste französische Weltumsegelung und seine Berichte waren der Auslöser zum Entstehen des „Südseemythos" (Meyers Bd.2:583). Auch die Seefahrerberichte anderer kolonialer Entdecker des 18. Jahrhunderts wie James Cook und Georg Forster, machten die Inseln im Pazifik zur Projektionsfläche für idealisierte Naturvorstellungen (Bitterli 1976:383f, Kohl 1983:203). Bis heute spricht man vom „Südseemythos" als Synonym für paradiesische Zustände:

> „Das Paradies auf Erden, an das noch Christoph Columbus glaubte...
> war im 19. Jahrhundert eine Südseeinsel geworden. Doch seine
> Funktion im Haushalt der menschlichen Psyche blieb die gleiche:
> weit draußen, auf der „Insel", im „Paradies", nahm das Dasein seinen Verlauf außerhalb der Zeit und der Geschichte; dort war der
> Mensch glücklich, frei, der einschränkenden Bedingungen ledig..."
> (Eliade 1986:12).

Im Laufe der Geschichte hat sich im Alltagsdiskurs ein im hohen Maße stilisierter Mythos vom „Paradies auf Erden" gebildet. Maler wie Gauguin, Nolde und Pechstein erlagen der Faszination des Mythos ebenso wie die Schriftsteller Jack London und Joseph Conrad (Pollig 1987:19). Bis in die Gegenwart ist das Südseebild mit palmenumsäumten Stränden als Symbol für paradiesische Gegebenheiten unverändert geblieben. In der Werbeindustrie sind paradiesische Zustände die am häufigsten verwendeten Metaphern (King 1997:2). Auch die Tourismuswerbung hat sich die noch heute andauernde Attraktivität dieses Mythos zunutze gemacht, und sie sind oftmals wesentlicher Bestandteil von Reisekatalogen (vgl. Kortländer 1999).

Dieser paradiesische Idealzustand wird bis heute auf indigene Völker in fernen Ländern, insbesondere auf den Südpazifik, projiziert. Es handelt sich bei diesem Mythos um die Wunschvorstellungen der eigenen Gesellschaft, um die Sehnsucht nach dem einfachen und glücklichen Leben, das man in der Fremde zu finden hofft und das in unserer Gesellschaft angeblich verlorengegangen ist. Oftmals werden im europäischen Interdiskurs solch idealisierte Mythen vom Wesen der Fremde nicht mehr hinterfragt (Said 1995:202ff).

Diese Rückkehr zu einem natürlichen, einfacheren Leben, nicht unbedingt andernorts, aber eingebettet in eine „intakte" Natur, praktizierten seit der Entstehung des Mythos immer wieder zumeist Künstler und wohlhabende Bürger. Eine freiheitsdurstige Studentengruppe, die 1806 in Tübingen ein internes Auswanderungsmanifest niederschrieb, suchte das Glück und „die köstliche Freiheit" in einem Land, wo „ewiger Frühling, herrlicher Boden, köstliche Früchte, wimmelnde Meere, eine elysische Natur und eine politische Lage, die auf Jahrhunderte Freiheit garantiert" lockt (Haffner 1886:81ff).

Im Jahre 1895 rief Hermann Hoffmann die Wandervogelbewegung ins Leben. Es handelte sich um eine Gruppenbildung von zunächst Gymnasialschülern, die zum Ausgangspunkt der deutschen Jugendbewegung wurden. Der Wandervogel erstrebte die Überwindung der Großstadtzivilisation und versuchte unter Anlehnung an die philosophische Kulturkritik des ausgehenden 19. Jahrhunderts einen eigenen Lebensstil zu entwickeln, in dem Wandern, Zeltlager, Volkstanz und -lied eine Rolle spielten (Meyers Bd.15:248).

Die einen zog es in die amerikanischen Urwälder, andere, wie 1887 den französischen Maler Paul Gauguin, zog es auf abgelegene Südseeinseln (Malingue 1960; Stein 1984:155ff). Auch der Norweger Thor Heyerdahl suchte 1938 sein Glück in der polynesischen Inselwelt. „Zurück zur Natur" ist der Titel des Buches, in dem er seinen Abschied von der „Bürokratie, Technik und dem Zugriff der Zivilisation des 20. Jahrhunderts" beschreibt (Heyerdahl 1974).

Oftmals war ein sentimentaler Exotismus aber auch gepaart mit imperialem Denken, und kaum einer der frühen „Aussteiger" machte sich Gedanken darüber, ob er bei der Wahl eines ruhigen Plätzchens irgendwo auf dieser Welt unter Umständen die Rechte und Interessen der einheimischen Bevölkerung verletzen könnte. So ist nach Stein „die am meisten verbreitete Form von Europamüdigkeit nichts anderes als gescheiterter privater Kolonialismus" (Stein 1984:14f).

In ihrem Buch „Versuche, der Zivilisation zu entkommen" (Greverus u. Haindl 1983) hat Greverus die „Zivilisation" folgendermaßen beschrieben:

„-Zivilisation als Fortschritt der Menschheit zu immer höheren Stufen der Umweltbeherrschung (und damit Machtakkumulation und Umweltzerstörung);
-Zivilisation als Bereich des materiell Nützlichen, als technologisch-ökonomischer Bereich (und damit Verlust des dynamischen Gleichgewichts kultureller Systeme und Parzellierung menschlicher Lebenszusammenhänge);
-Zivilisation als (verfeinerte) Beherrschung menschlichen Verhaltens, als Entwicklung der Sitte (und damit stärkerer Affektkontrolle als gesellschaftlicher Zwang)" (ebd.:8).

Die in Klammern dargestellten Folgen der selbstgeschaffenen Zivilisation stellen die Kritikpunkte vieler Menschen dar, die sich von der Leistungsgesellschaft abwenden und neue Lebensformen suchen. Es sind auch Punkte, die wiederholt von meinen Informanten als Motive für eine Migration angegeben wurden.

„In Deutschland ist der Leistungsdruck so groß. Überhaupt, die ganze Gesellschaft sagt mir nicht so zu. Die äußere Kälte, die menschliche Verarmung. Hier wird man wenigstens wahrgenommen. In Deutschland sind alle ständig unter Zeitdruck. Da hat nie jemand Zeit, um mal eben einen Kaffee zu trinken. Das ist hier anders. (Gespräch mit Beate: 22.10.1999)

Bis in die fünfziger Jahre war dieses Aussteigen noch eine vereinzelte Abwanderung von meist finanziell abgesicherten Außenseitern aus der urbanen Leistungsgesellschaft in die „unberührten" Landschaften des Südens. Erst der Beginn eines wachsenden wirtschaftlichen Reichtums in Mitteleuropa und eine Aufspaltung des Lebens in Arbeits- und Freizeit hat für viele Bewohner der Industrienationen auf breiter Basis ein Bedürfnis nach ländlichen Aussteigerregionen wachsen lassen. Dieses Bedürfnis führte seit den 60/70er Jahren einerseits zum Ausverkauf der Natur durch wohlhabende Ferienhausbesitzer, andererseits auch zur subkulturellen Landkommunenbewegung jugendlicher Protestler (Greverus 1983).

Haindl versteht den Ausstieg aus der urbanen Leistungsgesellschaft am Beispiel Toskana als getragen von der Sehnsucht nach einem besseren Leben, einer Sehnsucht nach Frieden in der Übereinstimmung mit der Schöpfung. Sie erkennt aber: „... je näher man zu kommen vermeint, umso ferner rückt die Erfüllung" (Haindl 1983:122).

Greverus zeigt anhand des Aussteigerprojektes Sarakiniko auf der griechischen Insel Ithaka, daß nur wenige Migranten bleiben. Viele gehen wieder, enttäuscht und verbittert oder aber bereichert für den weiteren Lebensweg (vgl. Kap. 8). Greverus beschreibt Sarakiniko als eine „gelebte Utopie". Aber auch wenn viele gehen, so werden doch, ebenso wie im Valle Gran Rey, immer wieder Träumer und Suchende kommen. Denn die sonnigen Inseln sind kein Pionierland, in das man aus wirtschaftlicher und weltanschualicher Not und Verfolgung flüchtet, sondern „Fluchtinsel für jene Träume vom besseren Dasein, die am wenigsten mit materieller und sozialer Versicherung zu tun haben" (Greverus 1983:138).

Einige Menschen zieht es in die Toscana, oder an die italienische Riviera, aber häufig sind es Inseln, die eine geradezu magische Anziehungskraft auf uns Mitteleuropäer haben. Die Psychologin Clasen-Holzberg (1997) schreibt, daß Inseln nicht unbedingt als reale Orte von Bedeutung sind, sondern daß sie eine psychologische Bedeutung haben. Sie stehen als Metapher für das Paradies. In den Mythologien gibt es die „Inseln der Seligen"[26]. Die Kanarischen Inseln werden noch heute in der Literatur als „Las islas afortunadas" - „Die glücklichen Inseln" - bezeichnet. Inseln sind imaginäre Orte, in die viele Menschen ihre Sehnsüchte nach Glück und paradiesischem Leben projizieren.

Diese Inselsehnsucht hat auch die Werbeindustrie erkannt und sich zunutze gemacht. Da finden sich bei TUI und Neckermann Slogans wie „Reif für die Insel", „Ein Paradies steht zu Diensten" oder „...entdecken sie das wahre Paradies", um bei den Kunden Bedürfnisse zu wecken.

---

[26] „Inseln der Seligen": Antike Bezeichnung für den Aufenthaltsort frommer Seelen im Jenseits (auch Elysium), entweder mit den mythischen Inseln der Phäaken, Atlantis, den Kanarischen Inseln oder Madeira identifiziert (Meyers, Bd. 7:95)

Bei Inseln handelt es sich nach Clasen-Holzberg nicht nur um paradiesisch schöne, sondern auch um geschützte Räume, denn sie liegen jenseits des Horizontes,
von Wasser umgeben. Dabei schützen Inseln in erster Linie vor einem selbst,
denn die im Alltag inzwischen ständig geforderte Mobilität wird auf einer Insel
sehr eingeschränkt. Man kann sich nur begrenzt bewegen und aus diesem Grund
nimmt auch das Lebenstempo ab. Das ist für viele unendlich wohltuend, denn es
befreit vom Zwang, ständig aktiv zu sein, oder ständig etwas Neues zu suchen.

„Viele sagen ja auch, ach ich könnt das nicht hier, das wär mir zu
eng, zu klein und so. Für mich ist das gerade schön. Also mich und
mein Leben in einfachen kleinen Bahnen hier zu erleben. Weil ich
habe auch schon in größeren Städten gelebt, und ich habe die größeren Sachen nie genutzt, weil mein Radius aus Freunden, wo ich mich
bewegt habe, genauso klein war. Ich hatte halt keine Natur und keine
schöne Umgebung um mich rum. Deswegen empfinde ich das hier
als ausreichend." (Interview mit Patricia:1.11.1999)[27]

„Ja, ich leb hier so wie eine Landfrau (lacht)... Ich denk mal, manche
Leute sagen auch: ‚Ja, um Gottes Willen, sobald ich irgendwie die
Möglichkeit habe, gehe ich nach Teneriffa oder nach Deutschland
zurück oder so. Hier gibt es ja nix, hier hast du ja nix, irgendwie bist
du eingeschränkt und so.' Für mich ist das persönlich aber gut, eingeschränkt zu sein... Ich denke mal, das ist für mich einfach der
Platz, wo ich denke, hier ist hier, und hier muß ich jetzt klarkommen,
ob ich das jetzt krieg oder nicht." (Interview mit Evelyn:
14.10.1999)

Diese Begrenzung der Insel kann, wie sich aus den Interviews mit deutschen
Migranten im Valle Gran Rey gezeigt hat, auf Dauer von einigen auch als Enge
empfunden werden. Eine Enge, aus der es kein schnelles Entfliehen gibt, denn die
nächste Insel Teneriffa liegt zwei Autostunden und anderthalb Schiffsstunden
entfernt.

---

[27] Patricia war zum Zeitpunkt der Abgabe dieser Arbeit nach fast sechs Jahren auf La Gomera
wieder nach Deutschland zurückgekehrt.

Eines haben frühere und heutige Aussteiger gemeinsam. Sie waren und sind häufig privilegierter als die Bevölkerung der „Trauminseln", auf denen sie Zuflucht suchen. Sie können in den meisten Fällen jederzeit ihren Entschluß rückgängig machen und wieder zu ihren Wurzeln zurückkehren. Und ihre gelebte Utopie kann nur konkret bleiben, solange „eine Gesellschaft existiert, die nicht nur für die vielen anderen sorgt, sondern auch diese Aussteiger mitträgt" (Greverus 1983:138).

## 5 Die Makroebene: Rahmenbedingungen

In diesem Kapitel möchte ich die historischen, politischen und ökonomischen Rahmenbedingungen auf La Gomera, insbesondere im Valle Gran Rey, skizzieren. Makropolitische und -ökonomische Aspekte sind für das Verständnis deutscher Migration nach La Gomera ebenso von Bedeutung wie für das Verständnis des aktuellen Ethnizitätskonzepts der einheimischen Bevölkerung.

### 5.1 Historische Skizze

#### 5.1.1 Kanarische Inseln

Die frühesten Meldungen von den Kanarischen Inseln stammen aus der Antike. Homer, Horaz und andere Dichter schilderten die Glücklichen Inseln – „Insulae Fortunatae" – und bezeichneten sie als Eden der Welt (vgl. Castellano Gil 1993:39ff; Cabildo/Reifenberger 1995:107ff).

Gawin geht davon aus, daß der antike Mythos von Göttern und glorreichen Taten fiktiv ist, und lediglich vorgibt, von historischen Ereignissen an realen Orten zu reden. Die Behauptung der frühen Griechen, Kenntnis von den Kanarischen Inseln zu haben, werde in den Schriften von kanarischen Kulturwissenschaftlern verwischt und von den Verfassern touristischer Informationsschriften dankbar aufgegriffen um sie werbewirksam zu verallgemeinern (Gawin 1995:9f). Der meistzitierte Passus aus dem vierten Gesang der Odyssee, in dem der Meeresgott Proteus dem griechischen Souverän Menelaos ewiges Leben an einem paradiesischen Ort prophezeit, stammt von Homer:

„Dir aber ist es nicht bestimmt, o zeusgenährter Menelaos! daß du in dem rossenährenden Argos sterben und deinem Schicksal folgen sollst, sondern dich werden die Unsterblichen in das Elysische Gefilde und zu den Grenzen der Erde schicken, wo der blonde Rhadamanthys ist. Dort ist das leichteste Leben für die Menschen: kein Schneefall ist dort noch auch viel Winterwetter noch jemals Regen, sondern immer schickt der Okeanos die Hauche des schrillblasenden

Wests herauf, um die Menschen zu kühlen – darum, daß du die He-
lena hast und bist ihnen der Eidam des Zeus" (Homer 1958:55).

Die Elysischen Gefilde waren in der antiken Mythologie ein Ort, wohin auser-
wählte Menschen gesandt wurden, um ein nicht vom Tod bedrohtes Leben zu
führen. Elysion war ein Zwischenreich, fernab der Menschen und der Götter.
Allerdings bleiben diese Orte mythischer Geographie verhaftet und ermangeln
einer exakten Topographie (Gawin 1995:10). Erst mit der Unterwerfung Nordaf-
rikas durch die Römer 42 v. Chr., als die Atlantikinseln Zielpunkt von Expeditio-
nen wurden, erlaubten relativ genaue Angaben über ihre Lage den Übergang von
einer mythischen in eine reale Geographie (ebd.).

Der römische Historiker und Schriftsteller Plinius der Ältere (\*23 - †79)[28] schil-
derte in einem Expeditionsbericht an König Juba II von Mauretanien eine Inselgruppe, die gegen Süden, außerhalb der Meerenge von Gibraltar läge (vgl. Biedermann 1983:11f). In seiner enzyklopädischen Naturkunde „Naturalis Historia"
berichtete er 25 v. Chr. von den „Insulae Fortunatae", die geographisch verortet
und mit Namen versehen waren: Canaria (Gran Canaria), Ninguaria (Teneriffa),
Junonia Mayor (La Palma), Capraria (El Hierro). La Gomera ist nicht erwähnt,
wohl aber ein diesen Inseln vorgelagertes Archipel, den er nach den dort gefun-
denen Farbpflanzen „Purpurinseln" nannte (Fuerteventura, Lanzarote, La Graciosa, Isla de Lobos). (Plinius 1853:285f)[29]

Im 14. Jahrhundert traten die Kanaren durch die Entdeckung von Seeleuten erneut
ins Blickfeld Europas. Über den Ursprung des Namens Kanarische Inseln gibt es
verschiedene Meinungen. Eindeutige Aussagen lassen sich aufgrund des geringen
Datenmaterials aus der damaligen Zeit nicht treffen. Joseph de Viera y Clavijo
(1773), der Archidiakon von Fuerteventura und Domherr von Gran Canaria
glaubte, die Wurzeln des Namens in zwei Söhnen Noahs, mit Namen Crano und
Crana gefunden zu haben (Millares Torres Bd.1, 1985:176). Auch gibt es die
Theorie, der Name stamme vom lateinischen Verb „cano", singen, ab und sei auf
die wegen ihres Gesangs beliebten Kanarienvögel zurückzuführen (Herrera
1978:60f). Eine weitere Ursprungsvariante des Namens findet sich im Text von
Plinius, der behauptet, Canaria sei nach den Hunden von großem Wuchs benannt
worden, von welchen zwei an Juba gesandt worden seien (Biedermann: 1983:13;

---

[28] Plinius berichtete in seiner Naturgeschichte von den Inselnamen und integrierte „die Glücklichen Inseln" in ein geographisches Gesamtbild. Seine Berichte trug er aus Informationen
zusammen, die der numidische König Juba, der zu Augustus Zeiten sich um Länder-und
Völkerkunde verdient machte, erforscht haben soll (Löher 1895:1).
[29] Zur Interpretation der Inselnamen vgl. Días Tejera (1988:27f).

Millares Torres: Bd.1 1985:176). Gawin legt die Vermutung nahe, dass auch die Hundethese Spekulation sei, da sie nicht durch Ausgrabungen bestätigt wurde. Nach ihrer Meinung verweist der Name auf die „Canarii", einen in Nord- und Nordwestafrika ansässigen Berberstamm. Teile dieses Stammes seien ab etwa 500 v. Chr. in mehreren Schüben auf den Archipel übergesetzt (Gawin 1995:11). Linguisten stützen die These einer berberischen Herkunft mit der Aussage, die Sprache der Altkanarier ähnele einem Berberdialekt (vgl. Wölfel 1965:6).

Der Name La Gomera tauchte 1339 zum ersten Mal in einer auf Mallorca von Angelino Dulcert erstellten Seekarte auf. Die Karte basierte auf den Erkenntnissen einer mallorquinischen Expedition, während der exotische Pflanzen gesammelt wurden, unter anderem der gummiartige Saft einer Pflanze aus dem Lorbeerwald. Es spricht einiges dafür, daß die Insel ihren Namen „Die Gummireiche" von den mittelalterlichen Entdeckern erhielt (Alvarez 1960:446). Aber es gibt auch Autoren, die diesen Namen ebenfalls einem nordafrikanischen Ursprung zuordnen (vgl. Tejera Gaspar 1996:17ff).

Der Prozeß der Eroberung der Kanarischen Inseln erstreckte sich über das 15. Jahrhundert. Die Inseln wurden wiederholt das Objekt von Kauf und Tausch, Schenkung und Intervention. Nachdem der französische Adelige Jean de Bethencourt im Auftrag von König Heinrich dem Dritten 1402 Lanzarote und Fuerteventura erobert hatte, stieß er 1404 weiter nach Westen vor und lief La Gomera an, um seine Eroberungen fortzusetzen.[30] 1406 verließ er die Inseln und im darauffolgenden Jahr wurde sein Neffe Maciot neuer Statthalter. Dieser verkaufte die Rechte an den bereits eroberten Inseln im Jahre 1418 an einen der reichsten kastilischen Adligen, Herzog Enrique de Guzmán. Der Herzog, Besitzer ausgedehnter Ländereien in Andalusien, war jedoch nicht dauerhaft interessiert und verkaufte 1430 an die sevillanische Adelsfamilie Las Casas[31], der bereits zehn Jahre davor die Rechte an Gran Canaria zugesprochen wurden (vgl. Gawin 1995:34).

Die Eroberung, die nicht ohne erbitterte Kämpfe vonstatten ging, hatte erhebliche Folgen für die Ureinwohner der Inseln. Ihr Eigentum wurde unter den Eroberern und Kolonialisten aufgeteilt. Es setzte eine Versklavung der Bevölkerung ein, die fast zum kompletten Genozid führte. Bis zum Ende des 15. Jahrhunderts waren

---

[30] Eine ausführliche Dokumentation der normannischen Eroberung findet sich in Viña Brito (1992:117-132).
[31] Das Recht zur Eroberung der Inseln Teneriffa, Gran Canaria und La Palma erwarb die kastilische Krone erst 1477 (vgl. Pérez Fernández 1989:150ff).

die Guanchen bis auf einige Sklaven, die von fremden Siedlern gehalten wurden, fast völlig vernichtet (Gil 1993).

Als die Eroberung der Inseln abgeschlossen war, nahmen die Barbareien an den Guanchen ein Ende, denn die spanische Kirche stand der Versklavung der Einheimischen kritisch gegenüber. Die noch überlebenden Kanarier wurden durch die Urkunde von San Cristóbal de La Laguna im Jahre 1514 den Spaniern gleichgestellt. Durch Heiraten der Eroberer mit kanarischen Frauen setzte ein langsamer Assimilierungsprozeß ein.

## 5.1.2    La Gomera

Selbstverständlich hat jede Insel des kanarischen Archipels ihre eigene Eroberungsgeschichte. Darauf einzugehen ist für die eigentliche Fragestellung dieser Arbeit nicht von Bedeutung. Trotzdem möchte ich auf die Eroberung und Kolonisierung der Insel La Gomera eingehen, denn die jahrhundertelange Unterdrückung, Ausbeutung und die darauffolgende Vernachlässigung von Seiten des spanischen Mutterlandes hat auch die moderne Identität der Gomeros mitgeprägt.

> „ ... Gomerans associate profoundly and quite vocally with a population of exploited and forgotten people, and therefore, although they have the alternative to identify with both Spaniards and Africans they choose to emphasize their Berber descent" (Shally 1985:100).

Nachdem der Besitz der Inseln mehrmals zwischen Portugiesen und Spaniern wechselte, wurde im Jahre 1430 Guillen de las Casas, der Sohn des spanischen Adeligen Alfonso de las Casas, Besitzer des Archipels. 1447 erwarb Fernán Peraza durch einen Tauschhandel die Insel La Gomera von Las Casas. Zur Festigung seiner Herrschaft ließ er in San Sebastian den sogenannten Grafenturm erbauen. Als er 1452 starb, vererbte er seiner Tochter Inés Peraza die Insel (Cabildo/Reifenberger 1995:107ff).

Der Sohn von Inés Peraza, Hernán Peraza-Herrera, der einen General hatte erschlagen lassen und sich vor der Todesstrafe durch die Heirat mit Donna Beatrix de Bobadilla gerettet hatte, regierte die Insel Gomera zum Ende des 15. Jahrhunderts (Löher 1895:274). Bis er die Regierung übernahm, hatten die einheimischen Guanchen zu einem friedvollen Zusammenleben mit den Spaniern gefunden. Aber Peraza war ein tyrannischer Herrscher, der abermals Männer und Frauen der Insel einfangen ließ, um sie zu verkaufen. So kam es zu einer Verschwörung der Guanchen gegen diesen Herrscher. Es war im Jahre 1488, als die Guanchen, unter der Führung eines Mannes namens Hautacouperche, Peraza vor einer Höhle auflauerten, in der er sich mit seiner einheimischen Geliebten Iballa verabredet hatte. Beim Verlassen dieser Höhle durchbohrte Hautecouperche ihn mit einer Lanze (Cabildo/Reifenberger: 1995: 107ff).

Der Tod von Peraza hatte einen Aufstand der Einheimischen zur Folge, und Beatriz de Bobadilla mußte sich in ihrem Grafenturm in San Sebastian verschanzen, bis die angeforderte Hilfe von Pedro de Vera aus Gran Canaria eingetroffen war. Vera kam mit 400 Soldaten, lockte viele Einheimische in die Kirche von San Sebastian, wo Peraza aufgebahrt lag, mit dem Vorwand, nur wer zum Gottesdienst komme, könne damit seine Unschuld beweisen und der Todesstrafe entgehen. Alle, die zur Messe kamen, und auch die Aufständischen, die sich in den Bergen versteckt hatten, wurden umgebracht. Zu Hunderten wurden die Guanchen, und zwar alle männlichen Guanchen über fünfzehn Jahre, auf grausame Art und Weise hingerichtet. Frauen und Kinder wurden auf andere Inseln verschickt oder als Sklaven verkauft (Löher 1895:279ff; Cabildo/Reifenberger 1995:109ff).

So mußten viele Guanchen für einige wenige Aufständische ihr Leben opfern. Und als sei dieses grausame und überflüssige Gemetzel noch nicht genug gewesen, ließ Pedro de Vera, nachdem er nach Gran Canaria zurückgekehrt war, auch dort noch alle Gomeros hinrichten, Frauen und Kinder verkaufte er. Nach diesen Ereignissen waren die Gomeros fast vollständig vernichtet (vgl.: Galindo 1977). Trotzdem bleibt zu erwähnen, daß im Gegensatz zu den tyrannischen Conquistadoren von der Art Peraza-Herrera, es geistliche Würdenträger, wie etwa der auf Gran Canaria residierende Bischof Juan de Frías, gab, die als Fürsprecher und Helfer der einheimischen Bevölkerung eintraten. Dank ihrer Bemühungen für ein friedliches Nebeneinander von Guanchen und Spaniern kam es letztlich doch zu einer Vermischung und dem Fortleben der Altkanarier unter spanischem Namen (Biedermann 1983:33f).

Ein letzter wichtiger Punkt aus der frühen Vergangenheit La Gomeras ist der Bezug des Christopher Columbus zur Insel. Sie wurde zum Sprungbrett einer weltweiten Expansion Europas. Ob Columbus ein Liebhaber Beatriz de Bobadillas war, wie von einigen Historikern behauptet wird, oder nicht, sicher ist, daß er die Insel mehrmals besuchte. Im Jahre 1492 hatte er vor seiner Reise, die zur Entdeckung Amerikas führte, auf Gomera Wasser und Seeleute an Bord genommen, um am 6. September aus dem Hafen von San Sebastian in See zu stechen, von wo aus er nach mehreren Kurswechseln am 12. Oktober desselben Jahres die „Neue Welt" auf der anderen Seite des Atlantischen Ozeans erreichte (ebd: 39f).

In den folgenden vier Jahrhunderten entwickelten sich Politik und Ökonomie der Kanarischen Inseln aus ihrem Verhältnis zum Mutterland Spanien. Bis zu Beginn des 19. Jahrhunderts war der Archipel eine der vielen Kolonien Spaniens und wurde dementsprechend regiert. Die kleinen Inseln, darunter auch La Gomera, wurden nach einem Senioralsystem regiert. In diesem System waren die Inselbewohner abhängig von den landbesitzenden Grafen. Entsprechend dem in Spanien herrschenden Regime variierte die politische und wirtschaftliche Freiheit auf den Inseln. Es gab Phasen von Repression und Tyrannei (Cabildo/Reifenberger 1995: 119ff).

Aufgrund der besonderen geostrategischen Lage der Inseln waren diese nach der Kolonialisierung lange Zeit der Seeräuberei ausgesetzt. Als Europa sich nach Amerika ausdehnte, nutzten einige europäische Mächte, Franzosen (1559), dann Holländer (1599) und Engländer (1743 – Charles Windham), die Konflikte der spanischen Monarchie auf dem Alten Kontinent, um jene ungeschützten Gebiete anzugreifen, die gerade erobert worden waren. Bis zum Ende des 18. Jahrhunderts war die politische Entwicklung der Inseln durch hunderte von Piratenangriffen auf Küsten und Hafenstädte sowie Handelsschiffe gekennzeichnet (Fleck 1990:210).

Im Jahr 1812, als die Staatsverfassung Spaniens in Cadiz gebilligt wurde, verfaßten die Gerichte einen Beschluß zur Abschaffung der Grafenherrschaft, der aber aufgrund der wechselnden politischen Verhältnisse in Spanien erst fünfundzwanzig Jahre später die Befreiung aus der Feudalherrschaft nach sich zog. Die Umstrukturierung der Besitzverhältnisse geschah allerdings überwiegend zugunsten der jetzt bürgerlichen Großgrundbesitzer, die noch heute auf Gomera als „caciques"[32] bezeichnet werden (Cabildo/Reifenberger 1995:121).

1823 wurde der Status der Kanarischen Inseln als Kolonie Spaniens in den einer Provinz Spaniens umgewandelt. Hauptstadt war zunächst Santa Cruz auf Teneriffa. Aufgrund der Forderungen Gran Canarias wurden die Inseln aber vier Jahre später in zwei Provinzen aufgeteilt, mit Las Palmas auf Gran Canaria als zweite Provinzhauptstadt. La Gomera gehört zur westlichen Provinz mit der Hauptinsel Teneriffa.

Der im Jahre 1933 erreichte regionale Autonomiestatus der Kanarischen Inseln wurde unter dem repressiven Franco-Regime wieder in Frage gestellt. Mit dessen

---

[32]Als „caciques" bezeichneten die mittel- und südamerikanischen Indianer ihre Häuptlinge. Umgangssprachlich wird der „caciquismo" heute auch als Bonzentum übersetzt..

Ende gelang es der Inselregierung aber in den siebziger Jahren, eine Teilautonomie für den Archipel zu erwirken. Seit 1982 sind die Kanarischen Inseln eine autonome Provinz Spaniens. Die Abhängigkeit von Spanien, Instabilität der Wirtschaft und die damit einhergehende Verunsicherung der Bevölkerung sind allerdings Merkmale der Vergangenheit sowie der Gegenwart. Bis heute gibt es eine mal mehr, mal weniger aktive Unabhängigkeitsbewegung. Ein geeignetes Mittel zur Abgrenzung von Spanien ist für große Teile der Bevölkerung die Identifikation mit der Guanchenvergangenheit, so auch auf Gomera:

„While the guanche history provides Gomerans with symbols which help to establish a unique sense of identity, post-conquest history helps to explain and further justify the need for their creation and maintenance of such an identity" (Shally 1985:112).

Waren es vor wenigen Jahren noch die Fiestas, in denen die gomerische Bevölkerung ihre Identität finden und leben konnte (Shally 1985), so findet heute eine verstärkte Rückbesinnung auf alte Guanchenbräuche, -sprache und -rituale[33] statt. Eine deutliche Abgrenzung wird in dem bedrängten spanischen Raum auf La Gomera in den Augen vieler Einheimischer immer dringender. Durch ideologische Wiederbelebung bestimmter Themen wird ein neues Identitätsbewußtsein geschaffen. So entstehen immer mehr Folkloregruppen, die auch mit öffentlichen Geldern gefördert werden.

Ein Zeichen dieser neuen Identitätsbewegung ist das Entstehen der „Kulturzeitschrift" ESEKEN, deren Herausgeber folgende drei Hauptgründe für die Publikation ihrer Zeitschrift nennen:

„Primero: La búsqueda e investigación de todo aquello que nos permita ahondar más en nuestro pasado para con ello infundirnos seguridad y orgullo de pueblo y poder afrontar el futuro con dignidad y libertad.
Segundo: La lucha por rescatar la historia, las leyendas, las costumbres, los sentimientos y todo lo ancestral del pueblo gomero y man-

---

[33] Als Guanchen werden die Ureinwohner der Kanarischen Inseln bezeichnet. Nach dem heutigen Stand der Kenntnisse hat die Besiedlung nach dem 5. Jahrhundert vor Christus stattgefunden. Eindeutige Belege über die Herkunft der Siedler gibt es bis heute nicht, es scheint aber ziemlich sicher, daß ihr Ursprung in der berberischen Welt von Nordafrika liegt. Da die Guanchen Ziegen, Schafe, Schweine und Hunde hatten, wird von einer geplanten Auswanderung ausgegangen.

tener vivas las tradiciones como; el baile del tambor, el silbo, el salto con astia, la gastonomía, la medicina natural, el curanderismo etc. Tercero: La difúsion de todo lo conseguido en los apartados anteriores." (ESEKEN 1997:Nr. 1)[34]

Aber es gibt auch kritische Stimmen, wie in der Sonderbeilage der Zeitung „La Gaceta de Canarias" mit dem Titel „Qué identidad?" (vgl. Alemán 1999). Sie halten das seit etwa fünfzehn Jahren sich entwickelnde Bewußtsein einer kanarischen, bzw. gomerischen Identität für gefährlich und stellen die Wiedereinführung der Pfeifsprache „el silbo" an gomerischen Schulen in Frage.

„El Silbo" ist eine Pfeifsprache, die bereits in den frühesten Chroniken des 15. Jahrhunderts erwähnt wurde. Dieses uralte Kommunikationssystem ermöglichte es den Einwohnern La Gomeras, sich über tiefe Schluchten hinweg verständigen zu können. Gepfiffen wird entweder mit zwei Fingern, die in V-Form auf die Zungenspitze gelegt werden, oder mit einem gebogenen Fingerknöchel, oder ein Finger wird seitlich in den Mund geschoben. Es handelt sich beim Silbo um eine Sprachnachahmung mit eigenen Lauten, bei der alle Buchstaben des Alphabets in sechs Lautgruppen eingeordnet sind. (vgl. Cabildo/Reifenberger 1995:237f; Nau 1995:66ff).

Es sei zweifelhaft, so der Autor in „La Gaceta", die Schule mit einem Ort zu verwechseln, der dazu diene, Traditionen zu konservieren, die durch den Wandel von Bräuchen und vom täglichen Leben bedroht seien (Alemán 1999:3). In Eile habe man eine neue Inselvergangenheit konstruiert, in der die Kultur der Ureinwohner einen extremen Wert besitze, um auf schwachen Pfeilern ein nationalistisches Konzept zu unterstützen, und die Beteiligten zu „Gefangenen einer erfundenen Identität" zu machen (ebd.).

Auch der Anthropologe José Alberto Galván Tudela beschäftigt sich mit der Konstruktion der kanarischen Identität (Galvan 1993). Von besonderer Bedeutung ist nach seiner Meinung die Zuflucht in die gemeinsame Vergangenheit.

---

[34] Erstens: Die Suche und Erforschung von allem, was es uns erlaubt in unsere Vergangenheit einzudringen, damit uns durch sie Sicherheit und Stolz auf unser Volk eingeflößt werden, und wir der Zukunft mit Würde und Freiheit ins Auge sehen können.
Zweitens: Der Kampf zur Befreiung der Geschichte, der Legenden, den Bräuchen, den Gefühlen und allen Eigenheiten des gomerischen Volkes und zur lebendigen Erhaltung von Traditionen wie: dem Trommeltanz, der Pfeifsprache, dem Sprung mit dem Hirtenstock, der Gastronomie, der natürlichen Medizin, der urtümlichen Heilkunst, etc.
Drittens: Der Verbreitung von allem aus den vorherigen Abschnitten erreichtem.

Wobei der Schwerpunkt auf unterschiedliche Aspekte gelegt werden kann. Er kann auf der Ureinwohnervergangenheit, also der Guanchengeschichte liegen, aber auch auf der kolonialen oder postkolonialen Vergangenheit. Aber eine gemeinsame Identität könne auch auf den Gegebenheiten der Gegenwart oder sogar mit Blick in die Zukunft kreiert werden.

„Cada isla generó su propia creatividad cultural con base en la articulación de un conjunto diferenciado de tradiciones y una adaptación propia a un ecosistema específico... precisamente por la multiplicidad cultural recibida y la configuratiòn propia insular, los canarios, quizás como todos los isleños, tienen una fuerte dificultad para percibirse a sí mismos a partir de símbolos culturales generales para todo el archipiélago, incidiendo más en las diferencias que en las semejanzas" (Galvan 1993:210).[35]

## 5.2 Die wirtschaftliche Entwicklung La Gomeras

Nach der kastilischen Eroberung sollte die Wirtschaftsstruktur der Inselbewohner, die vorwiegend aus Viehwirtschaft bestanden hatte, durch den Ausbau der Landwirtschaft und des Handels umgewandelt werden. Wichtigstes Anbauprodukt war zu Beginn des 16. Jahrhunderts das Zuckerrohr, das Pedro de Vera, der Eroberer von Gran Canaria, eingeführt hatte. Zucker wurde schnell zum wichtigsten Exportartikel der Insel. Auf La Gomera gab es fünf Zuckermühlen. Mitte des 16. Jahrhunderts gab es aufgrund der Konkurrenz aus Marokko und Südamerika eine Zuckerrohrkrise, sodaß das Produkt bis zur Mitte des 17. Jahrhunderts als Wirtschaftsfaktor völlig ausgeschieden war (Cabildo/Reifenberger 1995:115ff).

Obwohl auf einigen Inseln nun der Weinanbau für den Export nach England und Amerika an Bedeutung gewann, war der Handel mit den Schiffen der Westindienflotte der blühende Wirtschaftsfaktor des Jahrhunderts. Das spanische Mutterland

---

[35] Übersetzung: „Jede Insel hat ihre eigene kulturelle Kreativität erzeugt, auf der Grundlage des Ausdrucks der Verbindung von unterschiedlichen Traditionen und einer eigenen Anpassung an das jeweils spezielle Ökosystem... genaugenommen haben die Kanaren aufgrund der kulturellen Vielfalt und deren eigener Gestaltung, vielleicht wie alle Insulaner, eine massive Schwierigkeit sich selbst wahrzunehmen, abgesehen von allgemeinen kulturellen Symbolen des Archipels, die mehr auf die Verschiedenheiten, als die Ähnlichkeiten der Inselbewohner verweisen".

legte diesem Handel jedoch zunehmend engere bürokratische Fesseln um und erlaubte den kanarischen Häfen nur noch den Export von Agrarprodukten wie Karoffeln und Mais.

Zu Beginn des 19. Jahrhunderts verlor der Weinhandel vollständig an Bedeutung und wurde ersetzt durch die Züchtung der Koschenille (Coccus cacti). Koschenille- Schildläuse sind parasitäre Tiere, die auf Opuntienkakteen gedeihen. In aufwendiger, meist von Frauen und Kindern verrichteter Arbeit, mußten etwa 140.000 Exemplare abgeschabt und zermahlen werden, um daraus ein Kilogramm des karminroten Farbstoffes zu gewinnen, der in der Kosmetik- und Textilindustrie Verwendung fand. (Gawin 1995:68). Der aus den getrockneten und gemahlenen Schildläusen gewonnene Farbstoff Cochinilla war ein gutbezahltes Handelsprodukt. Aber auch dieser Wirtschaftszweig wurde knapp drei Jahrzehnte später bedeutungslos, nachdem das Aufkommen der Anilinfarben die teure Cochinilla unrentabel machte (Cabildo/Reifenberger 1995:124; Fleck 1990:184). Noch heute sieht man auf La Gomera mit Opuntien bedeckte Flächen, auf denen die Purpurschildlaus gezüchtet wurde.

Bananen und Tomaten wurden die Anbauprodukte des 20. Jahrhunderts, doch der erste Weltkrieg brachte Absatzschwierigkeiten, die durch die wirtschaftliche Isolierung Spaniens während des Bürgerkriegs noch gravierender wurden. Nur langsam konnte danach der Absatz auf den traditionellen Märkten wieder aufgenommen werden (Cabildo/Reifenberger 1995:126f; Fleck 1990:185).

Die Insel Gran Canaria verfügte bereits seit der britischen Präsenz Ende des 19. Jahrhunderts über eine Reihe touristischer Unterkünfte, vorwiegend in der Hauptstadt Las Palmas. 1910 wurden erste lokale Institutionen gegründet, deren Ziel es war, den kanarischen Tourismus zu fördern. In den 20er und 30er Jahren wollte sich jedoch der Tourismus der Vorkriegszeit nicht wieder einstellen. Einen stärkeren Zustrom deutscher Urlauber gab es vorübergehend in den Jahren 1937 bis 1939 (vgl. Sánchez Carlos 1949, Gawin 1995:98ff).

In den sechziger Jahren schließlich begann der Tourismus sich als Wirtschaftsfaktor zu etablieren. Der wachsende materielle Wohlstand in den Industrieländern nach dem zweiten Weltkrieg schlug sich nieder in der Erhöhung der Realeinkommen und der Verlängerung der Urlaubszeit. Immer größere Gruppen der Bevölkerung konnten es sich leisten, ihre „kostbarsten Wochen des Jahres" außerhalb des eigenen Landes zu verbringen, um die „Sehnsucht nach Sonne" zu befriedigen (Opaschowski 1989:89). Wichtig für die spätere Herausbildung des Massentourismus wurde die Gründung von Charterfluggesellschaften im Jahr 1954. Wendige Reiseunternehmer charterten zu günstigen Bedingungen funktionslos gewordene Flugzeuge aus dem Zweiten Weltkrieg und nutzten diese als Transportmittel für Touristen. Sie nahmen Kontakt mit den Hotelbesitzern auf und handelten günstige Übernachtungspreise bei Gruppenbelegung aus (Hernández 1987:11f). Als Bezeichnung für eine solche Reise, bei der Transport und Unterkunft im Kaufpreis einbegriffen waren, setzte sich der Begriff „Pauschalreise" durch. Der Tourismus als Wirtschaftsfaktor erlangte zunächst nur auf den großen Inseln Bedeutung, setzte sich aber in den vergangenen Jahren auch zunehmend auf den kleineren Inseln durch.

An diesem Punkt möchte ich noch die sogenannte „Doppelte Insularität" La Gomeras unterstreichen, die neben den Auswirkungen auf die Identität der Gomeros auch in erheblichem Maße die Inselökonomie beeinflußt. Im Falle der Kanarischen Inseln haben sich im Laufe der Entwicklung wie bereits erwähnt, zwei große, zentral gelegene Inseln -Teneriffa und Gran Canaria - herausgebildet, die geographisch, demographisch und auch wirtschaftlich den überwiegenden Anteil an der Größe des Archipels stellen. Um diese beiden Hauptinseln gliedern sich fünf periphere Inseln, deren wirtschaftliche und demographische Bedeutung im Zeitablauf verloren hat, und wozu auch La Gomera zählt. Hier wiederholt und verstärkt sich das Problem der Randlageneffekte (Brözel 1993:79f). Neben der Erreichbarkeit oder Zugänglichkeit des Archipels, muß sich La Gomera noch mit der interinsularen Zugänglichkeit auseinandersetzen. Wie bereits anfangs erwähnt, ist im Fall der Kanarischen Inseln die Verbindung zum spanischen Festland und anderen Ländern sehr stark an die Häfen und Flughäfen der Zentralinseln gebunden.

„Diese Zusammenhänge können als ‚doppelte Insularität' bezeichnet werden, da sich die Insularität des Archipels gegenüber den Kontinenten innerhalb der Inselgruppe als Insularität einer Insel gegenüber der anderen wiederholt" (Godenau 1992:107).

Es entstehen Sogwirkungen der Zentralinseln, die sich in Verstädterung und starker, wirtschaftlicher Dynamik ausdrücken. In diesem Sinne hat La Gomera einen doppelten Standortnachteil. Die Insel liegt innerhalb der Kanaren in einer peripheren Region und innerhalb Europas in einer „ultraperipheren" Region (Brözel 1993:80). Im nächsten Kapitel werde ich darauf eingehen, daß sich diese Sogwirkung auch auf die Bevölkerung auswirkt, indem eine starke Abwanderung durch die Suche nach Arbeit und Ausbildung von La Gomera nach Teneriffa stattfindet.

## 5.3    Bevölkerungsstruktur

Obwohl die landwirtschaftliche Produktion für den Eigenverbrauch auf allen Kanarischen Inseln immer wichtig war, wurde sie doch auf den kleinen Inseln, unter anderem La Gomera, aufgrund der geringeren Beteiligung an den Wirtschaftstrends des Archipels ständig betrieben. An der Terrassierung steilster Hänge kann man noch heute erkennen, wie die Menschen mit aller Kraft versuchten, der Natur jeden Streifen Ackerland abzugewinnen. Trotzdem war die Auswanderung nach Mittel- und Südamerika in der Geschichte La Gomeras sowie der anderen Kanarischen Inseln immer wieder eine Folge von Bodenknappheit bzw. ungleicher Besitzverhältnisse und ein Regulierungsmechanismus für die Überbevölkerung (Fleck 1990).

Organisierte Emigration nach Übersee gab es seit 1678. Madrid hatte in diesem Jahr den kanarischen Amerikahandel mit einer bevölkerungspolitischen Maßnahme verknüpft: Mit 100 Tonnen exportierter Ware, mußten sich jeweils fünf Familien einschiffen, die aus je vier Personen zu bestehen hatten (vgl. Chaunu 1977). Diese Zwangsmaßnahme, um entvölkerte Gebiete in den spanischen Kolonien zu besiedeln, wurde von den Kanariern begrüßt, denn so hatten einige die Möglichkeit einer kostenlosen Überfahrt, und viele träumten von einem besseren Leben jenseits des Atlantiks (Gawin 1995:64). Ab Beginn des 18. Jahrhunderts gab es soviele ausreisewillige Kanarier, daß die von der spanischen Regierung festgesetzte Quote nicht ausreichte, ihnen allen eine Emigration zu ermöglichen. Im Jahr 1718 wurden die bestehenden Ausreisebeschränkungen aufgehoben (ebd.).

Auch im 19. Jahrhundert waren die Existenzbedingungen oft so unzureichend, daß viele Menschen nach Lateinamerika auswanderten. 83% der Emigranten gingen nach Kuba, 7% nach Venezuela, der Rest verteilte sich auf andere Länder Südamerikas (Cabildo/Reifenberger 1995:126ff). Allein in den Jahren 1830 bis 1860 verließen 50.000 Kanarier, d.h. über 20% der Gesamtbevölkerung, den Archipel und begaben sich in die amerikanischen Kolonien (Hernández 1993:285).

Die bedeutendsten Auswanderungsschübe waren allerdings durch die wirtschaftliche Not des ersten Weltkrieges und des darauffolgenden Bürgerkrieges zu verzeichnen. Nun wurde Venezuela für etwa zwei Jahrzehnte zum favorisierten Auswanderungsland. In den letzten drei Jahrzehnten sind die vorrangigen Emigrationsziele für Gomeros die großen Nachbarinseln Teneriffa und Gran Canaria, wo infolge des sich entwickelnden Tourismus ein vielseitiger und dynamischer Arbeitsmarkt entstand. 1991 lebten auf Teneriffa mit 21.106 gomerischen Emigranten mehr Gomeros als auf der Insel La Gomera selbst (Cabildo/Reifenberger 1995:126ff).

**Tabelle 1:**

| Auswanderungsrate der Insel La Gomera [36] | | |
|---|---|---|
| | Auswanderer | % der Bevölkerung |
| 1901 bis 1910 | 658 | 3,9 |
| 1911 bis 1920 | 2.004 | 10,3 |
| 1921 bis 1930 | 302 | 1,3 |
| 1931 bis 1940 | 3.403 | 12,6 |
| 1941 bis 1950 | 6.959 | 24,4 |
| 1951 bis 1960 | 12.692 | 53,4 |
| 1971 bis 1980 | 2.872 | 13,2 |
| 1981 bis 1991 | 2.774 | 17,8 |

Die Bevölkerung La Gomeras nahm bis 1940 trotz der vielen Emigranten zu. Seitdem ist bis 1991 eine Bevölkerungsabnahme zu verzeichnen. Hauptsächlich die jüngeren Generationen verließen die Insel, zurück blieben die älteren Jahrgänge, wodurch die Geburtenrate in den Jahren der Bevölkerungsabnahme stark sank. Der 1996 erhobene Zensus ergab erstmals wieder einen Bevölkerungszuwachs, die Zahlen von 1998 zeigen einen leichten Rückgang, aber inzwischen ist wieder ein Anstieg zu verzeichnen.

---

[36] Die demographischen Angaben in dieser Arbeit habe ich aus dem von der Inselregierung „Cabildo Insular" und Adam Reifenberger herausgegebenen „Gomera Handbuch – Offizieller Inselführer" aus dem Jahr 1995 sowie vom ISTAC, dem Instituto Canario de Estadística und dessen Internetangaben unter der Adresse: http://www.istac.rcanaria.es

**Tabelle 2:**

| Bevölkerungsentwicklung der Insel La Gomera[37] | |
|---|---|
| 1587 | 253 |
| 1787 | 6.919 |
| 1860 | 11.360 |
| 1900 | 15.358 |
| 1940 | 28.571 |
| 1981 | 18.237 |
| 1986 | 16.663 |
| 1991 | 15.858 |
| 1992 | 16.156 |
| 1994 | 16.812 |
| 1996 | 17.008 |
| 1998 | 16.790 |
| 2000 | 18.300 |

Aufgrund der Abwanderung, insbesondere aus den Gebieten mit ausschließlich landwirtschaftlicher Struktur, gibt es auf der Insel etwa dreißig Geisterdörfer und mehrere hundert verlassene Höfe. Städte und Dörfer im Sinne einer zusammenhängenden Siedlungsstruktur gibt es auf der Insel kaum, denn die Landschaft ist oft felsig und zerrissen. Der kultivierbare Boden beträgt maximal 12 % der Oberfläche. Streusiedlungen kennzeichnen die Landschaft La Gomeras (Brözel 1993:21).

Als vor dreißig Jahren die ersten deutschen Familien ins Valle Gran Rey kamen, gab es im Tal weder Strom, noch Telefon oder Fernseher. Die Auswanderungsrate der Einheimischen betrug aufgrund der wirtschaftlichen Not über 50%. Die einheimische Bevölkerung bestand aus Bauern und Fischern. Sie nahm - wie gesagt - bis 1991 ab. Inzwischen ist in allen Gemeinden, bis auf San Sebastián, aufgrund der durch den Tourismus ausgelösten wirtschaftlichen Belebung wieder ein Zuwachs zu verzeichnen.

---

[37]Eine genaue Zählung findet alle 5 Jahre statt, daher sind auch in Übersichten der vergangene vier Jahre lediglich die Zensusdaten aus dem Jahre 1996 angegeben. Lediglich die von mir selbst erfragten Daten aus dem Ayutamiento, dem Rathaus des Valle Gran Rey, sind von November 1999.

**Tabelle 3:**

| Bevölkerungsentwicklung im Valle Gran Rey | |
|---|---|
| 1975 | 3.582 |
| 1985 | 2.981 |
| 1991 | 2.859 |
| 1996 | 3.631 |
| 1999 | 4.087 |

1991 waren noch 9% der Bevölkerung Gomeras Analphabeten, 35,4% ohne Hauptschulabschluß. Im Jahre 1996 betrug die Analphabetismusrate noch immer 7,5%. Eine höhere Schule gibt es auf der Insel nur in San Sebastian. Um eine gehobene Ausbildung genießen zu können, muß die junge Bevölkerung auf die großen Nachbarinseln Teneriffa oder Gran Canaria pendeln. Die Ausbildung auf einer Nachbarinsel ist jedoch für viele Familien kaum finanzierbar, sodaß die jungen Arbeitssuchenden entweder als ungelernte Kräfte in der Gastronomie arbeiten oder auf La Gomera selbst oft arbeitslos bleiben. Gut ausgebildete Gomeros bleiben meist auf den großen Inseln oder gehen auf die iberische Halbinsel.

## 5.4 Tourismusentwicklung auf La Gomera, insbesondere im Valle Gran Rey

Waren es zunächst Handelsreisende, Naturforscher und wohlhabende Reisende, die die Inselgruppe im Atlantik besuchten, so locken seit Beginn des Charterflugverkehrs im Jahr 1957 das milde Klima und die subtropische Vegetation jährlich Millionen Urlauber auf die Inseln. Ein langsamer Anstieg der Touristenzahlen war bereits nach dem zweiten Weltkrieg zu verzeichnen. 1950 wurden 15.000 Urlauber auf den Inseln registriert. Neben den Engländern stieg Mitte der 50er Jahre auch die Zahl der bundesdeutschen Touristen an. Die Hauptreisezeit liegt in den Wintermonaten von Oktober bis April (Riedel 1972:529).

Neben der touristischen Entwicklung auf den Hauptinseln Teneriffa und Gran Canaria war auf den Inseln La Palma und Lanzarote nur ein Tourismusaufkommen in den Hauptstädten zu verzeichnen. Von La Gomera hieß es noch 1971: „Gomera und Hierro haben keinen Fremdenzustrom aufzuweisen. Die Schiffsverbindungen zu diesen Inseln sind mangelhaft, und über Flugplätze verfügen sie nicht" (Riedel 1971:34). Im Jahr 1969 gab es lediglich 85 Fremdenbetten auf der Insel (Cabildo/Reifenberger 1995:213), die bis 1974 nur zweimal wöchentlich von der Trasméditerranea angelaufen wurde. Das erste Hotel auf der Insel wurde das 1972 eröffnete Staatshotel Parador Nacional „Conde de la Gomera" mit damals 80 Betten. Der erste privatwirtschaftliche Hotelbetrieb wurde, wie bereits erwähnt, fünfzehn Jahre später vom norwegischen Reeder Fred Olsen in Santiago eröffnet. Das Hotel Jardín Tecina hatte damals 852 Betten (ebd.).

**Tabelle 4:**

| Touristen auf der Insel La Gomera | |
| --- | --- |
| 1978 | 5.152 |
| 1983 | 33.073 |
| 1991 | 43.800 |
| 1992 | 40.501 |
| 1993 | 50.259 |
| 1994 | 46.302 |
| 1998 | 71.317 |
| 1999 | 75.788 |

Die großen Kanarischen Inseln erlebten in der Zeit zwischen 1968 und 1972 einen Bauboom. Neue Zonen, hauptsächlich im Süden der Inseln, wurden für den Tourismus erschlossen. Während die Bauwirtschaft ständig expandierte, wurden andere Wirtschaftssektoren, besonders die Landwirtschaft, vernachlässigt. Die Tourismusentwicklung wurde zum reinen Spekulationsgeschäft mit der Folge, daß die erzielten Gewinne ins Ausland oder auf das spanische Festland transferiert wurden.

Von 1972 bis 1983 wurden die ersten wirtschaftlichen und sozialen Folgeprobleme des Baubooms deutlich. Durch fehlende Planungskonzeption war das Angebot stärker geworden als die Nachfrage. Neben den aufgrund eines Überangebotes an Touristenbetten auftretenden Finanzschwierigkeiten und den Problemen im Bereich der Ausbildung des kanarischen Personals entwickelte sich ein Trend, der bis heute anhält: eine allmählich rückläufige Beliebtheit von bereits stark bereisten Tourismusregionen aufgrund der Zunahme von Negativeffekten im Hinblick auf Umwelt und Landschaftsstruktur (Brözel 1993:47ff). Aus diesem Grund ist die touristische Erschließung der peripheren und ultraperipheren Regionen, wozu auch La Gomera gehört, interessant. Wenn die touristische Erschließung allerdings die einzige Möglichkeit einer wirtschaftlichen Entwicklung ist, birgt dies eine Gefahr in sich: In den meisten bekannten Fällen waren keine Ausbaugrenzen vorgegeben, sodaß die einzige Ressource der Region innerhalb kürzester Zeit völlig aufgebraucht und ausverkauft war (Brözel 1993:80f)[38].

Die Überlastung der Landschaft und der Inselbewohner sowie das zunehmende Umweltbewußtsein der Urlauber haben Einfluß auf die jüngsten Entwicklungen auf den Inseln. Es werden Endausbaugrenzen verhandelt, die Insel La Graciosa wurde zum Naturpark erklärt. Die neue Strategie der kanarischen Inseln setzt auf Qualität, die sich in Umweltschutzmaßnahmen und Sauberkeit ausdrücken soll. Unklar ist zur Zeit noch, ob die kleineren Inseln wie La Gomera tatsächlich aus den Fehlern der großen Nachbarinseln gelernt haben.

Dort sah die Tourismusentwicklung anders aus. Noch zu Beginn der achziger Jahre galt La Gomera als Geheimtip.[39] Lediglich einige Individualtouristen und die sogenannte Hippieszene, die durch Mund-zu-Mund-Propaganda von der sonnigen Insel erfahren hatte, besuchten das Valle Gran Rey.[40] Die Tochter aus

---

[38] Als Beispiel ist die Entwicklung in den Alpenregionen zu nennen. In der Schweiz, Deutschland und Österreich setzte die touristische Entwicklung bereits früher ein, weil diese Regionen besser erreichbar waren. Die Entwicklung beispielsweise von St. Moritz ist heute umstritten, da solche Orte zu saisonalen Großstädten geworden sind, die ihre ursprüngliche Erholungsfunktion verloren haben. Diese Entwicklung in heute noch unverbrauchten Gebieten zu verhindern, muß nach Brözel das Ziel einer neuen Tourismuspolitik sein (1995:81).

[39] Der holländische Autor Cees Nooteboom beschrieb in einem Buch über seine Spanienreisen seine Ankunft im Valle Gran Rey im Jahre 1985: „...man fährt durch ein Nibelungenland, begleitet vom Gesang der Scheibenwischer, und dann durch die schärfsten Haarnadelkurven, die man in seinem Leben gemeistert hat, auf der anderen Seite der Insel wieder nach unten, und mit einemmal, fast explosionsartig, knallt einem eine grelle Sonne ins Gesicht, und man ist in den Tropen, in einer balinesischen Landschaft mit Palmen, einer Welt von zauberhafter Schönheit, die in ein Tal mit Bananenplantagen, Äckern, einem Fischereihafen und armen Leuten mündet, die sich ihr Brot aus dem Boden und dem Meer kratzen müssen, dabei beobachtet von einem Stamm deutscher Hippies, die, wie die japanischen Soldaten im Urwald von Borneo, noch immer nicht gehört haben, daß der Krieg vorbei ist, und hier in der Volendammer Tracht einer sinnentleerten Denkweise herumlungern." (Nooteboom 1992:362)

[40] Der als Kinderbuchautor bekannte Janosch beschreibt in seinem Buch „Gastmahl auf Gomera" die sogenannte „Hippiezeit" im Valle Gran Rey:
„Auf dem Platz vor Marias Restaurant mit den alten, von Schilf überdachten Tischen, hingen damals, als ich zum erstenmal nach La Gomera gekommen war, die Hippies den ganzen Tag herum und kifften oder kifften nicht. Sie redeten meist nicht viel und schauten auf das Meer und kleideten sich wild und bunt und abgerissen, und das gefiel mir sehr gut, begeisterte mich sogar, die Hippiezeit war eine gute Zeit... Damals gingen viele Mütter mit kleinen Kindern am

--Fortsetzung nächste Seite--

einer der ersten 1975 nach La Gomera ausgewanderten deutschen Familien, berichtete aus der Zeit:

„Ach, da kann ich Sachen erzählen. Wir sind ja von klein auf immer am Strand entlang zur Schule gegangen, nach Borbalán. Das war unser Schulweg. Und da fing es an, daß die Frauen ihre Oberteile auszogen. Das war natürlich was ganz Besonderes, und wir durften da überhaupt nicht hingucken – um Gottes Willen! Ich habe natürlich dahingeguckt, aber ich war ja auch Deutsche, deshalb war ich ja sowieso schon so ein Sonderling. Wir haben dann viel gelacht. Das war ja noch total zurückgeblieben, La Playa. Hippiezeit haben wir ja nicht so mitgemacht. Hier hat die Hippiezeit dafür länger gedauert, die hat sich hier fortgesetzt. Die Hippies von ‚was-weiß-ich' Indien, die kamen hinterher hierher. Das war ganz schlimm in der Hippiezeit! Das schlimmste Wort was man zu mir sagen konnte war ‚hippa'. Das war echt das Letzte." (Interview mit Susanne: 21.01.1997)

Die Ankunft der Alternativtouristen war auf La Gomera, wie auch in anderen Gebieten zu beobachten ist, ein Vorbote des wirtschaftlich attraktiven Pauschaltourismus. Aus der Entdeckung wurde ein Geheimtip[41]. Langsam entwickelte sich eine touristische Infrastruktur. Immer mehr Einheimische räumten Zimmer leer, um sie an Touristen zu vermieten. Es entstanden Restaurants und kleine Läden. Im Jahr 1998 befanden sich 4.416 Touristenbetten auf La Gomera, davon 2.604 im Valle Gran Rey. (Istac, Indicadores Municipales en cifras: Canarias 1998)

Der Tourismus hat auch die demographische Situation im Valle Gran Rey verändert. Es ist die Gemeinde La Gomeras mit dem größten Bevölkerungszuwachs. Seit 1991 ist die Einwohnerzahl um 27% gestiegen. Alle anderen Gemeinden haben geringere Zuwachszahlen bzw. sind noch von Abwanderung betroffen. Der Tourismus ist im Valle Gran Rey mit Abstand der größte Erwerbszweig gewor-

---

Strand entlang. Auch das war schön. Frauen, mit dünnen Tüchern bekleidet, wahre Schönheiten darunter. Die Mütter ließen die Kinder nackt herumlaufen und wuschen sie nicht allzuviel... Später zogen sich auch die Frauen aus. Nackt. Das brachte viel Verwirrung bei den Gomeros, aber darum scherten sich die Hippies nicht, was nicht fair war und auch nicht ganz gut. Mir freilich und mit Sicherheit auch den Fischern gefiel es andererseits durchaus.
Ob die Hippies die Welt oder einen Teil davon verändert haben? Ich weiß es nicht. Ich weiß nur, daß mir die ganze Stimmung damals sehr gut gefiel. Und daß alles andere gleichgültig war vor der Ewigkeit und der Unendlichkeit des Meeres da hinten" (Janosch 1997:72f).
[41] Eine vergleichbare Entwicklung, bei der die Aussteigerbewegung der „Hippy-Zeit" die touristische Erschließung zweier balinesischen Gemeinden vorantrieb untersucht Waldner in ihrer Studie „Bali – Touristentraum versus Lebensraum" (Waldner 1998:219ff).

den und hat dadurch die Attraktivität als Siedlungsraum gesteigert. Der Wert der landwirtschaftlichen Arbeit hat sich verändert. Es hat ein Sprung vom primären in den tertiären Sektor stattgefunden.[42]

**Tabelle 5:**

Entwicklung der Beschäftigungsstruktur im Valle Gran Rey

|  | 1981 | | 1991 | |
|---|---|---|---|---|
|  | Personen | % der Beschäftigten | Personen | % der Beschäftigten |
| Landwirtschaft | 340 | 47,6% | 169 | 13,7% |
| Fischerei | 56 | 7,8% | 41 | 4,4% |
| Bau | 60 | 8,4% | 133 | 14,3% |
| Dienstleistungen | 219 | 30,7% | 595 | 64,0% |

Die Inselregierung hofft, durch einen Ausbau von Apartmentanlagen und Feriensiedlungen mehr Pauschalurlauber für die Insel zu gewinnen. Sie verspricht sich von ihnen mehr Deviseneinnahmen als von den Rucksacktouristen. Ob diese Rechnung aufgeht, ist allerdings ungewiß. Denn La Gomera hat nicht die langen Badestrände der Nachbarinseln und ist keine Alternative zu typischen Badezielen. Auf den Massentourismusinseln der Kanaren werden seit 1992 zweistellige Zuwachsraten registriert, während sich auf La Gomera der gesamtkanarische Anstieg der Besucherzahlen nur bedingt mit einer Zunahme von 2% bis 7% zeigt[43].

Insbesondere im Valle Gran Rey besteht das Beherbergungsangebot vor allem aus Privathäusern. Diese Form des Tourismus hat den Nachteil, daß es nur schwache Vermarktungskanäle gibt und die Anbieter der Leistung tatsächlich von

---

[42] Ein Darstellung soziokultureller Aspekte eines durch Tourismus ausgelösten Wandels in einer vergleichbaren Region findet sich auch in der Studie von Gerhard Jost, „Tourismus in einem griechischen Dorf. Eine Fallstudie" (Jost 1986), sowie in der Arbeit von Jacqueline Waldren über ein Dorf auf Mallorca „Insiders and Outsiders. Paradise and Reality in Mallorca" (Waldren 1996).

[43] Zu diesem Thema findet sich der Artikel „Grüss Gott, Herr Qualitäts-Tourist" aus dem Valle-Boten Nr. 15 im Anhang (Anhang II:1).

Mund-zu-Mund-Propaganda leben. Für die lokale Bevölkerung hat dies allerdings den Vorteil, daß die Einkünfte ihnen direkt zufließen. Die breite Verteilung des Angebots hat bisher einen massiven Zugriff der Veranstalter verhindert. Neuere Entwicklungen, d.h. der Bau von großen Apartmentanlagen, zeigen jedoch eine deutliche Abkehr von dieser Angebotsstruktur (Brözel 1993:62f).

Wahrscheinlich ist die Angst einer Informantin berechtigt, die sich mir gegenüber in einem Interview äußert:

„Mit den Apartmentanlagen ziehen doch nur Leute von außen hier Geld raus. Im Dorf bleibt da wirklich nichts. Die ein, zwei Bauunternehmer sind von der Insel, aber die großen Komplexe, da werden ja von den großen Unternehmen die Urlauber hingekarrt. Und wir, die kleinen privaten Apartments, und jedes Haus hat ja ein Apartment oder zwei, uns werden dann irgendwann die Leute wegbleiben. Und unsere Gäste sagen auch, wir kommen dann nicht mehr, wenn es hier so aussehen wird wie auf Teneriffa" (Interview mit Bärbel: 27.01.1997).

## 5.5 Zusammenfassung

In diesem Kapitel ist deutlich geworden, daß Gomeros sich mit einem ausgebeuteten und vergessenen Volk identifizieren. Auch die Tatsache der „doppelten Insularität" trägt dazu bei, daß die Einheimischen sich gegenüber den deutschen Migranten oft minderwertig fühlen. Nicht zuletzt der durch den Tourismus beschleunigte kulturelle und soziale Wandel im Valle Gran Rey verstärkt für die Gomeros die Suche nach einer neuen Identität, die sich auch in verstärkten Abgrenzungstendenzen äußert.

Die touristische Entwicklung setzte auf La Gomera wesentlich später als auf den großen Nachbarinseln ein. Innerhalb von etwa zwanzig Jahren ist der Tourismus im Valle Gran Rey der größte Erwerbszweig geworden.

Diese Umbruchsituation auf La Gomera, die begleitet wird von einem erhöhten Kapitalzufluß, hat soziale Folgen für die einheimische Bevölkerung, die sich auch auf das Zusammenleben mit den deutschen Migranten auswirken, und die ich im folgenden Kapitel thematisieren werde.

## 6    Die deutschen Migranten im Valle Gran Rey

Im folgenden Kapitel werde ich die Kultur der deutschen Bevölkerung im Valle Gran Rey darstellen.

Im November 1999 lebten laut amtlicher Statistik 537 Deutsche im Valle Gran Rey, aber diese Zahl dürfte weit überhöht sein. Diese Zahl und auch die statistische Übersicht über das Alter der Deutschen im Valle Gran Rey stammt von Miguel Aquilar Cabello, einem Mitarbeiter im Rathaus. Nach einem Interview mit dem zweiten Bürgermeister des Valle Gran Rey wurde ich mit Miguel bekanntgemacht. Er war sehr hilfsbereit und versorgte mich mit aktuellen Daten und Informationen. Er machte darauf aufmerksam, daß die Zahlen, wie alle derartigen Statistiken allerdings nicht exakt seien, da viele Deutsche sich im Rathaus registrieren ließen, auch wenn sie nur wenige Monate im Jahr hier lebten, um in den Genuß einiger Vergünstigungen, wie Preisnachlässe im Fährverkehr oder nationalen Flugverkehr, zu kommen. Außerdem, so Miguel, gäbe es Deutsche, die die Insel schon wieder verlassen hätten, aber sich nicht im Rathaus abmeldeten und so noch lange in der Statistik mitgeführt würden, ebenso wie einige, die sich nie meldeten, obwohl sie schon viele Jahre auf der Insel lebten.

Eine Informantin, die seit acht Jahren im Tal lebt, lobte die Freiheit und die unbürokratische Lebensweise auf der Insel, sie spüre kein Staatssystem, keine Polizei und obwohl sie nicht gemeldet sei, kriege ihr Kind Schulmittel. Eine andere Informantin lebte bereits seit sechs Jahren im Valle Gran Rey, bekam aber zur Wahl keine Wahlbenachrichtigung, da sie angeblich nicht im Rathaus gemeldet war; und das obwohl sie bereits seit ihrer Ankunft einen eigenen Laden besaß und Steuern zahlte.

Nach Einschätzung mehrerer deutscher Migranten, und dem kann ich nach meinen Aufenthalten im Valle Gran Rey nur zustimmen, beträgt die tatsächliche Zahl deutscher Migranten höchstens die Hälfte der in der offiziellen Statistik angegebenen Zahl.

Ich werde im folgenden Kapitel auf individuelle Wertvorstellungen Bezug nehmen, aber auch die aktuelle Situation, den Alltag und die Interaktionen zwischen den Menschen und der Umwelt analysieren. Ich möchte an dieser Stelle noch einmal betonen, daß Lebensqualität sehr individuell und nicht etwa von der Person unabhängig ist. Erst in der kognitiven Verarbeitung durch die Person findet ein individueller Bewertungsprozeß statt.

Als Hilfsmittel für meine Erhebung der Lebensqualität deutscher Migranten auf La Gomera, werde ich die Dimensionen „physical state", „psychological well-being", „social relations" und „functional capacities", die nach Rupprecht (vgl. Kap.2.3) zu berücksichtigen sind, detailliert betrachten.

Um dem Leser einen breiten Einblick in die Menschen und ihre Verarbeitung des Alltags zu ermöglichen, arbeite ich in den folgenden Kapiteln mit sehr vielen anonymisierten Zitaten. Durch diese Zitate werden die Wertvorstellungen und Betrachtungsweisen der Migranten lebendig. Da emotionale Aspekte, die nur schwer zu abstrahieren sind, eine große Rolle spielen, erscheint mir diese Arbeitsweise mit vielen Zitaten sinnvoll. Eine Arbeitsdefinition von Lebensqualität möchte ich noch einmal voranstellen:

„Lebensqualität ist das Ergebnis eines individuellen, multidimensionalen Bewertungsprozesses der Interaktion zwischen Person und Umwelt. Als Bewertungsmaßstäbe können sowohl soziale Normen als auch individuelle Wertvorstellungen und affektive Faktoren herangezogen werden. Die Bewertung bezieht sich auf die aktuelle Lebenssituation, auf die Einschätzung der Vergangenheit und auf Zukunftserwartungen" (Rupprecht 1994:77).

## 6.1 Motive für die Migration und einflußnehmende Faktoren

Alle meine Informanten gaben in meinen Interviews als Motiv für ihre Migration das Klima an, das Meer und die Landschaft der Insel. Diese positiven Aspekte sind zweifellos auf der Insel zu finden, aber darüber hinausgehend sind die Beweggründe vielschichtig. Das schöne Wetter allein genügt in der Regel nicht, einen Menschen dazu zu bewegen, seinen Lebensraum und sein soziales Umfeld zu verändern, um ein besseres Leben auf einer Insel zu suchen.

Zu den rationalen Beweggründen für eine Migration zählen in erster Linie gesundheitliche Gründe. Es sind in der Regel ältere Migranten, die von diesen Motiven geleitet werden.

In meiner Fragebogenuntersuchung hatten die deutschen Migranten die Möglichkeit, drei Hauptmotive für ihr Migration nach La Gomera anzugeben. Nicht alle gaben drei verschiedene Motive an, daher die etwas geringere Anzahl von Nennungen:

**Tabelle 6:**

| Hauptmotive für die Migration nach La Gomera | |
| --- | --- |
| Klima | 26 |
| Lebensart, Mentalität der Leute | 15 |
| Natur | 13 |
| Partnerschaft | 10 |
| Meer | 9 |
| Interesse am Ausland (Süden) | 6 |
| Weg wollen aus Deutschland | 3 |
| Gesundheit | 4 |
| Trennung/Neuanfang | 4 |

Es gibt mehrere Unterscheidungskriterien, nach denen man die Beweggründe für eine Migration nach La Gomera unterteilen kann. Die Motivationen sind abhängig vom Alter der Migranten, aber auch vom Zeitpunkt der Migration. Außerdem gibt es für einige Beweggründe, von Deutschland wegzugehen, für andere aber lediglich Migrationsgründe, die auf der Insel selbst zu finden sind.[44]

6.1.1     Zeitpunkt der Migration

Als ersten Punkt möchte ich den Zeitpunkt der Migration erörtern. Vor etwa dreißig Jahren kamen vereinzelt die ersten Deutschen ins Valle Gran Rey. Da-

---

[44] Es findet sich eine große Übereinstimmung in den die Handlungsentscheidung beinflußenden Faktoren meiner untersuchten Gruppe auf La Gomera, zu dem Ansatz von Lee, der von vier Faktorengruppen ausgeht, die eine Wanderungsentscheidung beeinflussen:
  1. Faktoren, die mit der Herkunftsregion verknüpft sind,
  2. Faktoren, die mit der Zielregion verknüpft sind,
  3. intervenierende Hindernisse und
  4. persönliche Faktoren ( vgl. Lee 1969:285).

mals gab es weder Strom noch Telefon. Strom wurde erst ab 1976 ins Valle Gran Rey geleitet. Eine deutsche Infrastruktur existierte nicht, allein das Klima, die Schönheit der Insel und die Freundlichkeit der Gomeros waren ausschlaggebend für die Migration.

„Einen einzigen Radiosender konnte man ganz schwach empfangen. Die Zeitung gab es zweimal pro Woche, wenn die Fähre kam, und die brauchte damals noch sieben Stunden für die Überfahrt... Wir sind eigentlich wegen des Klimas hierhergekommen. Wir haben uns sofort in die Insel verliebt. Hier ins Valle Gran Rey, weil es so unwahrscheinlich grün ist, und die Leute waren so freundlich. Hippies gab es damals noch nicht ... Wir wurden sehr nett aufgenommen. Wir hatten gleich guten Kontakt zu den Gomeros und wurden sehr nett aufgenommen. Wir haben sofort Freunde gefunden." (Gespräch mit Else: 22.11.1996)

Auch fünfzehn Jahre später, als die ersten Rucksacktouristen das Valle Gran Rey für sich entdeckten, waren die Motive für eine ständige Migration noch die Insel und die einheimische Bevölkerung. Außer den paar Familien, die in den siebziger Jahren gekommen waren, lebten keine anderen Deutschen im Tal, sodaß ein Zusammenleben mit den Gomeros unumgänglich war.

„Als wir hierherkamen, da war hier heile Welt. Die Leute alle freundlich. Wir waren am Berg oben gewesen, jeder hat da gerufen, gell. Wir hatten da Freundschaften mit den Bauern, die waren selig, wenn man mit denen gesprochen hat... Früher ist man vorm Haus gesessen, einer mit einer Gitarre, der andere am Singen, da hat man einen Wein getrunken. Das war wirklich schön." (Interview mit Hans: 7.11.1999)

„Als der alte Hafen noch war, da war da so ein kleiner Kiosk, und einer hat die Gitarre in der Hand gehabt. Kaum war einer da und hat Musik gemacht, sind gleich drei vier mehr gekommen und haben sich hingesetzt, und dann haben wir bis morgens früh gesessen. Auch schöne Musik! Die Sänger dazu. Das war auch lustig." (Interview mit Martha: 7.11.1999)[45]

---

[45] Hans und Martha kommen seit 1974 ins Valle Gran Rey, zunächst für mehrere Wochen im Jahr, als Rentner dann länger und seit einigen Jahren leben sie ständig im Tal.

Aufgrund dieses engen Zusammenlebens mit der einheimischen Bevölkerung
haben einige deutsche Frauen spanische Partner gefunden und auf La Gomera
Familien gegründet. Besonders auffallend ist, daß bei dieser Gruppe von Migranten (nicht nur denen mit spanischen Partnern, auch anderen), als Beweggrund auf
der Insel zu bleiben, die Betonung auf der Mentalität der Gomeros liegt.

Conny: „Also ich bin seit 1982 hier und lebe mit einem Spanier zu-
sammen. Mit dem habe ich zwei Kinder."
Gabi[46]: „War das für dich der Anlaß, warum du hier geblieben bist?"
Conny: „Es war sicher ein wichtiger Grund. Es hat eine große Rolle
gespielt, obwohl die Beziehung damals überhaupt nicht klar war...
Ich hab mich in die Insel verliebt, in die Menschen, in ihre Art."
Gabi: „In die Menschen? In die Spanier?"
Conny: „Ja, in die Menschen. Ihre Art, wie sie waren. Ihre Sprache
mochte ich sehr gerne, das mochte ich gleich, das war damals halt
noch ein bißchen anderes Leben. Sehr, sehr einfach, primitiv, das ist
mir später dann auf den Geist gegangen, aber in dem Sommer fand
ich es sehr sehr schön... Und dann wurde mir eigentlich diese Intensität der Gefühle, die wurden immer intensiver, so daß ich mich sehr
zu Hause gefühlt habe hier. Und die Freundlichkeit der Menschen
war sehr intensiv." (Interview mit Conny: 28.01.1997)

Auch die spanischen Fiestas wurden von den deutschen Migranten zu Beginn der
achziger Jahre noch als etwas Besonderes erlebt. Es sind religiöse Feste, die zur
Verehrung des Schutzpatrons eines Dorfes oder Barrios oder zur Ehrung einer
Madonna gefeiert werden. Auftakt einer solchen Fiesta ist ein Gottesdienst am
Vormittag oder Mittag des Feiertages. Im Anschluß daran findet eine feierliche
Prozession statt, in der die Heiligenfigur entweder aus der Dorfkirche oder aus
einer außerhalb der Ortschaft gelegenen Wallfahrtskapelle durch den Ort getragen
wird (vgl. Anhang III:15). Begleitet wird diese Prozession von tanzenden Dorf-
bewohnern und den Trommel- und Chácara[47]-Spielern. Der „baile del tambor",
wie die Gomeros diesen traditionellen Tanz bezeichnen, wird nach dem Umzug

---

[46] Bei manchen Interviewzitaten war es sinnvoll, meine Fragestellung zusätzlich zu den Kom-
mentaren meiner Informanten wiederzugeben. In diesen Fällen habe ich meinen Namen, sowie
das Pseudonym der zitierten Personen, der wörtlichen Rede vorangestellt
[47] „Chácaras" sind große, tiefklingende Kastagnetten aus dem Holz des Maulbeerbaumes. Sie
sind wesentlich größer als die auf der Halbinsel gebräuchlichen Kastagnetten. Während die
„Tambores", die mit Ziegenfell überzogenen Trommeln ausschließlich von Männern gespielt
werden, dürfen „Chácaras" auch von Frauen gespielt werden. Sie werden beidhändig benutzt
und die Klänge der Instrumente werden von einem monotonen Gesang begleitet.

auf dem bei der Kirche gelegenen Festplatz fortgesetzt. Oft singen die Einheimischen dazu auch stundenlang und folgen dem Rhythmus der Trommeln, bis sie
mitunter in eine Art Trancezustand fallen. Nach Anbruch der Dunkelheit aber
beginnt der zweite Teil der Fiesta. Imbissbuden werden in Betrieb genommen,
lokale Bands spielen auf und lateinamerikanische Tanzmusik tönt aus den Laut-
sprechern. Nicht selten dauern solche Fiestas bis zu drei Tagen (Cabil-
do/Reifenberger 1995:243ff).

Beth Shally beschreibt in ihrer Untersuchung die Bedeutung der Fiesta als Identi-
fikationsprozeß.

„...fiesta scenarios are processes of local self-identification. By peri-
odically living out their stories of „to be gomero“, Gomerans collec-
tively increase and deepen their historical and present sense of identity“ (Shally 1985:ii).

„The fiesta is an arena of life where processes of human definition
unfold. Among a host of things that it says and does for participants,
the Gomeran fiesta is a domain for living one's stories, a process of
local self-identification. I would suggest further that the fiesta is the
single most important arena of Gomeran life where this process of
identification is played out“ (ebd: 230).

Das Zusammensein mit den Gomeros, das gemeinsame Erleben einer Fiesta,
wurde damals und noch bis in die achziger Jahren von Deutschen als sehr positiv
empfunden. Die Grenze zwischen Spaniern und Deutschen schien sich, zumindest
zeitweise, aufzulösen. Es gab zu der Zeit noch keinen Sozialneid und Konkurrenzkampf. Im Valle Gran Rey war genug Platz für alle, sodaß eine intensive
Kommunikation der Gruppen in bestimmten Momenten stattfinden konnte. Veränderungen in den Migrationsmotiven und der Lebensgestaltung zeigen sich u. a.
in der Einstellung zu den einheimischen Fiestas:

Conny: „Ich lernte dann so eine Gruppe von Spaniern kennen, die
machten zu der Fiesta del Carmen im Hafen diese Verkaufsstände,
diese „ventorrillos“, und hatten mich gebeten, da mitzumachen, zu
arbeiten. Ich sagte, wie soll denn das gehen, ich kann doch kein
Spanisch und so. Und sie haben gesagt, doch, das wäre fein, und es
wäre schön, wenn ich da mitmachte. Nach einigem Überlegen habe
ich dann gesagt, ja, das mache ich. Habe dann zwei Tage lang Zahlen gelernt, damit ich auch 175 auf Spanisch sagen kann. Ich hab
dann zwei Tage lang gebüffelt, in den Kopf gemixt, und bin dann

anmarschiert. Und dann haben wir da zusammen drei Nächte ge-
schuftet und hatten sehr viel Spaß miteinander."
Gabi: „Und war das für dich auch so, daß diese Fiesta etwas ganz
besonderes war?"
Conny: „Ja, es war etwas Neues. Im Sommer sind viele Fiestas, es
war also nicht meine erste. Ich hatte schon zwei Fiestas mitgetanzt.
Und durch dieses Arbeiten, da bekam ich einen großen Kontakt zu
den Einheimischen. Auch zu den Frauen, zu vielen Frauen. Und das
war einfach fein gewesen." (Interview mit Conny: 28.01.1997)

Auch für Evelyn, die 1986 auf die Insel kam, war das Erleben der Fiestas mit den
Einheimischen etwas sehr Schönes, sogar das, wie sie es nennt, „Hauptfeeling".

Evelyn: „Also die Insel und die Leute haben mir sehr gut gefallen.
Also wenn irgendwo eine Fiesta war, das war echt so dieses Hauptfeeling".
Gabi: „Eine spanische dann aber, nicht jetzt so mit den Deutschen?"
Evelyn: „Nee nee, die spanischen Fiestas. Ich war eh nur mit Spaniern zusammen, ich hatte mit den Deutschen gar nichts zu tun gehabt, irgendwie... Ich fand das toll. Sonne, Meer und dann diese
Fiestas und das Tanzen, das fand ich total toll, das hat viel Spaß gemacht" (Interview mit Evelyn:7.12.1996).

Zu Beginn der achziger Jahre, als das Verhältnis zwischen Deutschen und Gomeros noch relativ eng war[48], wurden also auch die Fiestas noch anders wahrgenommen. Viele der Migranten, die erst seit wenigen Jahren im Valle Gran Rey
leben, finden die Fiestas heute eher langweilig, manche sagen, das sei doch das
gleiche wie bei uns die Schützenfeste, und da gingen sie schließlich auch nicht
hin:

„Je nach Laune. Ich finde manche Fiestas klasse, manche nicht. Im
Sommer sind ständig welche. Hab ich keine gute Laune, dann find'
ich die alle schrecklich. Hab ich gute Laune, dann kann ich auch auf
der Fiesta tanzen. Das ist auch wieder so ein Ding. Sobald du mit einem Gomero tanzt, bedeutet das gleich, daß du abends mit dem ins
Bett gehst. Irgendwie wirst du die dann nicht mehr los. Du tanzt mit
dem zwei Tänze, und der schwänzelt den ganzen Abend hinter dir

---

[48] 1980 lebten im Valle Gran Rey nach Aussagen meiner Informanten nur etwa zwanzig deutsche Migranten.

her. Und bei der dritten Fiesta überlegst du, ob du überhaupt noch mit einem Gomero tanzen willst. Also so." (Interview mit Lena: 25.10.1999, lebt seit 1997 zum zweiten Mal im Valle Gran Rey)

„Bei denen ihren Fiestas, da spielen immer die gleichen Bands, da hat sich in den ganzen Jahren nicht viel getan. Wir hatten einmal an Weihnachten eine Fete an der Playa Ingles, da sind dann auch kaum Gomeros gekommen. Da entsteht einfach keine Symbiose." (Gespräch mit Thomas:5.12.1996)

Die Motive für eine Migration haben sich zum Teil geändert. Während früher noch die Insel und die einheimische Bevölkerung ein Auslöser für eine Migration waren, so ist es heute oftmals die deutsche Infrastruktur, die deutsche Kultur, die sich im Valle Gran Rey etabliert hat. Die Bedingungen, die deutsche Migranten vor 25 Jahren im Valle Gran Rey vorfanden waren sehr viel anders, als sie es heute sind. So existiert im Valle Gran Rey neben dem von den Einheimischen kreierten, „gomerischen Raum" gleichzeitig auch der von den deutschen Migranten erschaffene „deutsche Raum". Das Zusammenleben mit den Einheimischen findet zwar durch alltägliche Begegnungen statt, denn in einem Tal mit knapp viertausend Einwohnern können sich die unterschiedlichen Gruppen nicht aus dem Weg gehen, aber die Deutschen sind nicht mehr gezwungen, sich auf die Gomeros einzulassen oder sich mit ihnen anzufreunden. Viele sprechen kaum Spanisch und legen auch keinen Wert darauf, Gomeros näher kennenzulernen. Sie lesen die deutsche Zeitung, schauen deutsches Fernsehen, haben deutsche Freunde und gehen in deutsche Kneipen.

„Daß hier soviele Deutsche leben, ist für mich auch wirklich wichtig. Im Mai bis September ist es hier langweilig, einsamer, weniger los, aber mehr Kontakt zu den Einheimischen hab ich dann auch nicht." (Pia: 11.12.1996)

„Ja, sie (die deutsche Infrastruktur) hat durchaus ihre Annehmlichkeiten. Ich nutze ja schon die vielen Deutschen, die hier sind, insofern, daß ich mit denen einfach kommunizieren kann und mir das auch nicht gut vorstellen könnte, auf einer Insel zu sein, wo das vielleicht nur zwei bis drei Deutsche gibt, oder noch weniger. Weil da einfach mein Spanisch nicht reichen würde. Und weil, so wie hier die intellektuelle Struktur ist, mit vielen ein Gespräch auch gar nicht möglich ist. Das ist schon ein sehr begrenzter Horizont, was hier allgemein da ist. Also wenn ich darauf angewiesen wäre, dann würde mir was fehlen, was durch die deutsche Infrastruktur gegeben ist.

Und man merkt es auch gar nicht so stark, daß man hier im Ausland ist, das ist durchaus angenehm." (Ralf: 19.10.1999)

Tatsächlich ist es so, daß es einen gut strukturierten deutschen Raum im Valle Gran Rey gibt, und dieser sich sogar auf die Nachbarinseln erstreckt. Auch auf La Palma und Teneriffa leben viele Deutsche. Einige von ihnen haben vorher auf La Gomera gelebt. Ein Beispiel für den erweiterten deutschen Raum ist auch die ärztliche Versorgung auf Teneriffa. Einige meiner Informantinnen haben ihre Ärzte oder Homöopathen auf Teneriffa, wo sie sich bei Bedarf auch mal telefonisch Hilfe holen können. Andere deutsche Frauen entbinden ihre Kinder bei einem deutschen Arzt, der Belegbetten in einer Klinik auf Teneriffa hat.

„Ich wollte noch sagen, ich habe ja mein Kind auch auf Teneriffa gekriegt, weil es da einen deutschen Arzt gibt. Und ich meine, du hast ja immer noch die Möglichkeit, dich in dieser deutschen Ebene zu bewegen... Der hat Belegbetten in der Klinik. Deswegen denke ich, man ist hier auch gar nicht so gezwungen sich darauf (auf die Gomeros) einzulassen. Du kannst mit den deutschen Kunden reden, du kannst mit den anderen Deutschen reden, und selbst wenn du ein Kind kriegst, bist du noch nicht gezwungen dich darauf einzulassen. Also ich war da total froh drüber." (Interview mit Annette: 04.01.1997)

Schließlich läßt sich im Ernstfall der fürs tägliche Leben notwendige deutsche Raum auch bis nach Deutschland ausdehnen. Eine deutsche Migrantin berichtete mir, daß ihre Tochter nach der Geburt aufgrund einer leichten Fehlstellung der Hüften eine Spreizhose tragen mußte. Da die Ärzte auf Teneriffe wenig Erfahrung damit hatten, zog sie es vor, für diese Behandlung mit dem Baby nach Deutschland zu fliegen. Die ärztliche Behandlung wurde von der Krankenkasse mit einem E111-Krankenschein[49] übernommen. Sie blieb also einige Wochen in Deutschland und flog dann nach sechs Monaten nochmals zur Kontrolle mit ihrer Tochter zu ihrem Arzt nach Deutschland. Das Kind einer anderen Informantin erlitt im Valle Gran Rey einen Schlüsselbeinbruch. Auch diese Mutter flog zur ärztlichen Behandlung nach Deutschland. Dies sind Beispiele dafür, daß der deutsche Raum auch ausgedehnt werden kann. Allerdings können nicht alle deutschen Migranten

---

[49] Mit dem E111-Krankenschein können Mitglieder einer gesetzlichen Krankenkasse ohne Eigenzahlung ärztliche Leistungen während eines Aufenthaltes in einem Mitgliedstaat der europäischen Gemeinschaft in Anspruch nehmen. Diese werden dann über die gesetzliche Krankenkasse abgerechnet.

diese ärztlichen Hilfen in Deutschland in Anspruch nehmen, da einigen die finanziellen Mittel für die Flüge nach Deutschland fehlen.


6.1.2    Alter der Migranten


Neben dem Zeitpunkt der Migration ist ein weiteres Unterscheidungskriterium der Motive das Alter der Migranten. Ich werde zunächst die Beweggründe für jüngere Migranten darstellen, um daran anschließend die Motive für ältere Migranten, häufig Rentner, zu schildern.

Aus der nachfolgenden Statistik, mit der ich vorab die Alterstruktur der deutschen Migranten verdeutlichen möchte, wird ersichtlich, daß der größte Teil der Migranten in die Altersgruppe der Dreißig- bis Vierzigjährigen fällt.

**Tabelle 7:**

| Altersstruktur der deutschen Bevölkerung im Valle Gran Rey[50] | | | |
| --- | --- | --- | --- |
| Alter | Männer | Frauen | Insgesamt |
| 0-10 | 19 | 16 | 35 |
| 11-20 | 16 | 12 | 28 |
| 21-30 | 13 | 29 | 42 |
| 31-40 | 80 | 122 | 202 |
| 41-50 | 62 | 62 | 124 |
| 51-60 | 38 | 23 | 61 |
| 61-70 | 17 | 14 | 31 |
| 71-80 | 8 | 5 | 13 |
| Deutsche | 253 | 284 | 537 |

Für die Zwanzig- bis Vierzigjährigen sind die Gründe bis auf wenige Ausnahmen emotionaler Art. Sie wollen etwas anderes erleben. Nicht immer das gleiche tun.

---

[50] Informationen aus dem Ayuntamiento des Valle Gran Rey

Auch eine Kulturkritik an der eigenen Gesellschaft ist für sie häufig ein Motiv für die Migration.

„Irgendwann, wenn du so vier Wochen da bist, kriegste so das feeling irgendwie, daß du ein bißchen offener wirst, irgendwas verändert sich mit deinem Wesen, daß du dich wohler fühlst, und du
möchtest gerne das beibehalten. Und wenn du dann nach dem Urlaub nach Deutschland kommst, dann ist das innerhalb von vier, fünf
Tagen weg. Dann biste da wieder in dieser Maschinerie drin, und
auch in diesem frio, also in dieser Kälte. In dieser Kälte nicht nur
klimamäßig sondern auch menschlich gesehen. Die Leute denken nur
ans Auto, und an Arbeit, und Geld machen, und sich präsentieren
und irgendwie was darstellen und so... Weißt du, diese Lebensqualität, Lebensfreude oder Leben. Das ist das, was sich im Urlaub so
nach ein paar Wochen entwickelt, und dann kommst du zurück nach
Deutschland, und dann ist es nach fünf Tagen weg. Und da ist es
mein ursprünglicher Wunsch gewesen, da wieder hinzukommen."
(Interview mit Julia: 14.10.1999)

„Ich habe mich in diese Insel verliebt. Ich war hier vor zehn Jahren,
vier Wochen am Stück, und ich guckte nur noch aus dem Fenster,
mein Herz klopfte ganz schnell, und ich dachte, hier möchte ich sein.
So war das. Ich möchte, daß das mein Platz ist, hier möchte ich leben. Das wäre für mich der schönste Platz zum Leben. So ist das
gewesen, und das ging auch nie mehr weg" (Interview mit Karla:
13.12.1996).

„Hier ist man um zu leben, nicht um so viel zu leisten wie man kann"
(Interview mit Harald: 19.12.1996).

„Auf Gomera kann ich frei leben, mit der Natur. Ich kann ich selber
sein. In Deutschland, so empfinde ich es, laufen alle Menschen mit
einer Maske rum. Niemand hat Zeit, alle sind ständig am Arbeiten.
Keiner lebt mehr" (Interview mit Sonja: 17.11.1996).

Viele haben die Vorstellung, auf einer Insel inmitten der Natur ein einfacheres,
aber erfüllteres Leben führen zu können als in Deutschland. „Weil die Insel so
weit jenseits unserer Welt liegt, kann man sich alles dorthin wünschen und denken, was man hier vermißt, sei es Ruhe, Einklang mit der Natur oder Lebensfreude, Spaß und kindliche Unschuld" (Clasen-Holzberg 1997). Das Valle Gran Rey
ist für viele der Raum, der in Gedanken und Träumen zivilisationsmüder Städter

entsteht: Lokalität als Gefühlsstruktur. La Gomera ist ein begrenzter Raum umgeben von großartiger Natur. Die Insel steht als Symbol, als Synonym für Glück und Freiheit.

Die meisten der auf der Insel lebenden Deutschen haben die Insel als Touristen kennengelernt: Als Urlauber, die sich einige Wochen entspannen wollten. Es ist dieses Gefühl von Leichtigkeit und Lebensfreude, das sie als Touristen für einen begrenzten Zeitraum kannten, was sie durch einen ständigen Aufenthalt bewahren wollen, also in den Alltag integrieren wollen.

„Diesen Platz habe ich immer gesucht. Die Energie dieser Insel, der Sternenhimmel, als ich hier das erste Mal die Milchstraße gesehen habe. Das hat was Magisches. Ich hab mir einen Kindheitstraum erfüllt. Schon mit vierzehn Jahren habe ich immer Inseln gemalt (Interview mit Tanja am 27.12.1996)

„Was ich in Deutschland nicht mag, ist dieses Sicherheitsdenken. Die Angst, die jeder hat. Alle rennen so rum, stecken in einer Mühle fest und kommen da nicht raus. Obwohl man eigentlich will. Diese Mühle bestimmt das Leben, das find ich furchtbar. Die kommen da nicht mehr raus, und das geht auch nicht mehr, aus Ängsten. Diese Ängste machen den ganzen Stress, in dem die Leute stecken. Die rennen alle durch die Gegend, wissen aber nicht warum, rennen in die Läden, wissen auch nicht richtig warum. Das ist hier anders... Die Wichtigkeit, die das Materielle hat, das mag ich nicht." (Interview mit Monika: 26.12.1996)[51]

„Was mich aus Berlin auch weggetrieben hat, das ist dieses Selbstzerstörerische von den Leuten, wie die sich ritzen, piercen, machen, wie die umgehen mit sich, und da ich ja auch im sozialen Milieu gearbeitet hab, hab ich es ja auch direkt vor der Nase gehabt. Und ich muß sagen, es hat mich total angewidert, diese Lebenseinstellung, den Körper möglichst schinden und kaputtmachen. Da wollt ich raus." (Interview mit Irena: 09.01.1997)[52]

---

[51] Monika lebte drei Jahre auf La Gomera. Bei meiner letzten Feldforschung 1999 hatte sie die Insel verlassen, um wieder in Deutschland zu leben.
[52] Irena ist im April 2000, nach sechs Jahren auf der Insel, wieder nach Deutschland zurückgekehrt.

„Die Insel ist etwas sehr Spezielles. Hier herrscht Ruhe. Anders als auf den anderen Inseln... Ich finde Deutschland ziemlich daneben. Alle, die nicht in die Leistungsgesellschaft passen, werden auch so behandelt. Du mußt dich anpassen, sonst bist du verloren ... Hier ist man, um zu leben, nicht um soviel zu leisten wie man kann. An einem Tag frühstückt man bis um elf Uhr, am anderen bis um zwölf Uhr. Keiner ist dir deswegen böse. Jeder akzeptiert es." (Interview mit Harald: 19.12.1996)[53]

Die Kritik am Leben in Deutschland ist häufig eine Kritik am Stadtleben. Daß das Leben vielleicht in Deutschland auf dem Land auch langsamer und naturnaher ablaufen kann, scheinen einige nicht zu berücksichtigen.

„Wir haben die Zivilisation gehabt und auch gemerkt, dass zwei Drittel davon überflüssig ist. Jetzt wollen wir in der Natur leben." (Feldnotizen 27.12.1996)

So wird Deutschland mit Stadt identifiziert und Gomera mit Land. Auch wenn viele der Migranten in kleinen Städten geboren sind, so haben sie doch vor der Migration in Großstädten gelebt und betrachten ihre Migration als eine Bewegung aus der Stadt aufs Land.[54]

**Tabelle 8:**

| Herkunft der Migranten[55] | |
| --- | --- |
| Großstadt | 25 Migranten |
| Kleinstadt | 12 Migranten |
| Dorf | 4 Migranten |

---

[53] Harald lebte bei meiner letzten Feldforschung 1999 nicht mehr auf La Gomera. Er war nach Deutschland zurückgekehrt.

[54] Ein Informant war der Meinung, dass es auf der Insel weniger Ordnung und weniger Gesetze gäbe, dafür aber noch mehr Menschlichkeit. Es gäbe Menschen, die im Valle Gran Rey gar nicht leben könnten, weil sie ohne eine gewisse Ordnung den Boden unter den Füßen verlieren würden.

[55] Dieses Ergebnis beruht auf der Auswertung der von mir durchgeführten Fragebogenuntersuchung, an der sich 41 Migranten beteiligten.

Schließlich bleiben die in den vergangenen Jahren mehr und mehr ins Tal migrierten deutschen Rentner. Diejenigen, mit denen ich gesprochen haben, sind alle sehr zufrieden mit dem Leben auf der Insel, ihre Motive sind oft gesundheitliche, aber sie lieben auch die Natur und die Ruhe der Insel. Diese Menschen sind finanziell abgesichert, haben keine großen Ziele mehr vor sich und sind zufrieden mit ihrer Entscheidung.

„Der hauptsächliche Grund für unseren Wohnortwechsel ist die Gesundheit meiner Frau. Sie hat zwei Rückenoperationen hinter sich und konnte sich in Deutschland oft kaum bewegen. Einmal waren wir hier in Urlaub. Wir kannten Gomera gar nicht. Eigentlich wollten wir viel wandern. Aber wir schliefen drei Tage. Und danach ging es uns gut. Die Insel gefiel uns sehr gut. Die Berge und das Meer zusammen... Wir sind durch Zufall an dem Haus hier vorbeigegangen und haben das Schild gelesen: „Se Vende!“ Aber es hat noch zwei Jahre gedauert, bis wir umgezogen sind... Zwei Vorsätze hatte ich, als ich hierherkam: Ich wollte mich nie wieder ärgern, und ich wollte nie wieder etwas tun, was mir
keinen Spaß macht!“ (Gespräch mit Harold: 28.10.1999)

„Ja, das ist erstens mal bin ich erblich belastet mit Asthma. Meine Mutter ist an Asthma gestorben, mein Großvater hatte Asthma und es hieß immer, es wird wahrscheinlich auch bei mir durchkommen. Und nun in Norddeutschland. Der Wind, die Kälte, die Feuchtigkeit. Und da hat mein Arzt auch gesagt, also wenn, es wäre bestimmt gut. Jedesmal wenn ich vom Urlaub kam hat der gesagt, was wollen sie denn hier, sie sind doch gesund, sie kommen doch von Gomera“ (Interview mit Gerda: 28.10.1999).

Viele der Rentner kommen auch nur zum Überwintern. Sie bleiben im Winter vier bis fünf Monate auf der Insel. Einige bleiben nach einigen Jahren dann fest oder fahren nur noch alle zwei bis drei Jahre mal nach Deutschland.

„Das Klima hier, das tut uns gut. Das Baden, das hält uns jung. Vorher waren wir auf Teneriffa, aber das ist uns dann da zu voll geworden. Und auf La Palma waren wir auch, aber da war es nicht gut zum Baden... Aber viele gehen ja nicht Baden. Die mögen nicht ins Wasser. Ich weiß gar nicht, wofür die hier sind. Ach wir kennen hier viele, die schon seit Jahren kommen. Einige sind inzwischen auch schon tot... Uns fragen sie auch immer, kommt ihr nächstes Jahr wieder, wir sagen dann, wenn wir noch leben." (Feldnotizen: 8.1.1997)

## 6.1.3 Weltanschauliche Beweggründe für die Migration

Es gibt auch weltanschauliche Beweggründe, die die Menschen zur Migration veranlassen. In der Altersgruppe der 30- bis 45jährigen ist es so, daß sie häufig schon zu Hause in Deutschland auf der Suche waren. Sie waren und sind getrieben von der Sehnsucht nach der Erfüllung ihres Lebens, nach einem Leben mit Sinn.

„Ich habe Fachabitur gemacht und mein FH-Studium gemacht, aber abgebrochen, weil ich nämlich dann auf den esoterischen Lebensweg gegangen bin. In diesem Lebensweg und in dieser Ideologie hatte das Studium überhaupt keinen Platz. Dann habe ich sehr entwurzelt gelebt. Also ständig die Wohnung gewechselt, die Freundschaften gewechselt, die Beziehungen, immer auf der Suche nach irgendwas. Und ich hab das auch lange Zeit nicht gefunden. Dann kam dieser esoterische Trip. Dann war ich in Indien, war bei Bhagwan über drei Jahre, war Sanyasin. So mit rot verkleidet und so, ich habe das ganze Leben als Anhänger sehr ernst genommen. Ich war ganz lange immer auf der Suche. Und das hat auch viel mit der Entscheidung zu tun, hierherzukommen... Und dann bin ich hierher. Und hab dann gemerkt, als ich hier war, ich war keine Woche hier, der Urlaub war für vier Wochen geplant. Da hatte ich ein ganz reines Gefühl, jetzt bin ich angekommen. Ich hatte so ein Gefühl, hier wollte ich schon immer hin." (Interview mit Anna: 6.11.1999)

„Mit sechzehn Jahren, da fing das schon so langsam an, daß ich so ein bißchen na ja politisch wurde. Hab mich in einer Frauenbewegung organisiert, also da wurde ich dann schon ein Außenseiter in der Familie... Ich hab' das Spiel irgendwie nicht mitgespielt. Ich habe dann halt angefangen, mich für die Terroristenbewegung zu interessieren, für die RAF. Dann habe ich ein bißchen sympatisiert, und dann hab ich schon gemerkt, daß irgendwas mit mir, irgendwas muß irgendwie anders sein. Also ich mach nicht diese Laufbahn von wegen Schule, Arbeiten und dann und so, gell." (Interview mit Pia: 11.12.1996)

Es gibt auch Deutsche, die schon in ihrer Kindheit und Jugend in anderen Ländern wie Ecuador oder Costa Rica gelebt haben. Andere sind vorher viel gereist, waren in Asien, Afrika oder sind gar um die ganze Welt gesegelt. Auf jeden Fall sind es häufig Menschen, die nicht fest verwurzelt waren, deren Leben sich vielleicht gerade in einer Umbruchsituation befand oder es sind „verlorene Seelen", die auf der Suche waren und es vielleicht noch lange bleiben werden.

Dieser Begriff „verlorene Seelen" ist eine ganz persönliche Bezeichnung, die mir in meinen Gesprächen immer wieder einmal in den Sinn kam, wenn ich mich mit Menschen austauschte, bei denen ich erfahren habe, daß sie nie einen Halt im Leben hatten, vielleicht nie Geborgenheit erfahren haben und sich hier im Valle Gran Rey in eine Familie eingebunden fühlen, in eine Gruppe von Gleichgesinnten. Ich bin Menschen begegnet, die eine schwere Kindheit hatten, bei Pflegeeltern aufgewachsen sind oder über Jahre bei wechselnden Verwandten erzogen wurden, andere hatten Mißbrauchsgeschichten hinter sich oder sind schon als Minderjährige Mütter geworden, und sahen sich gezwungen, ihr Kind wegzugeben. Diese Menschen haben hier Gleichgesinnte gefunden, einen Kreis von Menschen, den sie als Familie betrachten, den ich aber als Pseudofamilie bezeichne, denn der Halt, den diese Menschen suchen, hält nur, solange der Einzelne gut funktioniert. Die Pseudofamilie wird ihn nicht auffangen, wenn er nicht mehr mitspielen kann (vgl. Kapitel 8).

> „Ich bin hier sehr fasziniert von den Leuten, die es teilweise hierherverschlägt. Ich hab hier Kontakte gemacht, ich mußte das aufschreiben; weil auf der einen Seite sowas von tragischen Lebensgeschichten, habe ich hier kennengelernt. Also viele, die hier leben und bleiben, haben teilweise einen unglaublich tragischen Hintergrund, oft aber auch Weglauftendenzen... Es gibt zum Beispiel welche, die ihre Kinder zurückgelassen haben. Ganz tragische Geschichten... Und deswegen zerbrechen hier auch einige. Es gibt einige die drehen hier auch ab, und es gibt einige, die ihr Leben hier gelassen haben. Immer wieder." (Interview mit Irena: 9.1.1997)

## 6.1.4    Zusammenfassung

Ökonomische Ursachen als Beweggrund für die Migration treffen auf die von mir untersuchte Gruppe nicht zu. Selbst wenn die Auswanderungskriterien der Deutschen auf La Gomera vielseitig sind, so sind es doch in seltenen Fällen ökonomische Gründe, sondern eher eine gewisse Zivilisationsmüdigkeit, eine Abkehr von den Anforderungen des Lebens in einer komplexen Gesellschaft und vor allen Dingen das Klima, die Natur und eine auf den ersten Blick intakte Umwelt. Für viele der in meinen Fragebögen untersuchten Migranten spielte auch eine Umbruchsituation in Deutschland, eine Trennung, Verlust der Arbeit oder Ähnliches, eine Rolle bei der Entscheidung zur Migration. Ein Neuanfang war für diese Personen, ob in Deutschland oder in der neuen Heimat, unumgänglich.

Die Motive für eine Migration ins Valle Gran Rey haben sich im Laufe der Jahre gewandelt. In den achziger Jahren war es häufig die Mentalität der Einheimischen und das gomerische Ambiente, was die Urlauber dazu bewog, ihren festen Wohnsitz auf die Insel zu verlagern. Das Gefallen an der einheimischen Lebensart und dem spanischen Ambiente ist aber oft mit einem Romantizismus verbunden, der sich im Alltag, das heißt zum Beispiel im Zusammenleben mit einem gomerischen Partner, nicht mehr aufrechterhalten läßt.

Heute bildet die „deutsche Szene", der im Valle Gran Rey entstandene deutsche Raum, eine attraktive Anziehungskraft für Migranten. Eine Notwendigkeit, sich auf das spanische Leben einzulassen, besteht nur noch bedingt. Der deutsche Raum, der sich zunächst ganz offen, locker und mit einer oberflächlichen Leichtigkeit präsentiert, erweist sich aber nach längerem Aufenthalt für viele als untolerant und eng. So ist die Lebensqualität des Einzelnen auch von einem Prozeß der Gewöhnung und Anpassung abhängig, der sich bei jedem anders gestaltet.

Damals wie heute sind die Migranten überwiegend Suchende, die mit dem Leben in Deutschland nicht zufrieden sind, oder sich den Traum vom Leben auf einer Insel verwirklichen möchten. An die jeweiligen Migrationsmotive sind Erwartungen geknüpft, von deren Erfüllung letztendlich auch die Lebensqualität des Einzelnen abhängt.

Für die älteren Migranten ist oftmals die Gesundheit der Beweggrund für die Veränderung des Lebensraums. Wenn die Asthmaanfälle eines Kranken durch das milde Inselklima zum Erliegen kommen oder dem schmerzende Rücken eine Heilung widerfährt, so kann man die Erwartungen dieser Migranten zu großen Teilen als erfüllt betrachten.

Ihre Lebenszufriedenheit auf La Gomera haben laut Fragebögen die deutschen Migranten wie folgt bewertet:

**Tabelle 9:**

| Lebenszufriedenheit in der Migration | |
| --- | --- |
| Sehr zufrieden | 11 |
| Zufrieden | 24 |
| Eher schlecht | 1 |
| Sehr schlecht | 0 |
| Unterschiedlich | 5 |

Aus dieser Übersicht wird deutlich, daß die meisten der befragten Migranten ihre persönliche Lebenszufriedenheit positiv bewerten. Zweifel an der persönlichen Lebenszufriedenheit wurden hingegen häufig in intensiven Interviews erkennbar. Diese Aussagen sind natürlich Ist-Zustände, die sich jederzeit verändern können. Tritt eine negative Veränderung ein, so wird die Person über alternative Wahlmöglichkeiten nachdenken.

## 6.2    Wirtschaftliche Einbindung

Die Betrachtung der wirtschaftlichen Einbindung deutscher Migranten im Valle Gran Rey ist ebenfalls für ein Verständnis der Lebensqualität von Bedeutung. Die finanzielle Sicherheit hat direkte Auswirkungen auf das Leben des Einzelnen. Wer weiß, daß er am Monatsende seine Miete zahlen kann oder sich auch mal eine Reise auf die Nachbarinseln oder gar nach Deutschland leisten kann, ist zufriedener als jemand, der sich Sorgen machen muß, wie er die nächsten Wochen „über die Runden kommt".

Außerdem spielt die wirtschaftliche Einbindung eine Rolle im Zusammenleben mit der einheimischen Bevölkerung, da mit zunehmendem Tourismus, dem zunehmende Wandel einer Agrargesellschaft in eine Dienstleistungsgesellschaft und damit auch einem zunehmenden Kapitalzufluß im Valle Gran Rey menschliche Gefühle wie Neid und Konkurrenzkampf entstanden sind und unter Umständen die Lebensqualität des Einzelnen beeinträchtigen.

## 6.2.1 Absicherung in Deutschland

Eine wirtschaftliche Einbindung in die Ökonomie des Valle Gran Rey besteht nur bei denjenigen deutschen Migranten, die darauf angewiesen sind, ihren Lebensunterhalt auf der Insel zu verdienen. Ausgenommen sind die Rentner, denen ihre Rente auf das spanische Konto überwiesen wird. Auch ein junger Mann, der in Deutschland als arbeitsunfähig anerkannt ist und eine Behindertenrente bezieht, konnte sich dieses Geld direkt auf sein Konto im Valle Gran Rey transferieren lassen. Andere können sich einige Zeit mit Kindergeld und Erziehungsgeld finanzieren, oder besitzen Rücklagen, von denen sie auf der Insel leben können, die aber nach einiger Zeit aufgebraucht sind, sodaß sie ein Einkommen finden müssen.

„... (die Deutschen) das sind gleich Kapitalisten (nach Einschätzung der Gomeros). Aber woher kommt denn das Geld? Wir haben es uns ja auch erarbeitet. Ich habe das erste halbe Jahr hier von meinem Bausparvertrag gelebt. Den hab ich mir erarbeitet." (Interview mit Ulla: 8.1.1997)

„... da hab ich gedacht, ich muß hierher, ich muß es ausprobieren hier zu leben. Dann bin ich zum Arbeitsamt, da gibt es einen Europaantrag, der kann innerhalb der ganzen EG gestellt werden, und du kriegst das Arbeitslosengeld für drei Monate an den Ort bezahlt." (Interview mit Pia: 11.12.1996)

„... ich hatte ja die Halbwaisenrente, dadurch, daß meine Mutter gestorben ist, und Bafög, und so kriegte ich schon Geld." (Interview mit Evelyn: 7.12.1996)

Einige der jüngeren Migranten haben eine größere Erbschaft erhalten und müssen aus dem Grund nicht berufstätig sein. Keiner hat zugegeben, daß er oder sie von Sozialhilfe oder Arbeitslosenhilfe lebt. Aber es wurde mir gegenüber mehrfach geäußert, daß einige diese Möglichkeit zur Bestreitung des Lebensunterhaltes nutzen.

Abgesehen von diesen Einzelfällen deutscher Migranten, die auf Rücklagen zurückgreifen können, ist der überwiegende Teil der zur Zeit im Tal lebenden Deutschen auf eine Einkommensquelle vor Ort angewiesen und im Valle Gran Rey wirtschaftlich eingebunden.

Kaum einer hat die Möglichkeit, in seinem erlernten Beruf zu arbeiten. Viele sind Akademiker, haben zum Teil auch bereits in Deutschland in ihrem Beruf gearbeitet, sind hier auf der Insel aber im Tourismus tätig; das heißt, in der Gastronomie, als Verkäuferin in den Läden oder sie putzen Apartments, eine Arbeitsmöglichkeit, die viele zu Beginn als Einstieg nutzen.

### 6.2.2 Angestellte in der Tourismusbranche

Heute ist es für die meisten möglich, einen Job im Tourismus zu finden. In den meisten Fällen arbeiten deutsche Migranten für deutsche Arbeitgeber. Ausgenommen sind hiervon die Autovermietungen. Das war in den achziger Jahren noch anders. Da mußten Deutsche, die länger im Valle Gran Rey leben wollten, erfindungsreich sein, um sich Erwerbsquellen zu erschließen.

„Jobs gab es damals nicht. Es gab noch keinen Tourismus in dem Sinne. Die Apartments haben die Frauen selbst gereinigt, was sie hatten, hier und da. Es gab noch keinen organisierten Tourismus. Die Bars waren noch Familienbetriebe. Die haben alles selber gearbeitet und haben niemanden eingestellt. Die Touristen, die damals hier überwintert haben, damals gab es viele aus der damaligen Hippiegeneration, die Studenten, die ein Semester frei gemacht haben, die haben hier überwintert. Und das waren alles Lebenskünstler. Die haben Pfannkuchen und Gofiobällchen[56] hergestellt und irgendwas geschnitzt, geklebt, gestrickt oder gemacht. Und in die Reihe hab ich mich erstmal eingereiht. Hab Bändchen gemacht... Und dann kam eine Freundin rüber, bei der hatte ich meine Nähmaschine untergestellt, und die kam an Weihnachten. Und der hab ich gesagt, die bringst du mir mit. Und dann habe ich Hemden genäht. Folklorehemden, weißt du, mit so einer Passe vorne drauf, für Männer. Aus Bettlaken hab ich die genäht... Da war damals der alte Opi noch oben im Laden, der hat Bettlaken verkauft. Das war noch genau wie früher, vollgestopft, die Töpfe hingen unter der Decke, und da hab ich da Bettlaken gekauft aus weißer Baumwolle. Und das ist gut ge-

---

[56] Gofio ist ein geröstetes Mehl aus Weizen, Gerste oder Mais. Gofio gehört zu jeder gomerischen Hausmahlzeit und wird oft auch als Brei mit einheimischem Honig oder dem Saft von Waldfrüchten gegessen.

gangen. Da habe ich einen Winter gut von leben können." (Interview mit Conny: 28.01.1997)[57]

Laut meiner Fragebogenauswertung, arbeiten die befragten Personen in folgenden Bereichen:

**Tabelle 10:**

| Ausgeübte Tätigkeiten der Deutschen im Valle Gran Rey | | | |
|---|---|---|---|
| Selbständig: | Strandverkauf | 3 | |
| | Psychotherapie | 1 | |
| | Gastronomie | 5 | |
| | Apartements | 2 | |
| | Boutique/Laden | 2 | |
| | Fotografie | 1 | |
| | Schneideratelier | 1 | |
| | Fitnesstudio | 1 | |
| | Massage/Reiki | 1 | |
| | Fahrradvermietung | 2 | |
| | Tanzstudio | 1 | |
| | Bildhauerei | 1 | |
| | Reisebüro | 1 | insgesamt: 22 Personen |
| Angestellt: | Gärtner | 3 | |
| | Tourismusbranche[58] | 7 | |
| | Verkäufer | 3 | |
| | Wanderführer | 4 | insgesamt: 17 Personen |
| Nicht erwerbstätig: | Rentner | 4 | |
| | Hausfrauen | 3 | insgesamt: 7 Personen |

---

[57] Conny lebte von 1982 bis 1999 im Valle Gran Rey. Bei meiner letzten Feldforschung im Oktober 1999 hatte sie die Insel verlassen, um mit ihren Kindern auf Teneriffa zu leben.

[58] Mit dieser Nennung sind Angestellte in Hotels, Restaurants, Autovermietungen und auch Reinigungskräfte gemeint.

Es gibt mehr Nennungen als Personen, denn einige haben auch mehrere Jobs gleichzeitig.[59] Eine Informantin machte bei dem Punkt „Ausgeübte Tätigkeiten auf La Gomera" folgende Angaben: Babysitten, Strandverkauf, Bar, Reinigung von Apartments, Wanderführer, Boutiqueverkauf, Rezeption.

„Ein Teil muß mehr arbeiten, um aufs Geld zu kommen. Ich kenne Leute, die haben drei Jobs. Die machen morgens Zimmer, mittags backen sie, um am Strand irgendwelche Bällchen zu verkaufen, und abends arbeiten sie noch in der Gastronomie. Damit sie auf diese tausend Mark kommen, die sie brauchen, oder diese zweitausend. Die Mieten sind sehr hoch hier. Das sind Leute, die haben aber wirklich keine Zeit. Die sind fast im deutschen Stress. Manche beuten sich hier auch aus. Also manche könnten in Deutschland das Dreifache verdienen, und hier putzen sie, weil sie hier sind. Die Insel macht ein bißchen süchtig. Manche wollen hier nicht weg, das haben sie beschlossen." (Interview mit Jens: 27.10.1999)

„Ich bin kein Aussteiger. Es ist hier ein anderes Leben, das ist klar. Aber es ist arbeitsmäßig mindestens genausoviel wie zu Hause. Ich arbeite eigentlich mehr Stunden mit weniger Geld als vorher." (Interview mit Jens: 27.10.99)

„Weißt du, hier muß ich ein Drittel mehr arbeiten, um die Hälfte von dem Geld, was du in Deutschland hättest, zu verdienen. Aber dafür lebe ich hier." (Interview mit Udo: 30.11.1996)

---

[59] Auch bei meinen Interviews konnte ich feststellen, dass einige der deutschen Migranten häufig im Stress waren und kaum Zeit hatten. Eine gewisse Hektik, vor der sie ja eigentlich aus Deutschland geflohen waren, um das „dolce vita" und die „manana"-Mentalität unter spanischer Sonne zu leben, hatte sie auch im gomerischen Alltag eingeholt. Hierzu eine Informantin:
„Also ich mein' hier ist auch nicht immer die heile Welt. Und wenn es auch so ein toller Ort ist, und alles ist so schön, die Leute bringen sich halt doch alle selber mit. Und ich würde nicht sagen, daß das so die heile Welt ist."
Gabi: „Also doch nicht das Paradies?"
„Ja, im letzten Geo war ja auch so ein Artikel übers Valle Gran Rey. Das könnte einen echt ärgern, weil da haben sie nur so die Leute rausgepickt, die so exotisch sind. Aber hier gibt es ja auch noch einen Haufen Leute, die ganz normal sind. Die auch ein ganz normales Leben führen. Und das hält dann wieder die normalen Leute ab ..., da die sich dann denken, oh, da will ich lieber nicht hinfahren, da sind ja lauter so Verrückte" (Interview mit Carola: 14.11.1999).

Für viele Jobs im Tourismus ist die Beherrschung der deutschen Sprache Voraussetzung, daher werden auch bevorzugt Deutsche eingestellt. Außerdem sind oftmals die Arbeitgeber Deutsche. Einige Spanier beklagen, daß die Deutschen ihnen die Jobs wegnähmen, da sie die deutsche Sprache können. Eine Informantin formulierte die Situation in einem Gespräch:

> „Die Spanier sind neidisch, weil die Deutschen bessere Geschäftsleute sind... Bessere Geschäftsleute, bessere Ausbildung, mehr Sprachkenntnisse. Alles Dinge, die neidisch machen. Die sehen halt, hier kommt jemand her, macht einen Laden auf und verdient Geld. Und ich steh immer noch hier und hab nichts. Wie macht der das. Ja, der kann ja auch mit den Touristen deutsch reden, ich kann das nicht. Aber es sind nicht alle so." (Interview mit Bärbel: 27.01.1997)

### 6.2.3    Selbständigkeit

Einige der deutschen Migranten machen sich im Valle Gran Rey auch selbständig. Entweder sie haben schon eine Geschäftsidee, wenn sie auf die Insel kommen, oder sie wollen hier bleiben und suchen mit der Selbständigkeit eine Möglichkeit, ihren Lebensunterhalt zu finanzieren. So gibt es im Valle Gran Rey unter deutschen Inhabern Boutiquen, ein Reisebüro, eine Bäckerei, eine Konditorei, Fahrradverleihe, Apartmenthäuser, Kneipen und auch einige Restaurants (vgl. Werbeprospekte in Anhang IV). Die Supermärkte sind nach wie vor, bis auf eine Ausnahme, in spanischer Hand.[60]

Viele Gomeros kritisieren, daß die Deutschen herkommen und alles in die Hand nehmen.

---

[60] Die Gemischtwarenläden der Einheimischen sind meist Familienbetriebe. Neben ihrem bunten Sortiment bieten sie meist auch ein bis zwei Stühle zum Verweilen und haben für die Gomeros auch eine wichtige soziale Funktion wie: Altentreff, Hausfrauentreff oder Arbeitslosentreff (vgl. Brözel 1993:33). In die deutschen Läden hingegen wagen sich die Gomeros oft nicht einmal hinein. Ich habe es einmal in der Konditorei erlebt, daß ein älterer Gomero die Geburtstagstorte für sein Enkelkind abholte. Er wurde sehr verlegen, als ich ihn fragte, ob die Torte für seine Kinder sei und eine Informantin, die seit zwölf Jahren auf der Insel lebt und gerade bei mir war sagte: „So sind die hier. Die fühlen sich immer minderwertig. Ich weiß nicht warum. Das ist bei den jungen Leuten genauso. Deshalb habe ich meinem Mann geraten, sich selbständig zu machen. Seitdem ist es besser. Aber ist ja klar, wenn die dann trinken, dann sind sie auf einmal stark. Und so entstehen Streitigkeiten und Mißgunst."

„Sie (die Deutschen) kaufen hier. Sie kaufen, weil sie genug Geld
haben.. es ist sehr viel einfacher für sie hier etwas zu kaufen als für
uns... Ich weiß nicht, wie ich es dir erklären soll. Schau her: Die
Wäscherei zum Beispiel. Früher wollten die Gomeros hier eine Wäscherei, aber nein, es konnte nicht sein, es gab zuviele Hindernisse.
Die Spanier wollten es machen, aber es gab Verbote. Jetzt kommt
eine Deutsche und macht sie. Sicher auch, weil sie genug Geld gebo-
ten hat. Ich weiß nicht warum..." (Interview mit Reina: 19.01.1997)

Es ist richtig, daß deutsche Migranten oftmals die ungewöhnlicheren Geschäfts-
ideen haben. Aber die deutsche Bevölkerung hat ein ganz anderes Know-how als
die spanische, die bis vor wenigen Jahren nur die Fischerei und die Landwirtschaft kannte. Hinzu kommt, daß erstere die Bedürfnisse der deutschen Touristen
besser kennen.

**Tabelle 11:**

| Schulbildung der spanischen Bevölkerung (Alter über 10 Jahre) 1999 im Valle Gran Rey[61] | |
| --- | --- |
| Analphabeten | 87 |
| ohne Ausbildung | 1.300 |
| Grundschule | 407 |
| Hauptschule u. Gymnasium | 1.152 |
| Universität | 387 |

Zur Zeit ist es so, daß Gomeros, die auf den großen Inseln oder auf dem Festland
studiert haben, selten auf die Insel zurückkommen. Sie haben auf La Gomera
keine Berufsperspektive, wollen aber häufig auch nicht zurück in die Enge und
soziale Kontrolle des Dorfes. Viele Deutsche im Valle haben eine bessere Schulbildung als die Spanier, viele sind Akademiker, die für ein Leben auf der Insel auf
ihre berufliche Karriere verzichten. Sie kommen aus Städten, haben ein anderes
Know-how und die Möglichkeit, Marktlücken zu erkennen und zu füllen.

---

[61] Aus: Estadisticas demograficas, ISTAC, März 1999, Encuesta de Población Canarias 1996.
Núcleos y Barrios, La Gomera, Canarias 1996

„Ich denke mal, es ist hauptsächlich Neid, warum sie auch so schlecht zu sprechen sind auf die Deutschen. Hauptsächlich Neid. Wenn einer wieder mit einer neuen Geschäftsidee kommt, siehst du, jetzt machen sie es schon wieder. Die müssen sich überall reinsetzen. Dann sag ich, dann macht ihr es doch... Aber auch diese Dulcería[62] die da aufgemacht hat. Das sind ja zwei Deutsche. Dann sind die Kommentare, und ob denn die Gomeros keine Dingens machen können. Oder egal was ist. Immer ist irgendwas. Ich sag dann, macht ihr das doch. Jeder wird es euch gönnen, also ich als erstes, macht es doch... Dann mußt du einfach mal ins kalte Wasser springen. Weil ich sag, viele Deutsche Läden sind auch eingegangen, und die stehen auch ohne Kapital da und alles ist kaputt. Also risikofreudig sind sie (die Gomeros) nämlich nicht. Die denken immer, wir Deutschen hätten unheimlich viel Geld, wir kommen ja schon mit Geld auf die Welt..." (Evelyn: 7.12.1996)

**Tabelle 12:**

| Schulbildung von deutschen Migranten im Valle Gran Rey[63] |  |
| --- | --- |
| Hauptschulabschluß | 8 |
| Mittlere Reife | 11 |
| Fach-Abitur | 7 |
| Abitur | 15 |

---

[62] Am 4. Dezember 1996 haben zwei Migrantinnen im Ortsteil Borbalán im Valle Gran Rey eine Konditorei eröffnet.
[63] Ergebnis meiner Fragebogenerhebung

**Tabelle 13:**

| Berufsausbildung von deutschen Migranten im Valle Gran Rey[64] | |
|---|---|
| Diplom. Pädagoge | 7 |
| Erzieher | 6 |
| Ergo-, Gestalttherapeut | 3 |
| Diplom. Kaufmann | 4 |
| Schreiner/Tischler | 2 |
| Friseur | 2 |
| Jurist | 1 |
| Requisiteur | 1 |
| Ingenieur | 1 |
| Schneider | 1 |
| Fremdsprachenkorrespondent | 1 |
| Schlosser | 1 |
| Konditor | 1 |
| Fotograf | 1 |
| Facharbeiter | 1 |

Aber es ist auch für Deutsche nicht so einfach, eine Geschäftsidee im Valle Gran Rey erfolgreich umzusetzen. Denn der Markt ist begrenzt, der Tourismus saisonbedingt und nicht so gewinnbringend, wie der Pauschaltourismus auf den großen Nachbarinseln. Es gibt so manchen fehlgeschlagenen Versuch.

Ein Deutscher Unternehmer, der seit 16 Jahren im Valle Gran Rey lebt und die Insel La Gomera zu seinem Zuhause gemacht hat, meint zu diesem Thema etwas überspitzt:

„... die Leute kommen hierher, mieten für 1.500 Mark im Monat einen Laden, haben aber von Einzelhandel überhaupt keine Ahnung, weil sie irgendwo als Sozialbetreuer gearbeitet haben, oder irgendwas. Machen einen Laden auf, stopfen da irgendwelches Zeug rein, was ihnen irgendeine Freundin aus Deutschland billig schickte, weil

---

[64] Ergebnis meiner Fragebogenerhebung. Ich habe bei den Berufsbezeichnungen die männliche Form gewählt, dennoch sind Frauen gleichermaßen eingeschlossen.

sie es da nicht verkauft hat, ja, und dann erwarten sie, daß der große Reichtum kommt. Und dann haben sie also 1.500 Mark im Monat für Miete, Strom und Nebenkosten und – und - und. Selber setzen sie sich auch nicht rein, da muß erstmal noch 'ne Angestellte rein, die kostet auch nochmal 1000 Mark im Monat. Und ich seh das jeden Tag, da machen die Läden auf, setzen da 'ne Angestellte rein, weil sie selber sitzen ja nicht im Laden drin, da hätten sie auch in Deutschland bleiben können, und dann gehen die einfach Pleite. Dann gehen die gnadenlos pleite, die Schulden werden höher, nach der alten Kaufmannsregel Umsatz gleich Gewinn, abends das Geld aus der Kasse holen und verblasen und schon ist das Ding... Dann suchen sie sich einen Partner, der dann einsteigt, und Geld mitbringt, der dann die Kosten erhöht, weil dann wollen ja zwei davon leben, wovon einer schon nicht leben kann. Das ist so ein Ding. Da macht einer einen Bonbonladen auf. Einen Bonbonladen! Ich sag Mensch, bist du bescheuert, wieviele Bonbons willst du denn hier verkaufen, um deine Miete bezahlen zu können. Ja, das geht in Berlin, da hast du drei Millionen Leute, hier hast du zweitausend. Und das vergessen die Leute. Und so gibt es also viele." (Interview mit Dieter: 15.10.1999)

6.2.4    Zusammenfassung

Nur wenige der deutschen Migranten können von ihren finanziellen Reserven oder einer Unterstützung aus Deutschland leben. Die Mehrheit ist darauf angewiesen, sich den Lebensunterhalt auf der Insel zu verdienen. Der einzige Wirtschaftszweig ist dabei das Geschäft mit den Touristen. Es gibt Deutsche, die es schaffen, sich zu etablieren. Sie haben ein gutes Einkommen. Sie können es sich leisten, ein eigenes Haus zu bauen und auch in regelmäßigen Abständen Freunde und Familie in Deutschland zu besuchen. Aber das sind nur wenige.

Mittlerweile ist der Konkurrenzkampf groß geworden, von unlauterem Wettbewerb ist in einem Fall gar die Rede (vgl. Anhang IV:3). Viele müssen den in Deutschland erworbenen Lebensstandard zurückschrauben, denn eine Tätigkeit in dem erlernten Beruf ist nur in seltenen Fällen möglich. Trotzdem nehmen viele diesen Existenzkampf, zumindest für einige Zeit, auf sich, um die Verwirklichung des Lebenstraumes einmal gewagt und ausprobiert zu haben. Einschränkungen, wie eine kleinere Wohnung oder Probleme mit der Mietzahlung werden dabei in

Kauf genommen. Manch einer kehrt mit Schulden zurück nach Deutschland (vgl. Kap. 8).

Für einige führt die finanzielle Enge aber soweit, daß sie sich überhaupt nicht mehr für eine Rückkehr nach Deutschland entscheiden könnten, weil ihnen das Geld für den Rückflug fehlt, oder auch, weil sie zuhause alle Kontakte abgebrochen haben. Sie müssen sich mit ihrem Leben im Valle Gran Rey arrangieren. Eine Informantin formulierte eine solche Extremsituation so:

> „Eigentlich ist es ein Gefängnis mit Rosen vor der Tür. Weißt du, ein schöneres Gefängnis als ein richtiges, aber genauso schrecklich. Mit schönen Blumen, ja gut, aber irgendwann bringen dir die Blumen auch nichts mehr." (Interview mit Sarah: 28.02.2000)

Die Betrachtung der wirtschaftlichen Einbindung deutscher Migranten im Valle Gran Rey ist bedeutend für diese Studie, weil die „**functional capacities**", das heißt die Funktionsfähigkeit in Alltag und Beruf eine der vier Dimensionen ist, die für die Erhebung von Lebensqualität berücksichtigt werden sollen.

## 6.3 Rahmenbedingungen des täglichen Lebens deutscher Migranten

6.3.1     Wohnsituation

Laut meiner qualitativen Umfrage leben die deutschen Migranten im Valle Gran Rey in folgenden Wohnverhältnissen:

**Tabelle 14:**

| Wohnsituation deutscher Migranten im Valle Gran Rey | | | | |
|---|---|---|---|---|
| Eigentum | Haus | 11 | | |
| | Wohnung | 3 | | |
| Mietverhältnis | Haus | 6 | von Gomeros | 5 |
| | | | von Österreichern | 1 |
| | Wohnung | 16 | von Gomeros | 10 |
| | | | von Deutschen | 4 |
| | | | von Spaniern (Teneriffa) | 1 |
| Kommune (Finca Argayall) | | 1 | | |

Ich habe nicht alle meine Informanten in ihrem privaten Zuhause besucht, daher kann ich an dieser Stelle lediglich eine Querschnitt aus meinen Beobachtungen aufzeigen.

Wie bereits erwähnt gibt es drei deutsche Familien, die seit vielen Jahren im Valle Gran Rey leben, also mit zu den ersten deutschen Migranten zählen. Diese Familien haben Mauern um ihre Grundstücke gebaut, sodaß die Anwesen kaum einsehbar sind und man sie lediglich durch ein Tor betreten kann.

In einem Fall hat der Eigentümer sogar zwei Mauern gezogen und über eine der beiden noch zusätzlich Stacheldraht gelegt (vgl. Anhang III:7,8). Da es am Tor nicht einmal eine Klingel gab, gelang es mir nicht, Kontakt zu den Menschen aufzunehmen. Eine Informantin sagte dazu: „Da dürfen keine Kinder rein, keine Hunde und keine Raucher. Er kriegt seine Gäste wohl nur über Kontakt nach Deutschland." (Feldnotizen 18.12.1996)

Auffallend ist das Anwesen einer deutschen Familie aus Bremen, die sich wie es scheint ein Stück Heimat in ihrem gomerischen Zuhause bewahrt hat. Da gibt es Apartments und Bungalows für deutsche Urlauber mit Namen wie „Bremer Stadtmusikanten", „Spatzennest", „Taubenschlag" oder „Kaninchenbau" (vgl. Anhang III:5,6). Die kleinen Vorgärten bei den Bungalowterrassen sind akkurat angelegt und gepflegt, lediglich die Art der Vegetation unterscheidet sie von der „Gartenidylle" deutscher Kleingärtner.

Bei anderen entdecke ich IKEA-Möbel. „Billi"-Regale sind überall die gleichen, ob in Deutschland, Schweden oder dem IKEA-Einrichtungshaus auf Teneriffa. Die beiden Wohngemeinschaften, die ich besuchte, waren spartanisch eingerichtet. Matratzen zum Schlafen, einen Tisch, ein paar Stühle. Die wenigen Habseligkeiten im Raum verteilt. Sicher ist da auch ein Zusammenhang mit der Endgültigkeit der Entscheidung – für unbestimmte Zeit auf Gomera zu leben – zu erkennen. Wer lediglich mit einem Rucksack und ein paar Klamotten ankommt, sich ein paar Jobs zum Überleben sucht, und erstmal sehen will, wie das Leben auf der Insel sich entwickelt, der wird sich nicht sofort Möbel kaufen um eine komplette Wohnung einzurichten.

6.3.2      Haushaltszusammensetzung

Die Haushalte der von mir mit qualitativen Methoden befragten deutschen Migranten setzen sich wie folgt zusammen:

**Tabelle 15:**

| Zusammensetzung deutscher Haushalte im Valle Gran Rey | | | |
|---|---|---|---|
| **Männer** | | **Frauen** | |
| mit deutscher Partnerin | 10 | mit deutschem Partner | 11 |
| mit gomerischer Partnerin | 0 | mit gomerischem Partner | 5 |
| mit polnischer Partnerin | 1 | mit französischem Partner | 1 |
| | | mit katalonischem Partner | 1 |
| alleine | 2 | alleine | 6 |
| | | ohne Partner mit Kind (ern) | 4 |

Aus Gründen auf die ich in Kapitel 6.4.1 eingehen werde, leben keine der von mir befragten deutschen Männer mit gomerischen Frauen. Mir ist über mündliche Informationen nur ein solcher Ausnahmefall bekannt.

Von den neun befragten Müttern sind vier alleinerziehend, drei leben mit einem gomerischen Partner, eine mit einem deutschen Partner und eine mit einem spanischen Partner vom Festland.

Auch wenn die Zahl der alleinerziehenden Mütter nach meiner Befragung nicht besonders hoch erscheint, so möchte ich doch an dieser Stelle erwähnen, daß viele alleinerziehende Mütter einen Teil ihres Erziehungsurlaubs im Valle Gran Rey verbringen oder auch eine Phase der Arbeitslosigkeit ausnutzen, um den Winter mit ihrem Kind am Strand zu verbringen[65].

Der Familienstand der deutschen Migranten setzt sich nach meiner Fragebogenerhebung wiefolgt zusammen:

---

[65] Da ich bei meinem ersten Feldforschungsaufenthalt ebenfalls die Wintermonate von Oktober bis März im Valle Gran Rey war, hatten wir über die Kinder Freundschaften mit Müttern und Kindern geschlossen, die wie wir sozusagen auf der Insel überwinterten. Eine Frau mit Tochter war Zahnärztin ohne feste Anstellung. Sie nutzte die Zeit um sich in Chinesischer Heilkunde weiterzubilden. Eine andere Mutter mit Sohn war arbeitslose Schauspielerin, eine Hebamme mit Kind übersetzte ein Fachbuch vom Englischen ins Deutsche. Es waren also auch Frauen, die nicht nur die Zeit am Strand verbrachten, sondern die Schlafphasen der Kinder für ihre berufliche Weiterbildung nutzten.

**Tabelle 16:**

| Familienstand der befragten deutschen Migranten | | |
|---|---|---|
| | Männer | Frauen |
| ledig | 6 | 14 |
| geschieden | 1 | 3 |
| getrennt lebend | 0 | 2 |
| verheiratet | 6 | 8 |
| verwitwet | 0 | 1 |

Verheiratet sind lediglich die deutsch/deutschen Paare. Zwischen den deutsch/gomerischen Paaren gibt es unter den von mir Befragten keine Eheschließung[66].

### 6.3.3    Tagesabläufe

Das unterscheidende Merkmal im Tagesablauf der Menschen auf La Gomera im Vergleich zum Leben in Deutschland ist die drei- bis vierstündige Mittagspause. Von ein Uhr bis vier bzw. fünf Uhr sind alle Läden (zum Teil auch die Autovermietungen) geschlossen. Für Ladenbesitzer und Angestellte bedeutet das in der Regel einen langen Arbeitstag. Eine Informantin beklagte, daß sie daher oft abends kaum Zeit habe, sich mit Freunden zu treffen, da sie erstmal nach Hause wolle, um sich ein wenig auszuruhen. Nachdem sie was gegessen habe sei sie meist so müde, daß sie gleich ins Bett wolle.

Was für deutsche Migranten zu Beginn ihres Aufenthaltes noch attraktiv ist, nämlich die Mittagsstunden am Strand zu verbringen, wird für die meisten im Laufe der Jahre zur alltäglichen Routine. Wie die Einheimischen verbringen sie dann häufiger die heißen Stunden des Tages in der kühlen Wohnung, um sich

---

[66] Lediglich ein Fall einer Ehe zwischen einem deutschen Migranten und einer Gomera ist mir während meiner Forschungsaufenthalte bekannt geworden. Leider ist es nicht zu einem Interview mit dem betreffenden Migranten gekommen.

auszuruhen und gehen eher am Wochenende mal zum Strand. Anders bei den Müttern, die morgens und spätnachmittags nicht außer Haus arbeiten, sondern sich mit den Kindern zum Strand begeben.

Natürlich sind das Meer und die Sonne allgegenwärtig und prägen auch in anderen Punkten den Tagesablauf der deutschen Migranten. Eine Informantin:

> „Ich habe ja hier an der Playa gearbeitet. Also sechs Jahre lang im Très Palmeiras (Apartmentanlage im Ortsteil La Playa). Da bin ich jeden Morgen mit dem Fahrrad hier am Strand entlang und dachte meine Güte, also echt, schöner kann man es doch nicht haben. Allein schon so ein Arbeitsweg – nicht durch den Stau... Ich bin drei Wochen in Deutschland, und wenn ich aus dem Flugzeug steige und berühre Teneriffa-Boden, denk ich, endlich zuhause. Dann kommt einem diese warme Luft entgegen, und ich denk, Gott sei Dank". (Interview mit Evelyn: 7.12.1996)

Für andere ist der abendliche Treff zum Sonnenuntergang an der Playa ein Höhepunkt ihres Gomera-Alltags. Direkt vor dem Restaurant von „Maria", wenige Schritte vom Meer, finden sich allabendlich auch viele Touristen ein, um dem Naturschauspiel beizuwohnen.

## 6.4    Kategorien von Deutschen

Nachfolgend werde ich Kategorien von Deutschen darstellen, die sich im Valle Gran Rey unterscheiden lassen. Es sind Gruppierungen, die sich aufgrund unterschiedlicher Wertvorstellungen und Lebensstile entwickelt haben. In einigen Punkten und bei einzelnen Personen gibt es Überschneidungen, aber grundsätzlich wurden mir die  Kategorien Frauen in binationalen Partnerschaften, Geschäftsleute, Freaks, Esoteriker, El Guru Gruppe und Rentner auch von meinen Informanten bestätigt, bzw. wurde ich von meinen Informanten auf die Existenz dieser Kategorien hingewiesen. Die verschiedenen Gruppen sind unterschiedlich eingebunden und mehr oder weniger stark integriert. Es gibt Abgrenzungsmechanismen aufgrund der unterschiedlichen finanziellen Situation, eines anderen Auftretens und des äußeren Erscheinungsbildes, aufgrund von ideellen Einstellungen oder auch dem Zeitpunkt der Migration und der Aufenthaltsdauer.

Aus der Sicht der deutschen Migranten findet sich eine Grenzziehung zu den Gomeros, aber auch zu den Urlaubern, die nur einige Wochen auf der Insel verbringen. Oft ist es auch so, daß Deutsche die schon viele Jahre auf der Insel leben, sich von den Neuankömmlingen und denen, die erst einige Jahre da sind, distanzieren.

„Die Deutschen, die schon länger hier leben, vermitteln manchmal das Gefühl, etwas Besseres zu sein. Das ist ganz komisch" (Gespräch mit Jens: 27.10.1999)[67].

Gabi: „Eine Sache noch. Das sind die Punkte, wodurch sich die Leute hier abgrenzen und der Punkt, daß die Leute, die neu hier sind, sich abgegrenzt fühlen von denen, die schon lange hier sind."
Anna: „Ja, das kann ich verstehen. Die Leute, die neu hier sind, die erst seit kurzem hier sind, die interessieren mich überhaupt nicht. Das sag ich ganz ehrlich. Ich grenz mich auch ab von denen. Da will ich nichts mit zu tun haben. Nicht weil ich die blöd finde oder so, sondern weil ich einfach genug habe. Und bei mir ist es ja nicht so, nur weil jemand deutsch ist, interessiert er mich auch. Das ist schon lange vorbei. Früher war das ja so. Die ersten Jahre hier. Da wurde jeder, der neu kam, begrüßt: Und was machst du denn jetzt hier, bleibst du auch hier. Also ich fand das interessant. Hab viele kennengelernt. Jetzt ist es bei mir so, es gibt so unendlich viele hier, daß ich die überhaupt nicht mehr alle kenne. Und es interessiert mich auch nicht. Es ist nicht eine Abgrenzung, weil ich denke: Was wollen die hier?"
Gabi: „Du glaubst nicht, daß du was besseres bist, aber das wird von manchen so empfunden."
Anna: „Ja, das kann ich mir schon vorstellen. Das glaube ich, daß das so rüberkommen kann. Das kann ich nachvollziehen. Es ist halt schon, ich glaube, das steckt ganz tief drin. Ich denke nicht, daß ich was besseres bin, jeder hat das Recht hierzusein, genauso wie ich. Aber ich glaube, es ist schon ein bißchen sowas da, da haben die nicht ganz Unrecht mit dem Empfinden. Nicht, daß es was besseres ist, sondern es ist manchmal ein bißchen Ärger da. Das hab ich selber. Wenn mich Touristen ansprechen, wegen der Deutschen hier, dann sage ich: Viel zu viele. Weil ich es selber so empfinde. Weil ich finde es auch so. Es stört mich nicht groß. Ich hab so meine

---

[67] Jens lebt seit anderthalb Jahren im Valle Gran Rey.

Welt, ich hab meine Leute. Aber wenn mich einer fragt, muß ich sagen, ich fand es sehr viel schöner hier, als das Ganze noch ein bißchen mehr einen spanischen Charakter hatte. Der ist ja weg. Das ist ja hier ein Wahnsinn, was hier an Deutschen ist." (Interview mit Anne: 06.11.1999)[68]

Die Spanier nehmen diese differenzierte Kategorisierung nicht in dem Maße vor. Sie unterscheiden die deutschen Migranten lediglich in arme und reiche, gute oder schlechte Menschen (vgl. Kapitel 7). Das sei wie überall auf der Welt. Ein Taxifahrer war der Meinung, daß die Deutschen nur gut seien, wenn sie einige Wochen auf La Gomera verbrächten.

„Die Deutschen die länger als zwei bis drei Wochen hier bleiben, das ist nicht gut. Sobald sie länger hier sind, fühlen sie sich stark, fühlen sie sich überlegen." (Gespräch mit Julio: 09.11.1990)

„Nun werde ich dir erzählen wie es mit den Deutschen ist. Sie sind einfach ganz anders als wir. Sie sind sehr kalt. Zuerst sind sie nett, aber sie wollen nur unser Land, und wenn sie gekauft haben, machen sie dicht und werden sehr kalt. Die Deutschen mögen uns nicht... Sie wollen nur besitzen, haben, haben, haben... Diese Leute leben nicht mit Gott" (Interview mit Carmen:12.11.1996)[69].

Nicht zuletzt gibt es auch innerhalb der verschiedenen Kategorien deutscher Migranten noch weitere Abgrenzungen auf die ich in den folgenden Kapiteln eingehen werde.

### 6.4.1        Deutsche Frauen mit gomerischen Männern

Es gibt einige deutsche Migrantinnen, die mit spanischen Männern zusammenleben. Viele haben Kinder, zum Teil sind sie auch verheiratet. Den umgekehrten Fall, ein deutscher Migrant in einer Lebensgemeinschaft mit einer Spanierin, gibt es nur als Ausnahme. Mir persönlich ist wie bereits erwähnt nur ein Fall bekannt. Die spanischen Mädchen wachsen sehr behütet auf. Sie dürfen abends nicht

---

[68] Anna lebt seit 15 Jahren im Valle Gran Rey.

[69] Carmen ist eine Spanierin aus dem Valle Gran Rey, die ihr ganzes Leben im Tal verbracht hat. Ich habe die spanischen Interviews ins Deutsche übersetzt, um die Lesbarkeit des Textes zu gewährleisten.

alleine ausgehen, während die spanischen Jungs „Narrenfreiheit" haben, wie es eine Informantin nannte. Die Mädchen werden streng katholisch erzogen, und kaum ein deutscher Mann würde sich darauf einlassen, eine einheimische Frau zu heiraten, bevor er sie näher kennengelernt hat bzw. sexuellen Kontakt zu ihr hatte. Da müßte die Liebe schon sehr groß sein.

> „Es ist sehr schwierig zwischen Gomeros und Deutschen, weil es zwei so unterschiedliche Kulturen sind. Hier gibt es viele Liebesgeschichten. Das sind immer nur deutsche Frauen mit Gomeros. Weil die Gefahr besteht, daß wenn eine spanische Frau mit einem Deutschen verkehrt, wird gesagt, daß er dich sitzen läßt und sowieso wieder nach Deutschland zurückgeht. Und hier ist das ja so mit der Jungfräulichkeit und allem drum und dran. Der Hauptgrund ist die katholische Kirche. Bei den Männern ist das egal. Die können machen, was sie wollen." (Interview mit Susanne: 21.01.1997)[70]

Aus diesem Grund ist es in der Regel so, daß in den binationalen Partnerschaften deutsche Frauen mit spanischen Männern zusammen sind. Männer haben die nötige Freiheit, auch wenn eine Beziehung zu einer Deutschen von der Familie nicht unbedingt gern gesehen wird.

> „Ja, ich denke, wir gehören zu der Gruppe gemischte Familien. Wir würden uns selbst nicht als Gruppe definieren, denn wir haben zum Teil auch keinen Kontakt untereinander, aber wir bilden schon eine Gruppe." (Interview mit Conny:28.01.1997)

> „Integriert sind vor allem die Frauen, die Kinder haben. Einige haben auch einen spanischen Mann. Andere sind auch alleinerziehend, das sind so die, mit denen ich so zusammen bin." (Interview mit Bärbel: 27.01.1997)

Diese Frauen sprechen sehr gut spanisch. Die Kinder gehen in die einheimische Schule, wo sich viele der deutschen Mütter im Elternrat engagieren (vgl. Kapitel 6.7). Die Schule schafft eine Verbindungsebene, auf der sich diese deutschen Frauen begegnen. Durch die Familien ihrer Ehemänner sind sie vergleichsweise gut in die einheimische Gesellschaft integriert. Trotzdem sagte mir eine Informantin, sie sei zwar sehr gut integriert, aber wenn es hart auf hart ginge, dann wäre

---

[70] Susanne kam als Kind mit zwei Jahren nach La Gomera und lebt seit über zwanzig Jahren mit ihren deutschen Eltern im Valle Gran Rey. Zur Zeit studiert sie in Deutschland.

sie immer noch die Ausländerin. Ihr Mann könne sie verprügeln oder sonstwas mit ihr anstellen. Seine Familie würde auf jeden Fall zu ihrem Sohn halten und nicht zu einer „extranjera", einer Ausländerin[71].

> „Nein, eine deutsche Frau ist nichts besonderes, man sagt eher, der hat keine andere gefunden, wenn er mit 'ner Deutschen zusammen ist... Ich finde es zum Beispiel blöd, wenn die Frauen sich oben ohne an die Playa legen, oder die Männer sich dort vor allen umziehen. Ich weiß, daß es Mädchen gibt, die aus diesem Grund nicht mehr an die Playa gehen dürfen. Das mußt du dir mal vorstellen. Die leben hier und dürfen nicht mehr an den Strand. Und ihre Freundinnen auch nicht. Dadurch sinkt natürlich auch das Ansehen der deutschen Frauen rapide. Die Einheimischen denken, die deutschen Frauen sind leicht zu haben.
> Die einheimischen Mädels sind auch sauer auf die deutschen Frauen, die sagen, die schnappen uns die Männer weg. Und der Markt an guten Männern ist auch knapp. Ab dreizehn Jahre gehen viele Mädchen nach Teneriffa." (Interview mit Bettina: 9.12.1996)

Auch wenn für diese Frauen die Liebe zu ihrem Mann und der spanischen Mentalität und Lebenseinstellung ein wichtiger Beweggrund für die Migration war, so bestehen nur wenige Kontakte zu spanischen Frauen, und die Beziehungen zu den spanischen Schwiegereltern sind nicht sehr intensiv.

> „Die spanischen Frauen haben alle einen ‚Putzfimmel'. Die haben ja den ganzen Tag nichts anderes zu tun." (Interview mit Heike:13.11.96)

> „Die Gomera-Frauen haben einfach ganz andere Werte. Wenn ich denen sag, daß ich mich ärgere, weil mein Mann nicht abwäscht, das

---

[71] Eine deutsche Migrantin berichtete mir davon, wie ihr späterer Mann sie das erste Mal in Deutschland besucht hatte. „Das war damals ein großes Drama... Der war halt zwanzig, und dann ist der nach Deutschland. Und noch nie aus Spanien raus, und dann mit dem Flugzeug nach Deutschland. Und die Mutter von ihm fagte, ob er wahnsinnig sei, und sie habe Geschichten gehört von deutschen Frauen, die holten die Spanier nicht ab vom Flughafen, und dann stünde er da.- Und ich hab gesagt, du, ich kann dir die Angst nicht nehmen, entweder du glaubst mir oder nicht. Mein Gott, der arme Kerl, der hatte ja noch nicht einmal einen Zug gesehen in echt. Da ist ein Zug vorbeigefahren und er stand da und starrte auf die Gleise und meinte: ‚Guck mal, ein Zug!', und ich hab es überhaupt nicht geblickt. Und er stand da und stand da. Klar hatte der noch nie einen Zug gesehen. Wo denn auch?" (Interview mit Evelyn: 7.12.1996)

verstehen die nicht. Daher sind meine Freundinnen alle eigentlich deutsch. Auch die Frauen aus der Kindergruppe sind alle deutsch." (Feldnotizen:19.11.1999)

Die Schule, das Collegío Nacional „Nereída Díaz Abreu", ist ein wichtiges Verbindungsglied für viele deutsche Mütter. Innerhalb der Schule gibt es einen Elternrat, den AMPA - „Asociación de Madres y Padres de Alumnos". Die Mitglieder des Elternrates sind fast nur Deutsche, bis auf den Präsidenten, der Gomero ist, und seinen Vertreter vom spanischen Festland. Die deutschen Mütter sind engagiert im Austausch mit der Schulleitung und bieten Nachmittagskurse für die Schüler an. Wenig Interesse an einer Mitwirkung im Elternrat besteht von Seiten der gomerischen Eltern, obwohl alle Eltern gleichermaßen zu den Versammlungen eingeladen werden und sich auch wählen lassen können.

Eine deutsche Mutter betrachtet den Elternrat ebenfalls mit Skepsis:

„Ich habe ein bißchen Probleme damit, daß das nur Deutsche machen. Ich hab eine Abneigung. Ich war neulich in so einer AMPA-Sitzung in der Schule, da dachte ich am Anfang des Schuljahres, jetzt versuch ich es auch mal. Da hatte ich auch etwas mehr Zeit. Aber es war einmal. Es ist auch total unbefriedigend. Und dann waren da die anderen deutschen Frauen. Kein Spanier dabei! Das finde ich so frustrierend. Ich finde es schon in Ordnung, daß die das alle machen, aber ich hab mich mies gefühlt. Ich hab gedacht, Scheisse, jetzt sitzen wir hier in diesem deutschen Clan, und nicht ein einziger Gomero ist da. Aber ich meine, das ist nicht unsere Schuld, aber irgendwie hatte ich ein Gefühl in mir, irgendwie mag ich das nicht. Ja. Aber es ist irrational, deshalb sollte man sich nicht aufhalten lassen." (Interview mit Anna: 6.11.1999)

Die deutschen Frauen mit spanischen Partnern bilden also von außen gesehen eine Gruppe, auch wenn sie keinen ständigen Kontakt haben, und nicht alle befreundet sind. Aber es besteht ein Gemeinsamkeitsgefühl aufgrund gleicher Interessen. Einige dieser Frauen sind Hausfrauen, die meisten aber sind beruflich eingebunden, sei es durch eigene Apartments oder durch ein Angestelltenverhältnis in der Tourismusbranche.

Über die Kinder existiert häufig ein Kontakt dieser Frauen zu den alleinerziehenden deutschen Müttern, dies aber nicht willkürlich. Die Frauen treffen sich auch häufig am Strand, wo sie die Nachmittage mit ihren Kindern verbringen, so wie sich in deutschen Städten die Mütter kleiner Kinder auf dem Spielplatz treffen.

## 6.4.2    Geschäftsleute

Die deutschen Unternehmer werden von anderen Deutschen als eigene Kategorie klassifiziert. Sie werden als die Migranten betrachtet, die Geld haben, die bereits mit Kapital gekommen sind und sich damit ein Haus oder einen Laden mieten konnten.

Es gibt aber eine Reihe deutscher Geschäftsleute, die sich selber hochgearbeitet haben und so zu Erfolg kamen. Ein deutscher Unternehmer kam zum Beispiel in den achziger Jahren ins Valle Gran Rey. In Calera begann er seine unternehmerische Karriere mit dem Verkauf von selbstgefertigten Produkten und erschaffte sich im Laufe der Jahre ein kleines Imperium aus Apartmenthäusern, Geschäften und Kneipen.

> „ ...und dann gibt es als Gruppe noch die reichen Deutschen. Das ist ja inzwischen eine richtige Lobby. Früher waren das nur einige wenige. Inzwischen ist das schon eine große Lobby. Ob die Einfluß haben, ich weiß es nicht... Noch ist es mehr ein indirekter Einfluß, über ihre einheimischen Männer, aber das läuft mehr so auf subtilem Weg, aber das entwickelt sich ja so. Geschäftsleute, aber auch andere, die sich hier ein Haus bauen. Das ist so eine Gruppe, ich glaube, daß die doch mehr miteinander zu tun haben, als ich gedacht hatte. Oben im Tal. Die kommen hierher, weil sie einfach unheimlich viel Geld hatten. Hier Häuser bauen, hier wohnen und noch mehr Häuser bauen und noch mehr, und sich das Valle Gran Rey so langsam untertan machen, weil sie die ökonomischen Mittel haben. Da gibt es hier so einige." (Interview mit Claudia: 31.01.1997)

Der Neid der einheimischen Bevölkerung auf die Unternehmer ist massiv. Aber auch andere Deutsche betrachten sie oft mit Mißgunst.

> „Der meistgehaßte Deutsche hier im Dorf ist S., und der ist deswegen so unbeliebt, weil er so erfolgreich ist. Ganz einfach gesagt. Das ist ganz einfach. Der kam einfach hierher ... und hat angefangen, und hat dann aber irgendwie geschafft, sich dann nach oben zu rappeln. Noch was dazuzumachen, und nochwas dazuzumachen. Der wollte das, der hat gearbeitet, der hat vorwärtsgemacht und so, und je erfolgreicher er ist, destomehr wird er angefeindet.

Und merkwürdigerweise nicht nur von den Gomeros, sondern auch von den Deutschen. Du brauchst dich nur umzuhören. Es ist aber einfach so, daß, na ja gut, nun hat er auch das Problem glaube ich, nicht rechtzeitig erkannt. Er hat zu sehr expandiert, und das macht er immer noch, hier kauft er noch was und da macht er noch... Ich muß ja nicht jede Mark haben. Ich muß auch nicht jeden mitnehmen, der hier kommt. Muß ich alles gar nicht mehr. Sonst könnt ich das alles hier wahrscheinlich gar nicht aushalten..." (Interview mit Dieter: 15.10.1999)

Von einigen Deutschen, die eine gewisse Loyalität gegenüber den Einheimischen empfinden, werden die Unternehmer auch als „Schmarotzer" bezeichnet, die die Einheimischen nicht ganz ernst nehmen.

„Es gibt den typischen Schmarotzer. Die wollen nur nehmen. Die kaufen, was sie kriegen können, wollen business machen. Die Einheimischen sind denen wurscht. Die lehnen die Einheimischen ab. Der Gomero ist für die dumm und blöd. Schau mal wie der baut, sagen sie zum Beispiel, oder mit denen kannst du nicht reden, die haben keine Kultur." (Interview mit Bettina: 9.12.1996)

Einige vorausschauende Geschäftsleute haben die Problematik rechtzeitig erkannt und sobald es der Umsatz erlaubte, einheimische Arbeitskräfte eingestellt. Das hilft zum einen, dem Neid und der Mißgunst der Gomeros entgegenzuwirken, zum anderen ist es eine Chance, die einheimische Bevölkerung ebenfalls als Kundenstamm zu gewinnen.

Andere deutsche Migranten haben gleich bei der Eröffnung ihres neuen Betriebes auch die Gomeros als Gäste und Kunden angesprochen.

„Als wir unsere Einladungen zur Eröffnung kopieren ließen, da verteilten wir die an alle Supermärkte. Die Einladung war natürlich auf Spanisch. Das hat es hier noch nie gegeben. Wenn hier ein Deutscher was eröffnet, dann kriegt das außer den Deutschen sonst keiner mit. Wir waren die ersten, die auch die Spanier eingeladen hatten." (Interview mit Silvia: 12.12.1996)

Die Kategorie der deutschen Geschäftsleute wird, auch wenn sie sich selbst nicht unbedingt als Gruppe wahrnimmt, von den deutschen Bewohnern im Valle Gran Rey als Gruppe definiert. Zum Teil besteht aber auch ein Austausch aufgrund der ähnlichen Lebenssituation, wie mir eine deutsche Ladenbesitzerin aus Vueltas mitteilte.

Die Geschäftsleute haben, wie die meisten selbständigen Menschen in Deutschland auch, wenig Zeit. Auch wenn sie zum Teil ursprünglich auf der Insel geblieben sind, weil das Leben in einem anderen Rhythmus verlief, so hat das „deutsche Tempo" sie eingeholt. Ich persönlich merkte es daran, daß es kaum möglich war, einen Gesprächstermin mit diesen Personen zu vereinbaren. Sie waren oft unter Zeitdruck.

Gabi: „Bezeichnen sie sich als Aussteiger?"
Else: „Ach wissen sie, wir haben es irgendwie nicht geschafft. Ich habe sehr viel Arbeit. Die Vermietung der Apartments, dann vermiete ich da hinten noch Apartments für Freunde. Die Galerie, dann die Organisation des Putzens, der Garten, mein Mann. Dann die Probleme mit den Handwerkern. Wissen sie, durch den Bauboom sind kaum Handwerker zu bekommen. Wenn dann mal was kaputt ist, das ist sehr schwer. Mein Mann kann ja schon einiges, aber die Elektrik, oder wenn mal was mit der Wasserleitung ist... Ich habe sehr wenig Zeit... (Interview mit Else: 22.12.96)

### 6.4.3 Die sogenannten „Freaks"

Der Begriff „Freak" kommt aus dem Amerikanischen. Im deutschen Sprachgebrauch wird mit dem Begriff eine Person bezeichnet, „die sich nicht ins normale bürgerliche Leben einfügt" (Meyers Bd. 5:272). Im Valle Gran Rey fallen unter diese Kategorie die Migranten mit einem unkonventionellen Lebensstil. Sie leben zum Teil im oberen Tal, wo die Mieten noch geringer sind als in den strandnahen Ortsteilen oder auch in den Höhlen der „Schweinebucht"[72], hinter der Finca Argayall und werden von deutschen Migranten mit einem eher bürgerlichen Lebensstil als Freaks betitelt.

---

[72] Dieser kleine abgeschiedene Strand, ist von der Playa Argaga über einen schmalen Fußweg zu erreichen. Der eigentliche Name, der auch in den Landkarten steht, lautet Playa de las Arenas. Als „Schweinebucht" wird die Sandbucht erst bezeichnet, seit die ersten Hippies, weil sie dort hausten und nacktbadeten, von den Gomeros „cocinos", zu deutsch Schweine, genannt wurden.

Für die Einheimischen und auch einige Deutsche sind sie eine undurchschaubare Gruppe von Leuten, die keiner geregelten Arbeit nachgehen, sich nicht angemessen kleiden und bei denen auch Drogenkonsum vermutet wird.

„Dann gibt es noch die Freaks... wo ich auch viele Drogenhändler zuzähle, weil da viele von Drogen leben, denke ich. Ich blicke da nicht so durch, aber man weiß das halt. Das ist so eine Gruppe, mit der ich mich überhaupt nicht identifiziere. Da kenn' ich einige draus, weil die schon lange hier sind, und wir grüßen uns, aber das ist nicht so mein Umgang. Das würde auch S. nicht gut finden, wenn ich da einen engeren Kontakt hätte. Ich kenn' da so ein paar. Viele fragen sich, wovon die leben. Und von Gofiobällchen am Strand, davon kann man doch auch nicht leben. Aber ich glaube doch immer mit Drogen." (Interview mit Bärbel: 27.01.1997)

Das äußere Erscheinungsbild dieser Gruppe von Migranten erinnert an die Hippies der siebziger Jahre, an die ersten Gomera-Urlauber. So ist denn auch die „Villa Kunterbunt", ein Haus im oberen Tal, das von einer Wohngemeinschaft mit wechselnden Mitgliedern bewohnt wird, aber auch als Treffpunkt für diese Gruppe dient, mit indischen Tüchern dekoriert. Das Matratzenlager und der Duft der Räucherstäbchen erinnern ebenfalls an längst vergessen geglaubte Zeiten.

„Das ist eine Gruppe, da habe ich das Gefühl, die letzten Freaks, die übriggeblieben sind, die leben jetzt noch hier. So richtige Freaks. Lange Haare, Bart, in Deutschland sehe ich die nie. Die sind hier. Das ist eine Gruppe, die ich manchmal ganz interessant finde. Ich habe nichts mit denen zu tun, es interessiert mich auch nicht. Da habe ich so das Gefühl, das habe ich früher gemacht, damit habe ich nichts mehr zu tun. Viele sind dann auch so esoterisch drauf. Also ich bin auch ein ziemlich spirituell denkender und lebender Mensch. Aber die haben da so eine Art, daß alle nach außen sehen, wie sie denken und leben. Das ist aber eine Gruppe, die ich so tolerieren kann. Da gibt es bestimmt auch ganz Nette drunter. Das find ich ganz schön, daß die hier sind. Die machen das Leben auch bunt." (Interview mit Anna: 31.01.1997)

„Ja, es gibt hier die sogenannte Hippieszene. Sie versuchen nach außen hin Freiheit und Liebe zu leben, dabei verachten sie Leute, die anders sind als sie, und somit sind sie auch völlig untolerant... Die würden gern etwas vorleben, weg vom Konsum, aber dann kaufen sie... im Bioladen, wo alles unheimlich teuer ist." (Interview mit Dagmar: 28.11.1996)

„Manche leben ja auch von Gofio Bällchen. Aber wie die davon leben, das weiß ich auch nicht. Mit solchen Leuten habe ich auch überhaupt keinen Kontakt. Das schadet mir nämlich nur. Ja. Das schadet nur wenn ich mit solchen Typen rumlaufe, weil man dann ja schon verdorben ist." (Interview mit Susanne: 21.01.1997)

Die Gruppe der „Freaks" mischt sich nur wenig mit den anderen Kategorien. Zum Teil aus den bereits angeführten Gründen, aber auch, weil ihnen die finanziellen Mittel fehlen, um am Leben im unteren Teil des Tales mit seiner touristischen und kommerziellen Infrastruktur teilzunehmen. So sagte mir der Pächter des deutschen Kulturzentrums (vgl. Anhang IV:3), daß die Mitglieder der Freaksszene so gut wie nie in der Galeria vorbeikämen, weil sie einfach kein Geld dafür hätten. Auch mit Residenten-Rabatt koste das Kino immer noch fünf Mark, das Kabarett zehn Mark, und die hätten das Geld nicht. Die kauften lieber eine Flasche Wein und setzten sich an den Strand.

### 6.4.4    Die Esoteriker

Eine nicht kleine Gruppe von Deutschen im Valle Gran Rey bildet die von mir und auch von meinen Informanten so genannte Esoteriker-Szene. Es sind Menschen, die sich für Reiki[73], Meditation, Tarot, verschiedene Formen von Massagen und andere körperlich-geistige Ausdrucksformen interessieren und ihr Wissen darüber auch anderen Menschen anbieten, um damit Geld zu verdienen (vgl. Anhang IV:1,7,9,11). Man könnte diese Kategorie von Deutschen aber auch als spirituell denkende und lebende Menschen bezeichnen.

---

[73] „Das Wort Rei-Ki stammt aus dem Japanischen und bedeutet ‚universelle Lebensenergie'. Dr. Usui hat diesen Namen initiiert und ihm zu einer weltweiten Bedeutung verholfen. Reiki ist die universelle Lebensenergie, die uns von Gott geschenkt wird. Es ist weder eine Sekte noch eine Religion, noch eine Philosophie. Jeder Mensch, unabhängig davon, wie er Gott definiert, hat einen Zugang dazu. Es ist die positive Energie aus dem Universum, die uns geschenkt wird, wenn wir darum bitten" (Glaser/Vogt 1998: 12). Dr. Mikao Usui war Leiter der priesterlichen Klosterschule in Kyoto, Japan und promovierte an der Universität von Chicago in Theologie. In den 80er Jahren wurde Reiki, die Heilkraft der Hände, in Europa bekannt. (ebd.:8f).

Die Esoteriker haben kein bezeichnendes äußeres Erscheinungsbild, aber man nimmt ihre Anwesenheit wahr, wenn man sich im Valle bewegt. So zum Beispiel bei einem Gang durch den Ortsteil El Guru, wo man Schilder lesen kann mit Aufschriften wie „Shiatsu: Wohlsein, Entspannen, Abheben, Ankommen" oder „Massage im Steinhaus: Tu dir was Gutes: Massagen sind Entgiftung für Körper, Geist und Seele" und „Reiki und Massage: Entspannen, rundum Wohlfühlen, bei sich zuhause sein." Auch in dem aufgrund von Baumaßnahmen wachsenden Ortsteil La Puntilla gibt es „Kraftschmuck und Skulpturen" und an anderer Stelle „einfühlsame Massagetherapie".

In Vueltas gibt es neben den esoterischen Angeboten im deutschen Bioladen auch das von einer deutschen Migrantin geführte Casa Blanca, ein „Meditations- und Gästehaus mit Reiki-Session-Angebot und Reiki-Einweihungen in den 1. und 2. Grad."

Für die Esoteriker sind die vulkanische Kraft und das Licht der Insel von Bedeutung, sie haben die Empfindung, von der Insel gerufen worden zu sein und leben hier, weil eine kosmische Verbindung zu dem Ort und Gleichgesinnten besteht.

> „Die Qualität ist hier, daß keine Reizüberflutung ist. Dann das Meer, das ist Lebenskraft und diese Erdkraft. Und dann ankert es mich in einer sehr frühen Zeit. Also als Guanchin. Das haben mir auch schon Leute gesagt. Ich habe Verbindung mit den Erleuchteten, das ist eine starke Bindung. Die nächste Gruppe sind die, die Reiki machen. Weil das auch Lichtarbeit ist. Die anderen sind die, die mich physisch unterstützen, wenn ich keine Kraft mehr habe." (Interview mit Yana: 10.11.1999)

> „Ich bin hier wegen der Insel und mir. Weil die Insel mich gerufen hat. Weil es der erste Platz auf der Welt ist, wo ich endlich gewußt habe, es ist wahr. Ich bin hellsichtig. Es ist nicht nur eine Spinnerei oder eine Krankheit im Kopf, sondern es ist Etwas. Und dafür bin ich der Insel dankbar, und ich weiß, ich habe dafür hier auch etwas zu tun." (Interview mit Tonia: 1.12.1996)

Die Angebote wie Reiki und Massagen werden von deutschen Migranten, aber insbesondere von den Touristen angenommen. Nicht alles, was aus der Esoteriker-Szene kommt, wird von den anderen deutschen Gruppierungen ernst genommen.

Evelyn: „Das sind dann die esoterischen, astrologischen Sterngu-
cker. Wenn dann, wann war das denn mal, letztes Jahr, da wurde
doch, das war die Nacht der meisten Sternschnuppen, weiß der Teufel. In den Nachrichten haben sie das sogar gebracht... An der Playa
Ingles waren soviele Menschen, soviele hab ich noch nie an der
Playa Ingles gesehen, mit Schlafsäcken, und alle guckten. Mir tat
hinterher schon der Hals weh. Wir haben keine einzige Sternschnup-
pe gesehen. Ja, und am nächsten Tag hieß es, es war zu bewölkt und
so."
Gabi: „Das ist also die esoterische Gruppe, die bieten dann Reiki an
und Tarrot."
Evelyn: „Genau die. Die dann nur die Haare schneiden, wenn der
Mond im Dingens steht, weil dann wachsen sie besonders gut. Weiß
der Teufel, ich blick da auch nicht durch." (Interview mit Evelyn:
07.12.1996)

In diesem Zusammenhang ist auch die Finca „Argayall, Place of Light O.M.C."
zu nennen (vgl. Anhang III:16). Die Finca Argayall ist ein 1986 gegründetes,
spirituelles Gemeinschaftsprojekt, das Lebensraum bietet für fünfzehn Crew-
Mitglieder und für rund fünfundzwanzig Gäste. Gegründet wurde die Finca von
zwei Sanyasin und einer Frau, die dieser spirituellen Gemeinschaft nie beigetreten
war. Bis heute setzt sich die Crew ziemlich ausgewogen aus Sanyasin und Nicht-
Sanyasin zusammen. Da es sich bei der Finca Argayall um ein von Poona[74] aus
anerkanntes O.M.C. (Osho-Meditation-Center) handelt, wird sie häufig mit
Bhagwan in Verbindung gebracht, obwohl sie diese Anerkennung mit ihrer heutigen Meditationsstruktur wahrscheinlich nicht mehr bekommen würde. Zweimal
im Jahr findet auf der Finca ein mehrwöchiges Meditationscamp statt, und spirituelle Meister bieten unterschiedliche Kurse an. Die Bewohner der Finca Argayall
beschreiben sich in dem Werbeprospekt (vgl. Anhang IV:4) mit dem Titel „Urlaub, Meditation, Selbsterfahrung, Heilung" folgendermaßen:

„Die Menschen, die hier zusammenleben und im Gästebereich, in
der Küche, in Plantage und Garten arbeiten, kommen aus ganz unterschiedlichen Richtungen. Ob sie Osho oder einen anderen Meister
gefunden haben oder ihren ganz eigenen Weg gehen, die Suche nach

---

[74] Poona, im engl. Pune, ist eine Stadt im indischen Bundesstaat Maharashtra, am Zusam-
menfluß von Mutha und Mula. 1974 gründete Rajneesh Chandra Mohan, der sich Bhagwan
(Gott) nannte, hier sein erstes Meditationszentrum. 1981 bis 1985 baute er eine zweite Kommune in Oregon auf. Am 19. Januar 1990 starb Raineesh, der im letzten Jahr seines irdischen
Daseins den Namen Osho angenommen hatte.

Freiheit, Gemeinschaft, Liebe und Meditation ist die Essenz der gemeinsamen Vision."

Die Finca liegt etwas abgeschieden an der „Playa Argaga", einer Bucht hinter dem Ortsteil Vueltas. Sie wird von den Einheimischen mit Argwohn betrachtet. Die Fincabetreiber kaufen bei den Einheimischen ein, aber ansonsten besteht kaum Kontakt. Umgangssprache auf der Finca ist Deutsch oder Englisch. Spanisch beherrscht kaum jemand. Die Gomeros wissen, daß auf der Finca zum Teil nackt herumgelaufen und gebadet wird. Ansonsten verstehen sie nicht so recht, was da noch so vor sich geht. In der Schule ist es für Fincakinder schwer, von den anderen Kindern akzeptiert zu werden. Zum Beispiel ist es vorgekommen, daß Fincakinder beim Sportunterricht nicht in den Spielkreis einbezogen wurden, mit der Begründung der spanischen Kinder, sie seien schmutzig.

„Vorletztes Jahr haben hier (auf der Finca) sieben Kinder gelebt. Alleinerziehende Mütter mit Kindern. Die gingen auch in die spanische Schule. Das ging aber auch nicht gut. Die Kinder wollten nicht in die Schule gehen. Die konnten kaum Spanisch. Als ich als Gast hier war, da wurde mal ein Kindergeburtstag organisiert, ganz toll, super, und extra ja nicht nackt rumlaufen und so, weil dann spanische Kinder da sind. Alles prima! Und das Ergebnis war: nicht ein spanisches Kind durfte kommen. Es kamen ein französisches und ein englisches Kind, die halt auch im Dorf leben, aber kein einziges spanisches Kind." (Interview mit Shira: 27.01.1997)

Inzwischen haben die Fincabetreiber wiederholt Versuche unternommen, das Vertrauen der Gomeros zu gewinnen, indem sie sie zu besonderen Veranstaltungen eingeladen haben, bei denen sich dann Crew und Gäste an bestimmte Regeln, wie zum Beispiel kein Nacktbaden, zu halten hatten.

Gabi: „Stimmt es, daß die Finca einen etwas schwierigen Status hier im Tal hat?"
Ralf: „Ja, auf jeden Fall. Sie hat eine Außenseiterposition, und dieses Sanyasin-Schild und aufgrund der Nacktheit, die in und um die Finca passiert und auch aufgrund von Gerüchten, die nicht unbedingt der Wahrheit entsprechen. Es ist da von wilden Parties die Rede. Also verbieten die Leute das ihren Kindern, dahinzugehen. Aber die dür-

fen auch nicht zum Playa Ingles[75]. Das ist das Gleiche. Da ist halt ein großer Gegensatz... Aber es gab zum Beispiel auf der Finca letztens, da hatten wir ein Erntedankfest gemacht und da sehr viele Spanier eingeladen. Das ist auf jeden Fall auch ein Schritt, den Einheimischen entgegenzukommen. Es sind auch viele gekommen. Diese spanische Folkloreband. Der Pedro vom Pescador."

Gabi: „ Wahrscheinlich hat es auch eine Rolle gespielt, daß Erntedank ein christliches Fest ist!"

Ralf: „Das hat eine Rolle gespielt. Und auch wie eingeladen wurde, daß halt persönlich mit denen gesprochen wurde, daß es keine Vollmondparty war, ganz explizit. Sondern eine andere Art von Fest. Und es wurde auch so organisiert. Und es waren auch sehr viele Händler da, die mit der Finca zu tun haben. Damit sollte dann der Kontakt eben auch verbessert werden." (Interview mit Ralf: 19.10.1999)

### 6.4.5     Die El Guro Gruppe

Der Ortsteil El Guro ist, so wird von deutschen Migranten ebenso wie von einigen Gomeros behauptet, „fest in deutscher Hand". Unter den neun Nationalitäten, die im Dorf leben, sind nach Aussage eines Bewohners allein dreißig Deutsche. Die Umgangssprache ist Deutsch. Wenn ein Haus frei wird, wie es während meines Aufenthaltes 1996/97 der Fall war, weil ein spanisches Ehepaar ins Altersheim nach La Calera umgezogen ist, wird es von Deutschen gekauft. Es ist zu erwähnen, daß das Dorf an einem steilen Hang oberhalb der Straße liegt, wo die Spanier nicht mehr gerne leben. Sie bauen heute lieber an der Straße, damit sie nicht alle Baustoffe und den Bedarf zum täglichen Leben beschwerlich mit Eseln über Treppen und steile Pfade transportieren müssen.

Hier ein paar Zeilen aus den Feldnotizen, die ich bei meiner ersten Feldforschung im Valle Gran Rey nach wenigen Wochen in mein Tagebuch schrieb:

---

[75] Die Playa Ingles ist der Nacktbadestrand des Valle Gran Rey. Obwohl das Nacktbaden verboten ist und Hinweisschilder wie „No FKK" auf den Wunsch der Behörde hinweisen, wird es doch seit Jahren geduldet. Einheimische Männer nutzen die Gelegenheit, sich während der Mittagspause oder der Abendstunden auf den Felsen am Rande des Strandes niederzulassen, um sich an dem Anblick nackter Haut zu erfreuen.

„Ich mache einen Spaziergang nach El Guro, wo viele Deutsche leben und sich dort ziemlich außergewöhnliche Häuser gebaut haben. Frei nach ihrem Geschmack, mit Luken, dreieckigen Fenstern, Skulpturen an den Eingängen, bunten Wandbemalungen und geschwungenen Mauern. Es ist ein sehr idyllisches Dorf mit üppiger Vegetation, geradezu verschwenderisch wuchert die Bougainvillea über Terrassen, hohe Palmen spenden Schatten und der Duft der mit Früchten beladenen Orangen- und Zitronenbäume liegt über den Wegen. Die individuellen Häuser geben dem autofreien, da am Steilhang gelegenen Ortsteil eine fast verzauberte Atmosphäre. Auf einer Terrasse kehre ich ein, angelockt von einem Pfeil mit der Aufschrift Kaffee und Kuchen. In diesem Haus lebt eine Engländerin mit ihrem jugoslawischen Freund. In dem kleinen Raum hängen viele gemalte Bilder, ein Stuhl ist aus Bambusrohr auf abenteuerliche Weise zusammengebaut und mit Lehm und Kordel stabilisiert. In der Ecke steht ein Gebilde aus Kartons und Packpapier. Die Tische sind aus Kupferrohren, die Regale aus Bambusstangen und selbst so profane Gegenstände wie Salz- und Pfefferstreuer sind von künstlerischer Hand als menschliche Körper gestaltet." (Feldnotizen: 3.12.1996)

In El Guro ist der Käufer von Häusern und Ziegenställen in den meisten Fällen ein deutscher Migrant, der seit etwa fünfzehn Jahren im Valle lebt, und von Insidern sowie dem Herausgeber des Valle-Boten als „der König von El Guro" (vgl. Anhang II:4) bezeichnet wird. Er besitzt bereits mehrere Häuser im Dorf, hat alte Ziegenställe zu Wohnhäusern ausgebaut (denn Baugenehmigungen für Neubauten sind schwer zu bekommen) und außergewöhnliche Häuschen wie „das U-Boot" konstruiert. Die Auflagen an die Gestaltung der Häuser scheinen nicht sehr streng zu sein, denn jeder Bauherr kann, wie es scheint, seiner Kreativität und seinem architektonischen Geschmack freien Lauf lassen (vgl. Anhang III:1-4).

Hier leben Künster und Handwerker, aber auch Lebenskünstler. In den deutschen Medien wird El Guro bereits als das Künstlerdorf des Valle Gran Rey bezeichnet. Ein Austausch mit den Spaniern findet nur bei wenigen statt. Einer davon ist Wolfgang, der vor fünfzehn Jahren das erste Mal auf La Gomera war und inzwischen die zerfallenen Trockenmauern eines Ziegenstalls unter der Mithilfe einiger Gomeros wiederaufgebaut und zu einem Wohnhaus umgebaut hat.

„Damals war das nur ein Ziegenstall. Ich habe mit den Spaniern zusammen dieses Haus gebaut. Dabei habe ich gelernt, wie man Tro-

ckenmauern baut. Die jungen Spanier können es oft schon nicht
mehr. Die wollen es auch nicht. Die bauen anders heute. Steinhäuser
sind fünfmal so aufwendig wie die neuen Häuser... Die meisten unserer Freunde sind Spanier. Wir sind mehr mit Spaniern als mit Deutschen zusammen. Wenn einer sagt, der kann doch nur über seine
Ziege reden, dann ist das doch der beste Weg, um den Spanier kennenzulernen. Die Ziege gibt Milch, daraus kannst du Käse machen...
Du brauchst die Spanier hier. Eine Freundschaft zu den Spaniern ist
unbezahlbar. Auch auf meiner Terrasse[76] tausche ich mich viel mit
meinen spanischen Nachbarn aus. Die kennen sich doch genau aus.
Die kennen die Mondphasen, den Pflanzrythmus, sie wissen wie man
bewässert. Biobau kennen die hier kaum. Es gibt solche die kippen
mehr rein, und solche die kippen weniger rein. Die mit den Ziegen
brauchen weniger." (Gespräch mit Wolfgang: 19.12.1996)

So wie Wolfgang es schildert, ist er eine Ausnahme. Die meisten „Gurianer"
leben unter sich, ihr soziales Umfeld sind die anderen ausländischen Dorfbewoh-
ner. Andere Deutsche sehen die El Guro Bewohner manchmal als etwas elitär an,
ich habe von einigen auch die Äußerung gehört: „Die glauben doch was Besseres
zu sein!"

„Die El Guro Leute, das ist nicht mein Schlag... Die sind auch immer
in der Gruppe. Die gehen immer in der Gruppe aus. Und man sieht
sich halt so. Aber das verläuft sich total. Die sind so unter sich. Das
sind für mich ein bißchen Außenseiter von dem Ganzen. Ich weiß
nicht wie die leben, wovon die leben. Weil ich seh' da keinen arbeiten." (Interview mit Ulla: 08.01.1997)

„In El Guro habe ich das Gefühl, da ist schon so eine Freakszene,
aber so eine gehobene. Die machen zum Teil auch ganz nette Sachen. Aber die kann ich akzeptieren. Schlimm finde ich es nur, wenn
ich durch El Guro wandere und keinen Gomero mehr sehe, nur noch
Deutsche. Ich bin letztens mit meinem Mann[77] durch El Guro gelau-
fen, da hat er gesagt, da gehe ich nicht mehr durch, da kriege ich zuviel." (Interview mit Anna: 31.01.1997)

---

[76] Mit Terrasse ist in diesem Fall das Gartenland auf den terrassierten Berghängen gemeint, das
Wolfgang besitzt.
[77] Der Lebenspartner von Anna ist Gomero.

Evelyn: „Die El Guro Gruppe kam dann halt später. Die haben ja dann wirklich, dieser J. und dieser B., die haben dann diese ganzen Häuser aufgekauft, die haben ja die ganzen Ziegenställe, also wirklich das allerletzte, und klar, wenn du dann ein bißchen Ahnung hast, und die machen das ja auch ganz gut, die bauen die Häuser dann auf und verkaufen die dann. Aber die suchen sich die Leute aus, da kann nicht jeder kaufen, da mußt du dann durch. Da mußt du durch. Das ist wie so ein Gremium, so ein Komitee, da mußt du dann durch, wenn du was kaufen willst. Weil alle Nachbarn werden da gefragt."
Gabi: „Die deutschen Nachbarn, oder auch die Spanier?"
Evelyn: „ (lacht), die spanischen nicht, die würden sie doch am liebsten noch weghaben da. Witzig ne! Also ich glaub' der J. hat auch Häuser, die er vermietet."
Gabi: „Und das sind dann die Künstler?"
Evelyn: „So ungefähr, wie sie sich dann selber schimpfen. Also ich halte davon nichts. Es gibt vielleicht Lebenskünstler auf Gomera, aber Künstler. Ich weiß nicht, das ist mehr Schein als Sein, weil sie sich unheimlich viel einbilden die Leute." (Interview mit Evelyn: 07.12.1996)

Ein sogenannter Gurianer kann dieser Behauptung, es gäbe ein Gremium, nicht zustimmen, aber er ist trotzdem der Meinung, daß es sinnvoll ist, die zukünftigen Bewohner des Dorfes sorgfältig auszuwählen:

„Ein Gremium gibt es nicht. Aber ist doch klar, daß man so einen der z. B. mit einem dicken Bauch ankommt und fragt, was kostet hier ein Grundstück, den will man natürlich nicht zum Nachbarn haben. Denen fehlt einfach das Einfühlen. Und die Leute hier im Dorf harmonisieren. Und der J. baut ja auch wunderschöne Häuser. Jedes Haus ist ein Kunstwerk. Er hat das Dorf eigentlich ausgestaltet." (Gespräch mit Wolfgang: 19.12.1996)

„Die Leute sagen, die aus El Guro, die kommen ja kaum raus. Ein bißchen stimmts vielleicht auch. Es ist halt so ein schöner Ort, daß die immer gern da oben bleiben, weniger unterwegs sind, als die, die unten wohnen." (Interview mit Carola: 14.11.1999)

In El Guro leben einige deutsche Migranten, die sich mit esoterischen Angeboten ihren Lebensunterhalt verdienen, was nochmals verdeutlicht, daß eine klare Grenzziehung zwischen den unterschiedlichen Kategorien von Deutschen nicht erfolgen kann. Es gibt immer Überschneidungen aber auch Unterscheidungen zwischen diesen Kategorien.


### 6.4.6 Die Rentner

Eine weitere Gruppe unter den deutschen Migranten bilden die Rentner. Einige von ihnen kamen zunächst für die Wintermonate nach La Gomera, leben aber mittlerweile ständig im Valle Gran Rey. Im Hafenviertel, dem Ortsteil Vueltas, gibt es ein großes Apartmenthaus, das von einem Deutschen gebaut wurde. Hier leben viele Rentnerehepaare in Eigentumswohnungen. Andere wohnen weiter oben im Tal, zum Teil zur Miete, aber auch in eigenen Häusern.

Die Rentner bilden aufgrund ihres Alters eine eigene Kategorie. Sie haben wenig Kontakt zu den jüngeren Migranten. Die ärztliche Versorgung die für ältere Menschen meist von größerer Bedeutung ist als für jüngere, ist nicht so gut wie in Deutschland, aber auch nicht so gut wie auf den großen Nachbarinseln; daher ist die Zahl der Rentner im Valle Gran Rey eher gering. In La Calera gibt es ein Gesundheitszentrum, das rund um die Uhr mit mindestens einem Arzt besetzt ist[78]. In der Inselhauptstadt San Sebastian befindet sich ein Krankenhaus, in das ein Patient, wenn es schnell gehen muß, auch mal mit dem Hubschrauber vom Valle Gran Rey transportiert werden kann, wie dies beim Herzinfarkt eines deutschen Rentners geschehen mußte.

> Gabi: „Finden sie die ärztliche Versorgung hier im Tal nicht problematisch? Von einigen habe ich gehört, daß sie aus diesem Grund die Insel verlassen haben, um auf Teneriffa zu leben."
> Gerda: „Das geht ja jetzt. Da oben ist Tag und Nacht jemand... Und es ist ja praktisch auch viel billiger als in Deutschland. Wenn ich ein Rezept habe und gehe in die Apotheke, ich zahl keinen Pfennig. Ist egal wieviel der Arzt verschrieben hat. In Deutschland muß ich zuzahlen und sowieso. Die erzählen immer es wäre jetzt so teuer. Das geht über meine Rentenversicherung, aber ich bin hier gemeldet und hab hier die Karte. Was sie hier nicht zahlen, das ist die Brille und der Zahnarzt. Deshalb laufen hier die Einheimischen mit so schlechten Zähnen rum." (Interview mit Gerda: 28.10.1999)

---

[78] Im Jahr 2001, kurz vor Fertigstellung dieser Arbeit, hat im Valle Gran Rey ein deutsches Ärztezentrum eröffnet.

Obwohl die deutschen Rentner nicht sehr zahlreich sind, grenzen sie sich auch zum Teil untereinander ab. Da sie weder für die Spanier noch für Deutsche eine Konkurrenz sind, gibt es auch keinen Neid. Die Beziehungen zu den Einheimischen sind aufgrund der Sprachbarriere nicht sehr tiefgehend, aber doch harmonisch, wie das nachfolgende Beispiel zeigt:

Marta: „Wir hatten früher ein Boot gehabt und sind jeden Tag aufs Meer zum Fischen. Und dann hat man die Fischer kennengelernt, und wir haben da wirklich ein sehr gutes Verhältnis. Ja, ein sehr gutes Verhältnis zu denen, den Alten. Bis man eingeladen wurde ins Haus, das ging aber mindestens fünf Jahre. Das gibt's hier nicht, daß man eingeladen wird ins Haus. Aber dann haben wir ein paar so Familien, mit denen sind wir sehr gut befreundet. Die sind hilfsbereit, wenn mal was passiert, wenn man krank wird. Also da sind sie immer da. Er hatte mal den Fuß gebrochen, ja wer war da, die amigos. Die haben geholfen."

Hans: „Und die Deutschen lassen sich kaum sehen... Wir haben mehr spanische Freunde wie deutsche. Wir distanzieren uns wirklich, wie die Einheimischen von den Deutschen. Ich will mal so sagen, wenn zehn Deutsche kommen, dann sind zwei rechte Leut', die andere sind so Abenteurer, haben bankrott gemacht in Deutschland, oder legen das Geld, daß das Finanzamt nicht dahinter kommt, dann legen sie das Geld hier an. Und dann weiß man ja schon, was das für Typen sind. Da vorne sitzen sie auf der Mauer, sechs, sieben Stück, mit einer Bierflasche in der Hand..."

Marta: „Also die Gomeraner, die wo mir kennet, also da kennet mir nur gute. Also die helfen uns und so." (Interview mit Marta und Hans: 07.11.1999)

Helmut: „Hier unten reden wir auch mit den Nachbarn, aber mehr braucht man hier unten eigentlich nicht. Man muß einen guten Kontakt zu den Fischern haben, das heißt, wir reden mit den Fischern am Hafen. Und daß man sich grüßt und einen kleinen Austausch macht, aber wir kommen nicht zusammen in der Familie, oder daß man sagt, wir feiern zusammen. Sondern nur, daß man miteinander spricht. Oder natürlich auch Hilfe bekommt, wenn man irgendwas wissen möchte. Oder die ganzen Behördengeschichten."

Gabi: „Und damit kommen sie dann klar? Obwohl sie ja sagten, daß sie gar kein Spanisch sprechen."

Helmut: „Man muß einfach losplappern. Und wenn man fünf Sätze gesprochen hat, und man hat fünf Worte verstanden und guckt dem andern dabei in die Augen, dann weiß man, was er gemeint hat. Und wenn dann Zweifel sind, dann fragt man nochmal nach. Aber das Wesentliche hat man im Sack. Und dann – mir reicht das." (Interview mit Helmut und Inge: 09.11.1999)

Es besteht also von Seiten der deutschen Rentner ein relativ guter Kontakt zu den älteren Einheimischen. Das sind häufig die Fischer oder auch die Bauern in den Bergen. Sie gehen offensichtlich aufeinander zu, obwohl eine Sprachproblem besteht. Vielleicht kann dies auch damit begründet werden, daß die älteren Migranten das einfache Leben, wie es die einheimischen Gomeros heute oft noch führen, aus eigener Lebenserfahrung kennen. So hörte ich auch mehr als einmal, das sei hier zum Teil noch so „wie bei uns früher".

## 6.4.7    Einzelfälle

Obwohl sich keiner der deutschen Migranten gerne in eine der Kategorien einreihen läßt und die meisten von sich sagen „ich gehöre in keine Gruppe", so hilft einem die Erstellung dieser Kategorien, den deutschen Raum in seiner Gesamtheit zu erfassen. Trotzdem ist es auch mir schwer gefallen, alle Migranten einer Kategorie zuzuordnen. Daher möchte ich an dieser Stelle noch ein paar Einzelfälle darstellen.

Da ist zum Beispiel ein Ehepaar im mittleren Alter, das sich ein 10.400 m² großes Grundstück gepachtet hat, um auf dem Anwesen hinter dem Hafenviertel Vueltas oberhalb der Finca Argayall einen biologischen Obst- und Gemüsegarten anzulegen. Mit Hilfe von einheimischen Mitarbeitern wurde in eineinhalb Jahren aus dem Geröllhang „Rosa de la Dama" eine 2.500 m² große Terrassenanlage geschaffen. Nachdem zunächst Freunde und Bekannte zur Besichtigung kamen, wurde der „Fruchtgarten Argaga" 1994 für den Tourismus zugänglich gemacht. Bei der Teilnahme an einer Führung durch den tropischen Obstgarten konnte ich ein kurzes Gespräch mit den Besitzern führen:

„Wir haben die Zivilisation gehabt und gemerkt, daß zwei Drittel davon überflüssig sind. Jetzt wollen wir in der Natur leben. Aber nehmen sie uns nicht als Beispiel für deutsche Migranten. Wir sind die verrücktesten Vögel, die es hier weit und breit gibt." (Feldnotizen 27.12.1996)

Auch „Capitano Claudio", der seine Enclave im Hafenviertel Vueltas gefunden hat, wo er mit seiner spanischen Frau lebt und „halb Hemingway, halb Käpt'n Blaubär..." (Reuter 1998) seinen Angelladen betreibt, läßt sich nicht so recht einordnen. Er verkauft Bootsausflüge an Touristen und gibt den Valle-Boten heraus, um sich seine Beobachtungen aus dem „Tal des großen Königs" von der Seele zu schreiben. Claudio lebt vom Tourismus. Er gehört zu den Leuten, die vor 15 Jahren auf die Insel kamen. Nach einer Weltumsegelung mit der eigenen Segelyacht, kam er an der Insel La Gomera vorbei und war der Meinung : „Hier ist die Welt noch in Ordnung, hier ist ein Paradies, Gott sei Dank haben wir diese ganze Scheiße hinter uns." (Feldnotizen 15.10.99) Daß sich so ein Geheimtip vom Paradies schnell rumspricht und einen Tourismus in Gang setzt, der einen enormen Wandel mit sich bringt, das musste er allerdings auch erkennen.

## 6.4.8 Zusammenfassung

Die deutschen Migranten im Valle Gran Rey bilden keine homogene Gruppe. Die Unterscheidung in Frauen in binationalen Partnerschaften, Geschäftsleute, Freaks, Esoteriker, El Guru Gruppe und Rentner, habe ich aus den Informationen meiner Informanten getroffen, weil es innerhalb der einzelnen Gruppen eine stärkere Vernetzung gibt als zwischen den Gruppen. Die Gestaltung des Alltags, gemeinsame Interessen und eine ähnliche Integration, tragen zur Bildung dieser Kategorien bei.

Obwohl zwischen den Kategorien Abgrenzungstendenzen zu erkennen sind, gibt es natürlich auch Überschneidungen. So kann eine deutsche Migrantin mit einem gomerischen Partner selbstverständlich auch Geschäftsfrau sein, oder eine Person aus der Esoteriker-Szene mit einem Gomero zusammenleben. Einzelfälle die sich nur schwer zuordnen lassen habe ich ebenfalls vorgestellt. Ich möchte aber erwähnen, daß sich keiner meiner Informaten gerne einer Kategorie zuordnen ließ. Die gemeinsamen Merkmale wurden zwar als solche anerkannt, dennoch betonten die meisten, daß sie demnach zu einer Kategorie gehörten, sich aber dennoch nicht unbedingt als der Gruppe zugehörig fühlten.

Vielmehr gibt die Unterscheidung in Kategorien die Möglichkeit, einen Überblick über den deutschen Raum im Valle Gran Rey zu gewinnen, und ihn zu untergliedern, um die jeweiligen Lebensentwürfe und somit Erwartungen an die Migration, wie auch die Berührungspunkte mit der einheimischen Bevölkerung und untereinander deutlicher herauszustellen. Denn diese Berührungspunkte bilden die „**social**

**relations"** der deutschen Migranten und die sind nach Rupprecht eine Dimension, die bei der Erhebung von Lebensqualität berücksichtigt werden sollte. (vgl. Kap. 2.3) Zweifelsohne führt die Zufriedenheit mit den vorhandenen sozialen Beziehungen zu einer positiven Einschätzung der persönlichen Lebensqualität in der Migration.

## 6.5     Alltagsbewältigung / Soziale Kontakte

Der Begriff Alltagsbewältigung umfaßt ein weites Feld, und einige Punkte, die dazugehören, habe ich bereits in vorhergehenden Kapiteln behandelt. Trotzdem gibt es noch Aspekte, die bisher nicht untergebracht werden konnten, die aber für die Bewältigung des Alltags der deutschen Migranten, und somit auch für die Lebensqualität des Einzelnen auf der Urlaubsinsel La Gomera von Bedeutung sind.

### 6.5.1     Zwischenmenschliche Verbindlichkeiten

Ein Punkt, der den sozialen Alltag beeinflußt, ist die große Fluktuation, die seit einigen Jahren unter den deutschen Migranten herrscht. Die meisten bleiben zwei bis drei Jahre, dann gehen sie wieder. Es entwickeln sich Beziehungen und Freundschaften, die sich beim Anwachsen der räumlichen Distanz nur schwer aufrechterhalten lassen und meistens wieder zerbrechen. Das ist für viele, vor allem für Deutsche, die schon länger auf der Insel leben und auch entschlossen sind, noch länger auf La Gomera zu bleiben, oft eine sehr unbefriedigende Situation. So erzählte mir eine deutsche Frau, die seit zehn Jahren im Valle Gran Rey lebt, daß sie wieder nach Deutschland zurückkehren wird, weil sie es leid sei, keine beständige Beziehung eingehen zu können. Das sei im Valle nicht möglich, weil die meisten immer wieder weggingen.

Menschliche Defizite wie das Alleinsein sind ein großes Thema im Valle Gran Rey. Viele sind einsam, vermissen Freunde und vielleicht auch die Familie. Die Frage der Zugehörigkeit zu anderen Menschen im Tal ist für den Einzelnen oft schwer zu beantworten.

Gabi: „Und hast du das Gefühl, daß du Freunde hier im Tal hast?"

Carola: „Ja, schon, also wenige. Weil die meisten sind für eine Weile da, und dann hauen sie wieder ab. Und es ist begrenzt. Man ist für begrenzte Zeit mit jemandem zusammen und dann kommt wieder jemand Neues. Es ist nicht durchgehend, daß ich sagen könnte... Eine gute Freundin von mir, die ist zum Beispiel weg. Die ist ein ganzes Jahr weg. Die ist nach Amerika gegangen. Die macht da einen Kurs, und ist auch in Deutschland um zu arbeiten, und Geld zu verdienen. Ja und dann ist es manchmal schade. Das ist manchmal nicht einfach hier, damit klarzukommen."

Gabi: „Das glaube ich dir, das habe ich schon öfter gehört."

Carola: „Aber trotzdem find' ichs interessant auch, weil man lernt viele nette Leute kennen. Das ist sehr offen hier. Obwohl ich manchmal denke, das ist auch ein bißchen Show hier. Weil viele Leute sind auf Urlaub hier, sind alle gut drauf, sind eigentlich oft nicht so, wie sie wirklich sind. Das ist dann wie Disney-World. Aber Gott sei dank sind nicht alle Leute so. Es sind trotzdem immer wieder welche dabei, mit denen du auf einer Wellenlänge bist." (Interview mit Carola: 14.11.1999)

Neben der großen Fluktuation ist für einige Migranten auch die große Distanz zu ihren Freunden in Deutschland ein Problem, denn nur wenige haben genügend Geld, um sich jedes Jahr einen Urlaub in Deutschland leisten zu können. Selbst der 150,- Mark teure Ausflug nach Teneriffa ist für einige nicht zu finanzieren. Andere können sich nicht einmal mehr einen Rückflug nach Deutschland leisten, weil ihre finanzielle Situation es nicht erlaubt.

Gabi: „Wie wichtig ist dir denn deine Familie und deine Kontakte nach Deutschland?"

Jens: „Das ist ein großes Thema. Also das was ich am meisten vermisse, das ist der Freundeskreis, weil den kannst du nicht exportieren. Du kommst ja hierher und bist dann quasi alleine. Ich kannte ein paar Leute durch die Urlaube, so die Szenenwirte: ‚Hallöchen wieder da!' Und es ist unheimlich schwierig, den Kontakt aufrecht zu halten. Weil du doch recht weit weg bist... Du bist in einem anderen Leben. Du bist völlig raus. Es gibt keine Spontantreffs mehr. Kein Kuchenessen, kein Kaffeetrinken, keine Geburtstagseinladungen mehr. Zuhause ist es ja so, du hast einen Freundeskreis und einer macht mal eine Party oder so, das fällt hier aus. Hier ist es so, daß man in der Regel zusammen essen geht. Es gibt wenige Einladungen in Häuser, weil die meisten Leute nur Apartamentos haben, die sind dann auch nicht aufgeräumt. Man geht abends zusammen essen. Al-

so auch unsere Freunde. Man geht eigentlich immer essen. Man ruft sich an, ‚gehen wir heute abend essen‘, und dann tut man das. Und dann wird zwei Stunden geklönt, beim Essen, und das hat auch was. Das ist auch schön.“
Gabi: „Und vermißt du deinen Freundeskreis?“
Jens: „Ja, ja, also einige. ...“
Gabi: „Und kommen die ab und zu zu Besuch?“
Jens: „Ja, aber selten. Weil viele haben jetzt Familie, und alle die Kinder haben und auch noch berufstätig sind, die haben nicht die Zeit und auch die Kohle nicht... Aber es ist so, wenn die dann da sind, dann habe ich oft auch nicht soviel Zeit, weil ich meinen Job dann machen muß. Was ich vermisse, sind so richtig freundschaftliche Beziehungen auf der Insel. So tiefgehende, freundschaftliche Beziehungen. Das dauert wahrscheinlich Jahre bis es dazu kommt. Weil hier viele auch sehr viel zu tun haben, einfach um das Leben zu sichern. Dann hast du auch die Ruhe gar nicht. Wenn du jemanden fragst, hast du Zeit, na ja gut, die helfen einem dann, aber das ist nicht so wie in Deutschland. Viele arbeiten in der Gastronomie, arbeiten abends oder am Wochenende...“
Gabi: „Ja, viele sagen, daß sie in Deutschland intensivere Freundschaften haben. Viele sagen, du triffst laufend Leute, aber es bleibt eher auf der Oberfläche.“
Jens: „Ja, es ist ein bißchen wie Campus. Du kennst jeden zweiten, grüßt alle.“ (Interview mit Jens: 27.10.1999)

Die sozialen Kontakte der deutschen Migranten im Valle Gran Rey haben also häufig eine andere Qualität, als das in Deutschland der Fall war oder ist. Das liegt aber nicht nur an der Fluktuation der deutschen Migranten, sondern auch daran, daß das Valle Gran Rey ein Urlaubsort ist. Neben den Kontakten zu anderen deutschen Migranten und den kaum vorhandenen zu den Gomeros, gibt es noch die sozialen Kontakte zu den Urlaubern. Eine Informantin beklagt, daß die Touristen sich oft nicht so zeigten, wie sie wirklich sind, weil sie eben Urlaub hätten, s.o. Die Beziehungen seien oft oberflächlich, fast wie in einer künstlichen Welt.

„Du existierst hier im Bewußtsein der Menschen, wenn du auftauchst. Wenn du nicht mehr auftauchst, dann bist du auch nicht existent. Du kannst in die Kneipe kommen, alle freuen sich tierisch, aber wenn du drei Monate nicht kommst, fällt es auch keinem auf. Verabreden gibt es hier auch nicht. Wo willst du dich hier auch verabreden. In den ganzen ungemütlichen Wohnzimmern, da kannste ja nicht drin sitzen. Du hältst dich ja meistens draußen auf." (Interview mit Pia: 11.12.1996)

„Grundsätzlich haben wir nicht so einen dicken, engen Kontakt. Und nicht so einen großen Freundeskreis, daß man sich so besucht, wie das in Deutschland so ist. Das passiert hier gar nicht. Man trifft sich eher draußen. Weil wir auch alle arbeiten, und abends hat man die Kinder zuhause." (Interview mit Bärbel: 27.01.1997)

Nach diesen Aussagen ist zu schließen, daß nicht nur die Qualität der sozialen Kontakte eine andere ist, als in Deutschland, sondern aufgrund der äußerlichen Gegebenheiten wie zum Beispiel Wohnsituation und Arbeitszeit ebenso die Art und Weise der Kontaktpflege.

Der Residentenclub, auch „Resi-Club" genannt, wurde im Oktober 1999 von zwei deutschen Residenten im Valle Gran Rey mit der Absicht gegründet, eine stärkere Vernetzung der Deutschen im Tal zu bewirken. Außerdem gab es für Veranstaltungen im Kulturzentrum und diverse Dienstleistungen „Resi-Rabatte". Zur Aktivierung des Netzwerkes sollten regelmäßig „Resi-Parties" steigen. Die Meinungen unter den Deutschen über diesen neu gegründeten Club waren kontrovers.

„Ja, ich bin Mitglied im Resi-Club. Obwohl ich das ja nicht nur gut finde, weißt du, dann sagen die Spanier wieder, die da oben in der Galeria. Die Deutschen da oben. Und mein Mann ist ja Gomero. Der Club-Gründer hat ja nur mit Deutschen zu tun. Aber wenn du mit 'nem Spanier lebst, ist das was anderes" (Gespräch mit Nele: 23.10.1999).

„Und dieser Resi-Club. Also damit will ich nichts zu tun haben. Die sind ja lieb und nett, aber mir ist das ganze nicht so geheuer. So 'ne deutsche Versammlung hier... Mit den Deutschen will ich nicht viel zu tun haben. Da sind mir zuviele „Fertige" dabei. Die sind freundlich und nett, wenn sie was von dir wollen, ob materielle oder psychologische Hilfe, und nächstes Mal kennen sie dich nicht (Gespräch mit Gertraud: 6.11.1999).

Ich schreibe diese Information zum „Resi-Club" in der Vergangenheitsform, denn noch vor der Fertigstellung dieser Dissertation war der „Resi-Club" aufgelöst worden, da die beiden Initiatoren die Insel verlassen hatten, um wieder in Deutschland zu leben. Offensichtlich war das Interesse an einer Weiterführung dieses Clubs, der ja auch ein Forum für die deutschen Migranten im Tal hätte sein können, nicht groß genug, was auch ein Hinweis darauf ist, daß es kaum Zusammengehörigkeitsvorstellung aller Deutschen im Valle Gran Rey gibt.

### 6.5.2 Fehlende Rückzugsmöglichkeit

Die Offenheit und Lockerheit der menschlichen Kontakte führt dazu, daß es sehr viele Kontakte gibt, die aber in der Regel sehr oberflächlich sind. Sie kann aber auch bewirken, daß eine Person das Gefühl hat, sich nicht zurückziehen zu können.

„Du gehst hier aus der Wohnung raus und schon triffst du jemanden, den du kennst. Die Urlauber haben ja auch immer Zeit, und so plauderst du hier mal, da trinkst du einen Kaffee. Da mußt du aufpassen, sonst kommst du nicht zu dir. Hier mußt du dich abgrenzen. Ich merke es momentan, daß ich kaum Zeit für meine Kinder habe." (Gespräch mit Anke: 17.10.1999)

Die fehlende Rückzugsmöglichkeit, das Gefühl nicht mehr zu ihrer Mitte zu finden, war für eine Remigrantin ein Hauptgrund, das Valle Gran Rey nach drei Jahren wieder zu verlassen, um in Deutschland zu leben (vgl. Kapitel 8). Für andere wiederum ist es der Grund, aus dem Valle hinauf in die Berge zu ziehen, wie Anna und Peter, die mit ihrem Kind mitten im Lorbeerwald ein Lokal - das „Wirtshaus im Cedro" – betreiben, „...weil man sich im Valle einfach nirgends zurückziehen kann". (Vgl. Reuter 1998)

Einige Menschen betrachten es aber auch als positiv, daß sie schnell Kontakte finden:

„In Deutschland sitzt man halt die meiste Zeit in der Wohnung, also wenn man jetzt alleinerziehende Mutter ist und keine Arbeit hat, weil das Kind noch zu klein ist. Dann hockst du in der Wohnung, und dann setzt du dich ans Telefon und telefonierst erstmal rum. Wer hat heute Zeit? Wer macht heute was? So, und hier gehst du nur mal kurz einkaufen und triffst andauernd wen. Und du hast deine Kontakte. Während, wenn ich in Deutschland einfach nur so rumziehe, da treffe ich niemanden, und es ist viel schwieriger in Deutschland, auch neue Menschen kennenzulernen, während du hier ständig irgendwo, irgendwen kennenlernst... Und das hat schon auch eine Lebensqualität. Man ist offener. Andere Menschen sind offener." (Interview mit 25.10.1999)

Ein Faktor, der die Tatsache der fehlenden Rückzugsmöglichkeit beeinflußt ist sicher auch das ständig warme Klima. Ein großer Teil des Lebens spielt sich draußen ab, am Strand, auf der Promenade und in den Cafés. Ein weiterer Faktor ist die durchaus überschaubare Zahl von Migranten und Einwohnern. Es sind zuviele, um jeden persönlich zu kennen, aber wer längere Zeit im Valle Gran Rey lebt, sich also aufgrund seiner Aufenthaltsdauer vom Touristen unterscheidet, der wird nicht anonym bleiben. Er wird wahrgenommen und wie mir eine Informantin mitteilte in der Regel auch bald zum Gegenstand für Klatsch und Tratsch. Letzteres kann schließlich dazu führen, sich stark abzugrenzen.

## 6.5.3    Zusammenfassung

Verbindliche soziale Kontakte, „**social relations**", die für die Lebensqualität eines Menschen von Bedeutung sind, gestalten sich im Valle Gran Rey oft schwierig. Das liegt zum Teil an der großen Fluktuation der deutschen Migranten, aber auch an der Tatsache, daß La Gomera eine Urlaubsinsel ist. Der lässige, unverbindliche Umgang, der zunächst für viele verlockend erscheinen mag, erweist sich nach längerem Aufenthalt für die Gestaltung des persönlichen sozialen Umfeldes als unbefriedigend.

Hier wird auch wieder deutlich, daß Lebensqualität ein Prozeß ist, der sich verändert. Während viele die Oberflächlichkeit der Kontakte, das schnelle, unverbindliche Kennenlernen zu Beginn ihres Aufenthaltes noch als positive Lebensqualität empfinden, kann gerade dieser Punkt nach einigen Jahren zu einer Beeinträchtigung der Lebensqualität führen.

## 6.6  Verhaltensweisen in interethnischen Ehen

Die binationalen Beziehungen oder Ehen bringen eine gewisse Problematik mit sich, wenngleich die deutschen Migrantinnen aus diesen Beziehungen in die spanischen Familien eingebunden sind. Wenn es eine Frau schafft, die Normen der spanischen Männer und Familien zu akzeptieren, ist der Alltag für sie einfacher, als wenn sie sich dagegen auflehnt.

„Diese soziale Kontrolle ist schlimmer als in einem Dorf in Bayern. Und wenn man mit einem Einheimischen zusammen ist, wie ich, dann ist das noch viel schlimmer. Da ist die Familie, die Nachbarn. Und ich muß ja Rücksicht auf meinen Mann nehmen, das will ich auch. Ich könnte nicht einfach mit irgendeinem fremden Mann auf der Terrasse Kaffee trinken. Das geht einfach nicht. Diese ganzen Normen, die mußt du erst akzeptieren, sonst geht die Beziehung in die Brüche. Hier sagt dir nämlich keiner was ins Gesicht, das kommt dann irgendwann von hinten." (Interview mit Bettina: 9.12.1996)

„... es gibt alle möglichen Regeln und Verhaltenskodexe, was eine Frau tun und lassen muß. Das hat sich in den letzten Jahren etwas gebessert, seit hier viel mehr Menschen kommen, die anders leben. Das hat sich ein wenig angeglichen, aber in den ersten Jahren hat mich das viel Arbeit gekostet. Daß ich da immer wieder die Grenzen abstecken mußte und sagen mußte, ja ich verstehe das, ich akzeptiere das, das ist fein wie ihr das macht, aber ich mach das so. Wie gekocht wird; wie man das zu machen hat; oder was eine Frau tagsüber zu tun hat, den Mann zu versorgen. Das ist ein großes Thema gewesen. Auch bei meinem Mann selber, der auf der einen Seite diesen Kontakt mit einer Ausländerin gesucht hat, weil ihn dieses Anderssein faszinierte, aber gleichzeitig ist er auch in diesem Kontext aufgewachsen, und hat ihn auch, was die Versorgung angeht, seine leibliche und seelische und sexuelle, überhaupt nicht in Frage gestellt. ... Hier geht es knallhart. Du liebst mich, ja oder nein. Wenn du mich liebst, dann tust du bestimmte Sachen für mich, wie waschen, kochen, bügeln. Wenn du mich nicht liebst, dann eben nicht. Ist doch ganz klar. Und dann stehst du da mit deinem ganzen theoretischen Gebäude und deinem Romantizismus, der auch hier so geweckt wird, mit diesen Sonnenuntergängen, usw. und spanischen, musischen Klängen, und dann kommt der Mann nach Hause und dann ist das Essen nicht auf dem Tisch... ja, und nun." (Interview mit Conny:28.01.1997)[79]

Es entstehen also in den binationalen Partnerschaften häufig Konflikte aufgrund unterschiedlicher kulturell geprägter Erwartungen und Vorstellungen. Einige Frauen gehen diesen Konflikten aus dem Weg, indem sie sich anpassen und die eigenen Grenzen verschieben. Andere beharren auf ihren Werten, wodurch es zu ständigen Krisen in der Partnerschaft kommt.

Ein Beispiel für unterschiedliche, kulturell geprägte Verhaltensweisen ist der Umgang mit der Privatsphäre im eigenen Haus. Wie ich ja bereits erwähnt habe, besuchen sich die Menschen selten zuhause. Hierzu erzählte mir eine Informantin folgende Begebenheit:

> „Hier ist das so: Dein Heim ist heilig. Also die Brüder meines Man-
> nes, die kommen noch nichtmal rein, die bleiben dann an der Tür,
> darf ich mal stören. Das ist nicht so. Das ist hier heilig das Heim.
> Man trifft sich draußen und ja super, und gehen wir mal ein Bier
> trinken, ich lad dich ein und alles prima. Und zuhause ist das so.
> Und ich denke, das ist auch das, was meinem Mann mit unserer
> Tochter neulich so aufgestoßen ist. ‚Ihre Freunde kommen hier ein-
> fach rein und so...' Und ich denke mir da nix bei. Ich bin halt nicht
> so. Und P. hat das völlig aufgeregt, daß der da einfach reinkommt
> und hochgeht. Ich dachte, was hat der denn jetzt, was ist denn jetzt
> los. Das ist hier ganz extrem. Dieses Wort ‚casa ajena'. ‚Ajena' ist
> fremdes Eigentum, das gehört nicht dir. Man geht nicht in ‚casas a-
> jenas' wenn man zu Freunden geht.
> ...Daß da mal einer vorbeikommt, so wie ich jetzt bei dir, da würde
> im Leben keiner auf die Idee kommen. Das sind so Dinge, wo ich
> echt oft aneinanderstoße. Weißt du, das ist für mich so normal, damit
> bin ich aufgewachsen. Und ich merke das in dem Moment oft gar
> nicht. Wo ich dann hinterher denke: ‚Oh, jetzt bin ich wieder einen
> Schritt zu weit gegangen'. Deswegen habe ich auch keine Freunde
> von Gomera. Weil, ich kann ja nicht jeden Abend weggehen, um die
> zu sehen. Und zu mir kommen sie nicht. Und ich geh dann auch
> nicht hin, weil man das nicht macht." (Interview mit Evelyn:
> 14.10.1999)

---

[79] Conny hat sich 1999 von ihrem Mann getrennt und nach siebzehn Jahren die Insel verlassen.

Die Lebensqualität dieser Frauen leidet während der Krisensituationen, wenngleich sie ihr Leben auf der Insel nur selten in Frage stellen, da eine Veränderung der Lebensumstände mit einem großen Aufwand und Belastungen, nicht zuletzt auch für die Kinder, verbunden wäre.

Einen gemeinsamen Freundeskreis gibt es bei den Ehepartnern selten. In der Regel hat die Frau ihren deutschen Freundes- und Bekanntenkreis, der Mann seinen spanischen Freundeskreis.

> Gabi: „Und ist dein Freundeskreis spanisch?"
> Bärbel: „Der ist deutsch. Ich würde sagen, der ist deutsch."
> Gabi: „Und ist dein Mann mit deinem deutschen Freundeskreis zusammen, oder hat er seine eigenen Freunde?"
> Bärbel: „Wir haben jeder so unseren Freundeskreis... Mein Mann trifft sich beim El Palmar[80], das ist die Infozentrale von den Männern, das ist der Männertreff. Die sitzen da immer, da hat er so seine Freunde. Und die Freunde die ich in Deutschland habe, die mal zu Besuch kommen oder in Urlaub, das sind auch seine Freunde. Und spanische Kontakte habe ich auch, aber da ist das noch schwieriger, weil die Frauen alleine ja gar nicht weggehen." (Interview mit Bärbel: 27.01.1997)

Bei einigen Frauen passiert es, daß die Beziehung zerbricht, wenn sie sich mehr Freiheiten nehmen, als dem Mann Recht ist. Die meisten unter ihnen verlassen dann auch die Insel, weil sie die Enge und Nähe nach der gescheiterten Beziehung nicht mehr aushalten wollen (vgl. auch Kapitel 8).

> „Mich hat die Liebe hierherverschlagen. Meine Güte, zu einem Gomero! Das ging aber nach fünf Jahren in die Brüche. Aber ich bin ganz froh, daß die auseinandergegangen ist. Denn ich war eigentlich nie ich selbst. Ich bin in eine Rolle reingekommen, die fand ich am Anfang ganz gut. Aber mit der Zeit, ich hatte gar keine Kontakte zu den anderen mehr.
> Das fing an mit A. Als ich sie kennenlernte. Dann sind wir ab und zu zusammen essen gegangen, und dann fing das schon an. ‚Du alleine!' Dann war er sauer. Und dann fiel mir auf, was mir so fehlt. Er wollte da auch nicht mitmachen. Ich sollte mich ganz anpassen. Das

---

[80] Das El Palmar ist ein Restaurant im Ortsteil Borbalán. Es liegt in einer Bananenplantage an deren Fuß, unweit der Straße ein schattenspendendes Strohdach gebaut ist, worunter sich einfache Sitzgelegenheiten befinden. Der Platz ist ein Treffpunkt der einheimischen Männer.

habe ich auch mit Freude am Anfang gemacht. Ich hab nach seinem Stil gelebt. Bin nicht allein weggegangen, war ständig mit ihm, hatte nur Kontakt zu seinen Freunden." (Interview mit Ulla: 08.01.1997)

Es gibt auch Frauen, die es zunächst zaghaft versuchen, aus der Enge der vom spanischen Partner dominierten Beziehung auszubrechen. Sie halten es nicht länger aus, wollen aber nicht die Beziehung beenden, die vielleicht einmal eine große Liebe war, und aus der gemeinsame Kinder hervorgegangen sind.

„Es ging alles ganz schnell. Meine Kontakte zu den Spaniern entwickelten sich ganz gut, dadurch, daß ich mit ihm zusammen war und nicht alleine hier war... Ich war hauptsächlich mit ihm zusammen. Die anderen Deutschen, die waren damals für mich überhaupt nicht von Bedeutung... Alles andere hat mich nicht interessiert, es war nämlich eine ganz große Liebe. Das ist nun schon fast zehn Jahre her.

Dann hat sich mein Kontakt zu einigen Frauen intensiviert, und dann kam es aber auch relativ schnell zu relativ großen Problemen. Ich muß dazu sagen, daß ich inzwischen eine sehr problematische Beziehung habe. Uns wird immer deutlicher, wie unterschiedlich wir sind. Und nicht nur zwischen Mann und Frau, sondern unsere unterschiedlichen Lebensformen. Und das wird auch der Grund sein, warum wir uns irgendwann trennen werden. Daß ich nicht mehr bereit bin, meine Kultur, meinen Lebensstil weiterhin zurückzunehmen...

Das wird auch von anderen so empfunden. Die Familie ist das Wichtigste. Und Freundinnen, ja, die sind ganz nett. Aber, daß eine Freundin, und für mich ist das so, gleichwertig ist wie der Partner, das ist für mich keine Diskussion, und das sind meine Kämpfe mit meinem Mann, und die habe ich schon zehn Jahre, weil er es nicht akzeptieren kann... Und so sind schon viele Probleme aufgetaucht. Aber das hat sich alles relativiert. Ich sollte sie nicht so häufig treffen, ausgehen ist bis heute noch nicht möglich. Ich weiß, daß viele meiner Kolleginnen, Freundinnen ist vielleicht zuviel gesagt, also deutsche Frauen, die auch hier wohnen, die haben alle die gleichen Probleme, durch die Bank. Der eine härter, der andere weniger. Und ich bin noch eine wo es immer heißt: ,Mein Gott, du hast es so gut, was willst du überhaupt', um dir das mal zu relativieren." (Interview mit Anna: 31.01.1997)[81]

Zu der Problematik in den binationalen Ehen hätte ich gerne auch die spanischen Männer befragt, aber es war mir nicht möglich, differenzierte Aussagen zu erhalten, da ich keine neutrale Gesprächspartnerin war, sondern für die Männer immer eine Freundin der Frau. Es war sogar so, daß ich zum Teil zu den Männern einen ganz freundlichen Kontakt hatte, wenn es aber in der Beziehung kriselte, konnte es passieren, daß sie mich auf der Straße nicht mehr grüßten und mir aus dem Weg gingen.

Es ist aber klar geworden, daß die Männer Beziehungsprobleme nicht sosehr mit den Persönlichkeitsmerkmalen ihrer Partnerin in Verbindung bringen, sondern diese damit begründen, daß sie Deutsche ist. Für die Männer sind die kulturellen Unterschiede, die sich in der Frauenrolle ausdrücken, die Reibungspunkte. Ein spanischer Taxifahrer, der selber noch keine Familie hatte, meinte zu dem Thema nur, daß gemischte Ehen im Valle Gran Rey nicht funktionierten. Er sagte, diese Beziehungen funktionierten nicht, weil die Kulturen einfach zu verschieden seien, und er kenne nur eine Einzige, von der er glaube, daß sie vielleicht funktioniere. Warum das so ist, mag auch persönliche Gründe haben, aber ich hatte mit der von ihm angesprochenen Migrantin ebenfalls ein Gespräch und sie hatte mir mitgeteilt, daß sie, nachdem sie ihren Mann kennengelernt hatte, zuerst wieder zurück nach Deutschland sei, um ihrem Mann die deutsche Kultur näher zu bringen:

„Dann bin ich zurückgegangen, habe mein Anwaltsbüro aufgemacht, hab mich selbständig gemacht... Ja ja, das hatte ich ja immer vor, ich mußte ja arbeiten, das war ich mir schuldig. Und dann ist mein gomerischer Partner nach Deutschland gekommen. Das hatte ich auch so zur Bedingung gemacht. Wir verstehen uns gut, und er wollte unbedingt mit mir zusammenbleiben, und da hab ich gesagt, dann mußt du aber auch sehen wie ich in Deutschland lebe. Und das hat er dann auch gemacht." (Interview mit Bärbel: 27.01.1997)

Seit 1988 lebt das binationale Paar wieder im Valle Gran Rey. Sie haben das Wohnhaus seiner Eltern mit Apartments aufgestockt und eine Familie gegründet.

---

[81] Bei meinem letzten Forschungsaufenthalt 1999 war Anna noch immer mit ihrem gomerischen Partner zusammen. Sie nimmt sich inzwischen die Freiheit, sich auch mal abends mit Freundinnen zu treffen, aber diese Ausgehabende führen häufig zu Auseinandersetzungen mit ihrem Mann.

Der Juristerei in Deutschland habe sie, so die Informantin, noch keine Träne nachgeweint.

### 6.6.1    Zusammenfassung

Ob das Leben im Valle Gran Rey für die Frauen mit spanischen Partnern eine bessere Lebensqualität bietet als in Deutschland, ist, wie in diesem Kapitel erkenntlich, individuell unterschiedlich. Solange die Frau es schafft, sich den Vorstellungen und Normen des spanischen Mannes unterzuordnen, funktioniert eine interethnische Ehe. Sobald sie aber versucht, ihre eigene Rollenerwartung zu verwirklichen, kommt es zu Problemen. Die Alternative, mit dem Partner in Deutschland zu leben, läßt sich oft nur schwer verwirklichen, da es für einen Gomero ohne Deutschkenntnisse wesentlich schwieriger ist, in Deutschland eine Arbeit zu finden, als für die deutsche Frau auf La Gomera. Hinzu kommt, daß die gemeinsamen Kinder im Valle Gran Rey sozialisiert sind und einen Ortswechsel nicht begrüßen würden.

„Ja, mit meinem Mann fühle ich mich hier wohler als in Deutschland. Weil ich hier als Deutsche eher akzeptiert werde, als Spanier in Deutschland. Wir haben Freunde in Hannover. Hannover hat die größte spanische Gemeinde in Deutschland. Und wenn die erzählen, was da abläuft. Das ist schwierig." (Interview mit Simone: 18.10.1999)

Es gibt Frauen, die einen Mittelweg suchen und nach einer Trennung auf eine der Nachbarinseln gehen, zum Beispiel nach La Palma oder Teneriffa. Hier bietet sich für die größeren Kinder auch der Vorteil von besseren Ausbildungsmöglichkeiten oder die Möglichkeit eines Universitätsstudiums.

In diesem Beispiel kommt der dynamische Aspekt von Lebensqualität zum Tragen. Eine „defensive Glückskonstruktion" bietet die Möglichkeit, die Erwartungen - „was soll sein" - zurückzuschrauben, sich den Wünschen des gomerischen Partners anzupassen, um die subjektive Lebensqualität zu erhöhen. Die Frauen, die sich von ihrem gomerischen Partner trennen und danach eventuell die Insel verlassen, nutzen die Möglichkeit der „offensiven Glückskonstruktion", indem sie das tatsächliche – „was ist" – verändern, um ihre subjektive Lebensqualität wieder zu erhöhen.

## 6.7 Migrantenkinder im Valle Gran Rey

### 6.7.1 Deutsche Kinder

Für Kinder, die mit ihren Eltern oder einem Elternteil aus Deutschland migrieren und noch kein Spanisch sprechen, ist es zu Beginn ihres Aufenthaltes nicht einfach. In der Schule werden sie häufig von den spanischen Kindern gehänselt und als „extranjeros" beschimpft. Die Angriffe und Anfeindungen dauern so lange an, bis sie die Sprache beherrschen und sich verbal wehren können, was bei Kindern in der Regel nur wenige Monate dauert. In den vergangenen Jahren ist es aber auch für diese Kinder etwas leichter geworden, weil inzwischen ein nicht geringer Prozentsatz von Schülern Ausländer ist (vgl. Kapitel 6.6.3). Eine alleinerziehende Mutter berichtet:

> „Für die Kinder war das erste Jahr schwer. Für mich auch, aber ich hatte ja immer noch diese Euphorie: Ich bin jetzt an meinem Platz, wo ich sein will. Für die Kinder war das nicht unbedingt der Platz, wo sie sein wollten. Die mußten neue Freunde finden, eine neue Sprache lernen... Das war fürchterlich am Anfang. Mit der Großen, das ging. Für die Kleine war das schlimm. Die hat geschrien, die wollte da (in die Schule) nicht hin. Die war ja erst fünf. Da gab es einen netten Schulpsychologen, mit dem haben wir uns zusammengesetzt. K. (eine deutsche Freundin) hat immer gedolmetscht damals. Das war toll! Ohne K. wäre das viel schwieriger geworden. Das war ganz klasse! Der meinte halt, ich müsse diese Klarheit ausstrahlen. Ich will das jetzt, ich bleibe hier auch, nicht vielleicht. Und wir haben dann eine Eingewöhnungsphase gemacht, und dann war es okay. Und jetzt ist die Kleine total integriert, die Große nicht ganz so. Die kommt auch klar, aber das liegt auch an ihrer Art. Sie ist einfach zurückhaltender." (Interview mit Karla: 13.12.1996)

Eine andere alleinerziehende Mutter, die mit ihren Kindern seit anderthalb Jahren im Valle Gran Rey lebt, erzählt mir, daß ihr zehnjähriger Sohn noch immer große Schwierigkeiten mit seinen Mitschülern in der Klasse habe.

> Gabi: „Und mit dem Spanischen hat er keine Probleme? Kann er Spanisch?"

Lena: „Mittlerweile wird es besser. Er kriegt auch jetzt dreimal die Woche Extraunterricht nachmittags. Das hat ihm sein Vater ermöglicht. Das finde ich gut ...“

Gabi: „Das war ja für ihn bestimmt auch schwer, die Umstellung von Deutschland in diese Schule hier.“

Lena: „Ja, das ist auch nur die Schule. Der ist immer gerne hier gewesen.“

Gabi: „Hat er Probleme in der Schule akzeptiert zu werden?“

Lena: „Also er fühlt sich überhaupt nicht akzeptiert. Er fühlt sich überhaupt nicht akzeptiert. Auch nicht von den Lehrern. Er sagt ganz oft, daß wenn ein anderes spanisches Kind ihn ärgert, daß die Lehrer dann meistens nichts sagen, aber sobald er anfängt sich zu wehren, wird er sofort in die Ecke gestellt oder bestraft. Oder er darf nicht in die Pause. Ja, das hat er mir schon oft erzählt. Und da will ich auch demnächst mal in die Schule, mal fragen, was da los ist. Also er fühlt sich von den Lehrern nicht akzeptiert und von den Schülern nicht.“

Gabi: „Hat er keine Freunde?“

Lena: „Ja, das sind fünf deutsche Kinder. Und die anderen, das ist einfach ein total anderes level. Also ich habe echt keine Vorurteile..., aber wenn man das dann doch so hautnah spürt, und das eigene Kind immer heulend aus der Schule kommt, da wird man dann doch langsam sauer.“ (Interview mit Lena: 25.10.1999)

Eine junge deutsche Frau, deren Eltern schon vor dreißig Jahren ins Valle Gran Rey migrierten, studiert heute in Deutschland. Sie erinnert sich an ihre Schulzeit und das Gefühl, anders zu sein als die anderen Kinder, aber doch gerne dazugehören zu wollen.

Gabi: „Es gibt auch Deutsche, die leiden unter dem ständigen Gefühl unerwünscht zu sein.“

Susanne: „Ja, sowas habe ich auch erlebt. In der Schule, daß man manchmal einfach nicht dazugehört, weil die Familienumstände anders sind, man über andere Sachen redet, andere Sachen einfach wichtiger sind. Das war auch eine schwere Zeit. Immer wieder dieses ein bißchen abseits sein. Und immer dazugehören wollen. Weil man auch so anders aussieht. Ich, als so Große, immer blond gewesen. Das war immer so. Ja, das ist eine Deutsche, deswegen sieht sie anders aus.“ (Interview mit Susanne: 21.01.1997)

## 6.7.2  Binationale Kinder

Für die binationalen Kinder, die im Valle Gran Rey geboren und zweisprachig aufgewachsen sind, gibt es keine Sprachprobleme. Trotzdem haben sie es manchmal schwer, weil sie durch ihre Zweisprachigkeit, ihr Aussehen und oft auch eine andere Erziehung auffallen und für die spanischen Kinders anders sind und bleiben.

Eine Informantin hatte zum Beispiel beobachtet, wie die sechsjährige Tochter einer Freundin im Ortsteil Puntilla an einer Gruppe von spanischen Kindern vorbeiging, diese grüßte, und einer der Jungs dann bemerkte: „Es una alemana!" Als die anderen nicht reagierten, bekräftige er seine Aussage mit der Aufforderung, eine „alemana" gefälligst nicht zu grüßen, bis ein anderer Junge dann besänftigend einwarf: „Es una alemana y española!" Meine Informantin hatte sich über die Deutlichkeit der Aussagen der Kinder erschrocken, denn die könne, wie sie glaubte, nicht von den Kindern kommen, sondern das sei von den Eltern anerzogen.

Es scheint einige binationale Kinder zu geben, die sich nach Belieben als spanische oder deutsche Kinder identifizieren können und relativ problemlos in die verschiedenen Rollen schlüpfen, aber das ist nicht bei allen so.

> „Meine Kinder fühlen sich halb und halb. Ja, das ist ein großes Thema auch gewesen. Weil sie natürlich die Auseinandersetzung mit diesem Thema: ich bin Ausländer in diesem Dorf, das haben sie mehr in ihrer ersten Phase mitbekommen, als sie noch klein waren. In der Zeit waren manche Nachbarinnen, ältere Frauen, nicht immer zimperlich mit ihren Bemerkungen. – Ach die kleinen Ausländerinnen, sind die nicht süß –. Ein durchweg freundlicher Ton, aber die Kinder fanden das nicht schön. Sie hatten große Schwierigkeiten in der Zeit, sich zu definieren, wo sie hingehören. Meine Tochter war damals drei und kriegte regelrechte Krisen, die hat sich vor mir hingestellt und hat gesagt: Und wenn wir auf die Straße gehen, sprichst du nicht deutsch mit mir. Ich will nur spanisch reden. Die hatte Mühe gehabt, sich selbst zu finden, und ihren Platz zu finden. Sie stand zwischen den Stühlen." (Interview mit Conny: 28.01.1997)

Eine andere Informantin berichtete mir von ihrem Sohn, der auf keinen Fall deutsch sein wollte, wohl auch, weil die Kinder ihn beim Spielen als „Ausländer" oder „Blonder" betitelten. Er wollte immer gern so sein wie die anderen.

„Und die Kinder sind auch das Einzige was mich hier hält. B. (der Sohn) ist so fest eingebunden, der leidet unwahrscheinlich darunter, sein Leben lang schon, daß er eine deutsche Mutter hat. Ganz extrem. Er hat also... der hat sich als kleiner Junge die Haare mit Schuhcreme schwarz gefärbt, also ganz übel ..."
Gabi: „Hat dein Sohn dann nur einen spanischen Freundeskreis?"
„Ja nur. Der will absolut nichts mit Deutschen zu tun haben... Er spricht kein deutsch. Aber er versteht alles... Für mich ist die Sprache auch nichts Intellektuelles sondern etwas Emotionales, und B. hat da so darunter gelitten, unter dem Zweisprachigen. Weil er immer diesen Konflikt hatte zwischen den beiden Ländern und Kulturen. Der wollte immer nicht nach Deutschland fahren, hat hier meine Eltern, alle deutschen Besucher wirklich tätig angegriffen, wirklich ganz agressiv. Also ganz extrem. Ich fand das ganz schlimm! Und dann hat mir eine Freundin erzählt, und das hat mir auch geholfen, auch ihn besser zu verstehen, – du mußt mal hören, wie die Kinder mit dem umgehen –. Der ist schon mit dreieinhalb Jahren los, der ist immer mit spanischen Kindern zusammen. Ganz früher war das nicht so extrem.
Aber heute, in der Klasse, wenn da Deutsche sind, und die Lehrerin fragt, kannst du mir mal helfen, die spricht noch kein Spanisch, und du kannst doch Deutsch? Dann nein, sagt er auf spanisch: ‚No, no puedo, yo no!' Der hat sich ganz stark abgegrenzt." (Interview mit Anna: 31.01.1997)

Auf die Bedeutung der Sprache als ethnisches Merkmal weißt auch Kahrmann in ihrer Studie hin. Die Muttersprache sei die Sprache der Verwandtschaft und über sie würde das Ethnizitätskonzept weitergegeben (1995:29f). Die zweite Sprache sei die Sprache der Fremden, und ein Verlust der Muttersprache führe zu einem enormen Verlust an ethnischer Identität.

Nach Van den Berghe ist Sprache „ein mächtiges Vehikel für emotionelle Kommunikation". Die zweite Sprache, oder die Lingua franca, kann zwar perfekt beherrscht werden, aber die Muttersprache, die in der Kindheit erlernt wurde, bleibt weiterhin die „humane Sprache" und erlaubt eine ungehinderte Kommunikation von menschlichen Emotionen und Botschaften (Van den Berghe 1981:39).

Es gibt unter den Kindern deutscher Migranten im Valle Gran Rey auch die Variante, bei der das Kind sich gerne mit der deutschen Seite seiner Herkunft identifiziert, wie eine Informantin es mit ihrer Tochter erlebt. Wobei es sicher

kein Zufall ist, daß im vorangegangenen Beispiel der Junge sich mit der väterlichen Seite, also der spanischen Seite identifizieren wollte[82], während im nachfolgenden Beispiel es die Tochter ist, die sich mit der mütterlichen, also der deutschen Seite identifiziert. Es ist allerdings anzumerken, daß dieses Kind geboren
wurde, als bereits etliche gemischte und deutsche Kinder im Valle Gran Rey
lebten. Diese Kinder, die sich mehr Deutsch als Spanisch fühlen, haben seit dem
Anwachsen der deutschen Bevölkerung im Tal die Möglichkeit, sich mit deutschen Freunden zu umgeben.

„Meine Tochter hat es leicht in der Schule, aber sie fühlt sich mehr
Deutsch als Spanisch. Sie redet immer von den spanischen Kindern.
Ich sag dann, du bist doch auch Spanisch."
Gabi: „Das ist ja interessant, obwohl sie hier geboren ist?"
„Ja, weil sie auch sehr gut deutsch spricht, und sie mag alles Deutsche. Sie liebt den Urlaub in Deutschland und den Schnee, und sie
fühlt sich mehr als Deutsche. Weil ich ihr von Anfang an vermittelt
hab, daß ihr das Deutsche viele Möglichkeiten bietet. Weil, als das
Kind geboren war, war meine Angst, die will nachher nicht deutsch
sprechen. Und da hab ich immer ganz positiv geredet. Und mit meinem Mann habe ich auch darüber geredet, und für ihn war das klar,
das Kind spricht zwei Sprachen. Das wollte er auch gerne. Das ist
längst nicht klar für alle Männer – hier bin ich der Mann im Haus,
hier wird spanisch gesprochen – das ist längst nicht klar. Aber er hat
das auch voll akzeptiert.
... Und meiner Tochter hat es nichts ausgemacht, daß sie ein bißchen
anders ist, weil sie dadurch auch ein paar Vorteile hatte. Ich hab ihr
immer gesagt, guck mal, bei uns kommt der Weihnachtsmann und
Los Reyes[83] und der Nikolaus auch noch. Und dann fahren wir nach
Deutschland, und dann kann sie da tolle Sachen machen, und dann
hat sie da Freundinnen, mit denen sie dann auch sprechen kann; und
Ponyreiten,und daher fühlt sie sich sehr als Deutsche. Und sie hat ei-

---

[82] Jungen identifizieren sich mit ihrem Vater, um ihr eigenes Geschlecht zu finden. Diese
Identifikation ist von vielen Idealisierungen und Wunschbildern durchsetzt. Jeder Junge wird
alles daransetzen, seinen Vater als den tollsten der Welt zu sehen (Schnack/Neutzling
1990:33). Um sich selber zu definieren, muß ein Junge sich von der Mutter abgrenzen. Je
weniger ihm einfällt, sich gegen seine Mutter zu behaupten, umsoeher wird er auf die Idee
kommen, seine Mutter abzuwerten. Mädchen können ihre Identität finden, indem sie sich mit
der Mutter identifizieren (ebd. 16f).
[83] In Spanien ist es Tradition, daß die Geschenke nicht wie in Deutschland zu Weihnachten
überreicht werden, sondern am sechsten Januar, „Los Reyes", dem Tag der heiligen drei
Könige.

nen sehr guten deutschen Wortschatz, weil ich auch immer viel mit ihr gelesen habe und viel geredet.
... Und sie spielt gerne mit Kindern, mit denen sie deutsch reden kann ... In der Pause sind die mit den deutschen Kindern zusammen. Und das hat glaube ich mit der Sprache zu tun und auch ein bißchen mit der Art wie die spielen. Das kann ich aber nicht genau erklären. Vielleicht auch ein bißchen das Aussehen...
Also sie fühlt sich mehr als Deutsche, und da bin ich Schuld dran. Ein bißchen bedauere ich das. Meine Angst war da so groß, daß sie das Deutsche ablehnt. Und deswegen, ich will ja hier nicht, daß sie das Spanische ablehnt, aber ich denke, vielleicht hätte man das doch nicht so forcieren sollen." (Interview mit Bärbel: 27.01.1997)

Für die binationalen Kinder ist es wie in diesem Kapitel aufgezeigt wurde einfacher, von den einheimischen Kindern akzeptiert zu werden. Sie haben keine Sprachprobleme und können sich mit beiden Seiten ihrer Herkunft, also mit der spanischen oder der deutschen Seite identifizieren. Trotzdem ist deutlich geworden, daß eine Wahlmöglichkeit nur bedingt vorhanden ist, da die Kinder zum einen geschlechtsspezifisch geprägt sind, zum anderen aber auch durch die Erziehungsschwerpunkte der Eltern beeinflußt werden können.

6.7.3       Die Schule „Nereida Díaz Abreu"

Im nachfolgenden Kapitel werde ich die Schule im Valle Gran Rey beschreiben, denn sie ist für die deutschen Migrantenkinder ein wichtiger Lebensraum, wo sie ab dem dritten Lebensjahr acht Stunden täglich verbringen.

Wie bereits erwähnt, gibt es eine kleinere Schule in Guadá, im oberen Teil des Valle Gran Rey und das Colegio Nacional „Nereida Díaz Abreu" im Ortsteil Borbalán. Die Schule in Borbalán wurde zum Zeitpunkt meines letzten Gesprächs mit der Schuldirektorin am 12. November 1999 von 281 Schülern im Alter von drei bis siebzehn Jahren besucht.

Nach einer Aufstellung, die allerdings noch auf der Schülerzahl des Schuljahres 1998/1999 basiert, sind 19,7 Prozent der Schüler Ausländer. Das waren in der mir zugänglichen Liste – „Listado de alumnos extranjeros" – 51 Kinder. Diese

Zahl umfaßt allerdings auch die binationalen Kinder und interessanterweise auch die spanischen Kinder vom Festland. Eine Informantin hatte mir gegenüber bereits erwähnt, daß die Kinder der Halbinsel[84] es auch nicht immer leicht mit den einheimischen Kindern hätten. Im Valle Gran Rey finden sich Abgrenzungsmechanismen nicht nur in der Abgrenzung von Einheimischen zu Deutschen, sondern es existiert auch eine Abgrenzung der Gomeros zu den Festlandspaniern und den Bewohnern der Nachbarinseln. Dies wirkt sich natürlich auch auf die Kinder aus.

> „Oben in Guada passiert es auch den Kindern, die vom Festland kommen. Die sind Spanier und haben trotzdem Probleme. Immer wurden die beiden Kinder von meiner Freundin malträtiert. Die Lehrer können oftmals gar nichts machen." (Evelyn: 07.12.1996)

> Von den 51 Kindern sind 25 deutsch, 9 kommen aus gemischten deutsch/spanischen Familien, 6 Kinder sind vom Festland, die verbleibenden 11 stammen aus Kuba, Venezuela, Brasilien, Marokko, England und Frankreich. Aufgrund dieses erhöhten Anteils von Ausländerkindern an der Schule folgten im Herbst 1999 vier Lehrerinnen einer Einladung der kanarischen Regierung zur Teilnahme an einer Tagung mit dem Thema „Multikulturalität an der Schule". Die Tagung fand in Las Palmas auf Gran Canaria statt. Das Ziel dieser Veranstaltung war es, den Lehrern Möglichkeiten vorzustellen, wie sie die Integration der Schüler verschiedener Nationalitäten an kanarischen Schulen verbessern könnten.

So hat die Schule in Borbalán für das Schuljahr 1999/2000 das erste „Proyecto Pluricultural" eingeführt. Das Projekt soll zu mehr Akzeptanz und mehr Respekt gegenüber den unterschiedlichen Kulturen beitragen.

> „Die einheimische Bevölkerung fürchtet, daß die Fremden ihre Arbeitsplätze wegnehmen. Sie haben eine schlechte Meinung von den Ausländern. Das ist ein großes Problem. Es soll in unserem „Projecto Pluricultural" nicht nur Folklore präsentiert werden. In erster Linie soll es zu mehr Verständnis und Respekt führen." (Gespräch mit der Lehrerin Maria Eugenia: 12.11.1999)

---

[84] Auf La Gomera werden die Festlandspanier immer als Spanier von der Halbinsel, der „península" bezeichnet und auch klar abgegrenzt. „Die kommt nicht von hier, die ist von der „península".

Während meines Besuches in der Schule im November 1999 gab es noch kein konkretes Konzept für das Projekt, aber folgende Aktivitäten waren angedacht und in Planung:

1. Elternvorträge in den Klassen
2. Schautafeln in der Aula, auf denen die einzelnen Länder vorgestellt werden sollen
3. Projekt Weihnachten
5. Videopräsentationen der verschiedenen Länder und Kulturen
4. Kulturwochen wie zum Beispiel: Semana alemana oder semana italiana
5. Das Einstudieren von Liedern aus den verschiedenen Ländern oder Provinzen Spaniens
6. Die Zubereitung verschiedener Gerichte und Speisen aus anderen Kulturen gemeinsam mit den Kindern

Die Ziele des Projektes werden von der Schulleitung in einer schriftlichen Ausarbeitung wie folgt zusammengefaßt[85]:

„Mit diesem Projekt möchten wir die Unterrichtsqualität für die Schüler mit einer anderen Sprache und einer anderen Kultur als der unseren verbessern. Dafür müssen wir es zulassen, daß alle verschiedenen Kulturen in unsere Schule kommen, und wir soviel wie möglich von ihnen lernen, ohne unsere eigene Identität zu verlieren. Wichtigste Ziele:
1. Ein akzeptables Niveau von Verständnis und Ausdruck der spanischen Sprache zu erreichen, im Mündlichen ebenso wie im Schriftli-

---

[85] „Con este proyecto pretendemos mejorar la calidad de enseñanza de los alumnos con un idioma y cultura diferente a la nuestra. Para ello, debemos permitir que entren todo tipo de culturas en nuestra escuela y aprender todo lo que podamos de ellas, sin perder nunca nuestra propia identidad.
Objetivos Generales:
1. Adquirir un aceptable nivel de comprensión y expresión, tanto oral como escrito, de la lengua española que le permita conseguir con facilidad todos los objetivos.
2. Adquirir un aceptable nivel de comprensión y expresión, tanto oral como escrito, de la lengua extranjera.
3. Comunicarse con sus compañeros/as del centro y con todas aquellas personas con las que se relacione.
4. Conocer y aceptar una nueva cultura para ampliar sus fronteras culturales, respetando siempre la suya propia.
5. Desarrollar una actitud que permita „dare y recibir", sin aplastar a las culturas que entran en relación con la nuestra."

chen, das es erlaubt, mit Leichtigkeit den verschiedenen Fächern zu folgen.
2. Ein akzeptables Niveau von Verständis und Ausdruck der fremden Sprache, im Mündlichen wie im Schriftlichen zu erlangen.
3. Die Verständigung mit den Mitschülern der Schule, ebenso wie mit den anderen mit ihnen in Verbindung stehenden Personen.
4. Das Akzeptieren und Kennenlernen einer neuen Kultur, die eigenen kulturellen Grenzen erweiternd, aber immer die eigene Kultur respektierend.
5. Eine Haltung entwickeln, die ein ‚Geben und Nehmen' erlaubt, ohne die Kulturen, die in eine Beziehung mit der Unseren treten, zu vernichten."

Wie hieraus zu ersehen ist, besteht auf jeden Fall ein Handlungsbedarf am „Colegio Nereida Díaz Abreu". Das Valle Gran Rey ist die Gemeinde La Gomeras mit dem größten Bevölkerungswachstum, was auf die Zunahme der sich im Tal ansiedelnden Migranten zurückzuführen ist.

Das schwerwiegendste Hindernis, die kulturellen Barrieren zu überwinden, ist nach Meinung der Schulleitung die Sprache. Die Sprachprobleme führen nicht nur zu Schwierigkeiten bei den sozialen Kontakten, sondern auch zu einer Verzögerung in der Entwicklung schulischer Leistungen. Am Colegio findet der Unterricht nur auf Spanisch statt, manchmal helfen die Kinder sich aber untereinander in ihrer eigenen Sprache.

„Die deutschen Kinder, die wir hier haben, bilden ihre Gruppe. Sie sind sehr vereint, auch in der Klasse präsentieren sie sich gemeinsam...Was passiert ist, daß sie sich schützen möchten. Um sich besser zu fühlen, reden sie untereinander deutsch. Im Unterricht reden wir spanisch." (Interview mit einer Lehrerin: 20.02.1997)


6.7.4     Zusammenfassung


Aus den Beispielen ist deutlich geworden, daß die deutschen Kinder bei der Ankunft auf der Insel große Anpassungsschwierigkeiten haben, die sie aber in der Regel im Laufe der Zeit überwinden.

Kinder leben sehr stark gegenwartsbezogen. Das Kleinkind erlebt seine Umwelt vorwiegend unter dem Gesichtspunkt seiner eigenen Wünsche und Bedürfnisse. Es ist noch nicht in der Lage, Personen und Gegenstände seiner Umwelt losgelöst von seinen eigenen Bedürfnissen unter mehr objektiven Gesichtspunkten zu betrachten. Man spricht daher auch von einem egozentrischen Weltbild des Kleinkindes. (Nickel/Schmidt 1980:35). Beim Kleinkind findet kein Bewertungsprozeß statt, in dem temporale oder soziale Vergleiche herangezogen werden. Sie sind nicht in der Lage, das Leben auf La Gomera mit dem Leben in Deutschland zu vergleichen und zu bewerten. Erst im Laufe des Vorschulalters löst es sich allmählich aus der Ichbezogenheit seiner Umwelterfahrung und entwickelt eine mehr wirklichkeitsbezogene Grundeinstellung (ebd. 35f).

Etwas anderes ist es für die deutschen Eltern bzw. Mütter, die in Problemsituationen mit den Kindern mitleiden und ihre eigenen Entscheidungen aufgrund der Situation ihrer Kinder unter Umständen in Frage stellen, oder deren eigene Wünsche in den Hintergrund treten, weil sich sich nach den Bedürfnissen ihrer Kinder richten. Für die Erhebung der Lebensqualität in der Migration bedeutet dies eine Beeinträchtigung der Dimension „**Psychological well-being**", also dem psychischen Wohlbefinden, das in Stimmungen meßbar ist.

Daß die Situation der Kinder konfliktbeladen sein kann, zeigt sich an dem von der Schule erkannten Handlungsbedarf, und an den auf eine bessere Integration und Akzeptanz der ausländischen Kinder ausgerichteten Projekte, sowie an den Aussagen deutscher Mütter.

## 6.8 Kontakte zu Gomeros

### 6.8.1 Im Privatleben

Außer den deutschen Frauen mit spanischen Partnern, die über ihre Familie Kontakte zu den Einheimischen haben, gibt es in der Regel kaum verbindliche Berührungspunkte zwischen deutschen Migranten und Gomeros. Da ist vielleicht der Kontakt zum Vermieter oder zur Verkäuferin im Supermarkt, mit der man ein paar Worte wechselt, aber Freundschaften zwischen deutschen Migranten und Gomeros gibt es fast keine.

„Mit den Beziehungen zu den Einheimischen, da bin ich mittlerweile auch ein bißchen entmutigt. Zum einen ist natürlich die Sprache eine Grenze, daß ich über ein bestimmtes Level einfach nicht hinwegkomme. Zum anderen liegt es aber auch daran, daß die hier ein anderes Verständnis von Freundschaft und Verbindlichkeit haben. Die Themen sind hier auch andere. Die Themen sind hier Familie und auch Heiraten, Kinder, Auto kaufen; hier gibt es auch nicht so eine linke Szene, so eine Studentenszene, die einfach einen anderen Horizont hat. Die Frauen von der Sprachschule hier, das sind alles Frauen von der Península. Das sind Frauen, mit denen kann ich mich auch unterhalten. Das sind einfach andere Frauen... die lesen Zeitung, die haben auch andere Gedanken im Kopf. Mit denen hier kann ich einfach nicht viel anfangen." (Interview mit Pia: 11.12.1996)

„Die Kontakte, die ich zu den spanischen Nachbarn habe, die sind eher oberflächlich. Die kann ich nicht als Freunde in dem Sinne bezeichnen. Das sind Nachbarn. Und hier oben im Dorf, hab ich keine Probleme mit den Nachbarn... Das ist freundlich und nett, aber nicht sehr tiefgehend. Mehr so, wie ist das Wetter? Wie geht es den Kindern? Wann kommen Oma und Opa mal wieder zu Besuch?" (Interview mit Karla: 13.12.1996)

„Dann kann ich ja mit den Kontakten anfangen. Die sind bei mir mehr oder weniger nicht vorhanden. Ich kann auch ganz schlecht Spanisch. Nur ganz wenig. Obwohl ich jetzt zwei Jahre hier bin. Und es beschränkt sich im Grunde so auf ein paar Worte mit der

Vermieterin und der Nachbarin, und dann halt eher über das Kind. Oder im Supermarkt, daß man da mal ein paar Worte wechselt. Aber das ist eigentlich alles." (Interview mit Annette: 04.01.1997)

Einige Deutsche sind zunächst enttäuscht darüber, daß es so schwierig zu sein scheint, einen engeren Kontakt zur spanischen Bevölkerung zu bekommen. Manch einer ist dabei, der gerne spanisch reden würde oder mehr von der anderen Kultur kennenlernen möchte. In der Regel ist es nach Aussagen deutscher Migranten bei den Gomeros aber so, daß sie enge Beziehungen nur innerhalb der Familie haben. Innige Freundschaften außerhalb der Verwandschaft, wie wir das kennen, sind sehr selten.

„Es ist traurig, und das habe ich am Anfang auch gemerkt. Also was heißt am Anfang... So spanische Freundinnen in meinem Alter zu kriegen, da gibt es nur ganz wenige, die überhaupt Interesse haben, mit mir zu reden. Ich hab ja auch Kontakte durch die Schule, zu den Müttern teilweise, aber das ist alles mehr in Richtung Deutsche. Die spanischen Frauen oder so, die lassen auch niemanden an sich ran. Es ist auch hier nicht so, daß die ihren Freunden viel erzählen. Das bleibt alles in der Familie. Auch unter den Spaniern selbst. Es scheint nicht so die Freundschaften zu geben. Die besuchen sich auch abends überhaupt nicht. Ich war hier ziemlich alleine dadurch, sehr alleine." (Interview mit Irena: 09.01.1997)

„Kontakte zu den Gomeros? Normalerweise haben es die Frauen leichter. Viele deutsche Frauen sind ja mit Gomeros verheiratet. Für Männer ist es wesentlich schwieriger. Da sind halt meine Nachbarn und Vermieter... Das ist eben so. Bestimmte Volksgruppen grenzen sich eben ab. Das ist das Gleiche wie mit den Türken in Berlin. Die schließen sich doch auch zusammen. Das ist doch normal. Das ist eben eine andere Kultur... Bei denen ihren Fiestas, da spielen immer die gleichen Bands, da hat sich in den ganzen Jahren nicht viel getan... Da entsteht einfach keine Symbiose." (Interview mit Thomas: 05.12.1996)

Grundsätzlich ist es also so, daß die deutschen Migranten zunächst offen sind für Kontakte zu Gomeros, diese sich dann aber im Alltag nicht entwickeln. Deutsche Frauen finden mit spanischen Frauen wenig gemeinsame Gesprächsthemen, die spanischen Männer empfinden sie oft als aufdringlich. Immer wieder wird mir gesagt, daß die verheirateten Männer abends losgingen in Kneipen und Diskotheken, um Touristinnen „anzumachen". Die spanischen Frauen dürfen nicht alleine weg und müssen sich damit abfinden. Ich bin aufgrund meiner persönlichen Situation, der Feldforschung mit der Familie, bzw. den Kindern, abends nur wenig unterwegs gewesen, aber meine täglichen Begegnungen und Kontakte zu Spaniern bestätigen mir diese Aussage. Deutsche Männer haben wenig Kontakt zu spanischen Frauen, denn die sind bis auf wenige Ausnahmen sehr behütet und dürfen, wie erwähnt, kaum alleine ausgehen. Auch die Existenz von Männerfreundschaften ist mir nicht bekannt geworden.

> „Also es ist nicht so, daß ich grundsätzlich die Gomeros ablehne. Es gibt auch welche, die sind mir sympathisch und wiegesagt, ich hatte auch schon zwei gomerianische Freunde. Was aber letztendlich dann auch problematisch war. Also ich lehne sie nicht ab, aber was ich bisher erfahren habe, da denke ich immer, also nee, auf so ein Theater habe ich keine Lust. Da bin ich doch schon lange drüberhinweg. Das wäre dann für mich nochmal vier Schritte zurück oder so. Und dann auch so im Zwischenmenschlichen. Ich habe auch nicht so ein Thema mit denen. Also so der Intelligenzhorizont oder so, sage ich mal ganz brutal... ich hab mit denen einfach nichts zu reden." (Interview mit Lena: 25.10.1999)

### 6.8.2    In der Öffentlichkeit

Orte und Plätze, an denen sich Deutsche und Spanier begegnen, gibt es nur wenige. Eine Gelegenheit, während meines ersten Feldforschungsaufenthaltes, war die Weihnachtsfeier des Colegio Nereida Díaz Abreu im „Casa de la Cultura", dem spanischen Kulturzentrum im Ortsteil La Calera. Hier saßen spanische sowie deutsche Eltern in den Reihen und verfolgten stolz die Wort- und Gesangsbeiträge ihrer Sprößlinge. Die kulturellen Grenzen schienen sich für einige Momente aufzulösen. Auch beim anschließenden Zusammensein, mit Kaffee und Kuchen auf dem Vorplatz des Kulturzentrums, fand ein, wie es schien, reger Austausch unter den Eltern statt.[86]

Ein in Vueltas stattfindender Weihnachtsmarkt entwickelte sich leider nicht zu einem Ort interkultureller Begegnung. Ich hatte gehofft, eine Gelegenheit für eine

---

[86] Eine Informantin berichtete mir von einer deutsch-spanischen Frauengruppe, die vor einigen Jahren nach der Vergewaltigung einer Touristin im Valle Gran Rey gegründet wurde. Die Aktivitäten der Gruppe seien aber bereits nach wenigen Wochen wieder im Sande verlaufen.

Begegnung zu finden, aber die Besucher waren fast nur Deutsche. Obwohl die Mitinitiatorin des Marktes eine Einheimische war, die allerdings einige Jahre in Berlin gelebt hatte, war für die Gomeros ein Weihnachtsmarkt etwas Neues und Fremdes, was offensichtlich nicht angenommen wurde (vgl. Anhang III:13,14). Nun ist es aber auch so, daß für die Gomeros Weihnachten nicht die Bedeutung hat wie bei uns in Deutschland. Hier wird das Fest der „Heiligen Drei Könige" als wichtigster Tag zelebriert.

Ähnlich verhielt es sich auch mit dem von deutschen Migranten organisierten Flohmarkt, der monatlich stattfinden sollte. Die Teilnahme war für Deutsche sowie Spanier offen, aber Gomeros kamen nur einige wenige Schaulustige, und so wurde auch diese Veranstaltung bald wieder eingestellt.

Mehr Erfolg hatte eine deutsche Geschäftsfrau mit ihrem Partner im Ortsteil Vueltas. Es war der zweite Versuch, ein Straßenfest mit allen Nachbarn, Deutschen und Gomeros zu veranstalten. „Wir wollten ein Kinderfest mit den Leuten aus der Straße feiern. Viele sind verfeindet und leben nebeneinanderher. Wir wollten etwas zusammen machen, mit allen. Keiner sollte was verdienen, alles war umsonst. Die beiden Lebensmittelläden spendeten Bier und andere Getränke." Und es wurde ein gelungenes Fest. Im ersten Jahr waren die Gomeros noch sehr zurückhaltend und zögerlich, doch im darauffolgenden Jahr, nachdem sie alle persönlich eingeladen waren und es zur Vorbereitung sogar ein Festkommitee gegeben hatte, feierten fast alle mit. Deutsche sowie Gomeros kochten und backten, um ihre Köstlichkeiten anzubieten. Es wurde eine Kinderbelustigung organisiert. Alles was an Essen übrig blieb, wurde dem Pater des katholischen Altenwohnheims in La Calera überbracht. Die Einnahme aus Spenden für Essen und Getränke von DM 2.500,- sollte einem guten Zweck im Kosovo dienen. Wie mir die deutsche Initiatorin des Festes mitteilte, redeten die Gomeros noch tagelang von dem gelungenen Fest; selbst der Pastor hatte es bei seiner nächsten Predigt in der Kirche erwähnt.

Auf Gründe, warum die Spanier häufig nicht zu solchen von Deutschen initiierten Veranstaltungen gehen, werde ich in Kapitel 7.3 eingehen.

6.8.3       Zusammenfassung

Enge Kontakte von deutschen Migranten und Gomeros gibt es kaum. Einzige Ausnahme sind natürlich die gemischten Ehen, wobei auch hier nur ein engerer Kontakt zu den direkten Familienmitgliedern besteht, dieser sich aber nicht auf einen gemeinsamen Freundeskreis ausdehnt.

Bei allen anderen beschränken sich die Kontakte zur einheimischen Bevölkerung auf Begegnungen mit den Vermietern oder den Verkäufern im Supermarkt. Die Gründe hierfür sind zum einen die mangelnden Sprachkenntnisse vieler Migranten, zum anderen aber auch mangelnde gemeinsame Interessen und Gesprächsthemen.

Dieser mangelnde Kontakt zur spanischen Bevölkerung ist für viele Deutsche zunächst eine Enttäuschung, denn sie wären gerne bereit, ihre Spanischkenntnisse zu verbessern, und die Gomeros näher kennenzulernen. Nach längerem Aufenthalt tritt häufig eine Art Resignation ein, die dann in einem negativen Meinungsbild über die einheimische Bevölkerung ihren Ausdruck findet.


**6.9     Kontakte nach Deutschland**


Je länger die Aufenthaltsdauer auf La Gomera, desto schwächer werden in der Regel die Kontakte der Migranten nach Deutschland. Eine Informantin gab an, daß nach elf Jahren Leben auf La Gomera die Kontakte zu den Freunden nach Deutschland weniger intensiv seien. Eine andere Informantin gab im Fragebogen an, daß sie anfangs regelmäßig Kontakte nach Deutschland hatte, die nach zehn Jahren aber immer weniger würden, da auch das soziale Umfeld ein anderes sei und die Gesprächsthemen immer weniger Gemeinsamkeiten aufzeigten.

Laut meiner Umfrage zu den Kontakten nach Deutschland kam ich zu folgendem Ergebnis:

**Tabelle 17:**

| Häufigkeit der Besuche von Freunden und Familie aus Deutschland | |
|---|---|
| Selten | 6 |
| Einmal pro Jahr | 14 |
| Zwei- bis dreimal jährlich | 14 |
| Öfter als dreimal jährlich | 7 |

**Tabelle 18:**

| Häufigkeit der Kontakte per Brief, Telefon oder E-mail nach Deutschland | |
|---|---|
| Selten | 6 |
| Ein- bis zweimal monatlich | 14 |
| Einmal wöchentlich | 7 |
| Zwei- bis dreimal wöchentlich | 9 |
| Fast täglich | 5 |

Die Intensität der Kontakte kann ein Indiz dafür sein, ob es sich bei der Migration um eine permanente Migration handelt, da einige Informanten angaben, daß die Kontakte im Laufe der Jahre abnähmen. Allerdings ist dies nicht als einziges Kriterium ausschlaggebend, denn der Grund für eine schwache Rückbindung ans Heimatland kann auch auf bereits fehlenden sozialen Kontakten, sei es zur Familie oder zu Freunden, vor der Abreise beruhen. (vgl. Kap. 6.1.3)

## 6.10    Integrationsmöglichkeiten

Unter der Integration deutscher Migranten an meinem Untersuchungsort auf La Gomera verstehe ich die soziale Einbindung in den Alltag der einheimischen Bevölkerung. Dazu gehört vor allem ein gegenseitiges Akzeptieren, ein Verständnis für beide Kulturen, ein Bemühen um das Entstehen einer Ganzheit aus den verschiedenen Gruppen und Nationalitäten im Valle Gran Rey.[87]

### 6.10.1    Offenheit

Es gibt für die deutschen Migranten verschiedene Möglichkeiten, sich besser in die einheimische Gesellschaft zu integrieren und akzeptiert zu werden. Grundvoraussetzung ist dabei allerdings auch der Wille, integriert zu sein. Wenn jemand die Haltung vertritt, daß es überflüssig sei, die spanische Sprache zu lernen, da man sich mit den Gomeros sowieso nicht unterhalten könne, oder wenn jemand als deutscher Verleiher seine Fahrräder und Mopeds nicht an Spanier vermietet, mit der Begründung an Ausländer vermiete er nicht, dann gibt es natürlich keine Chance, akzeptiert oder gar integriert zu sein.

„Wir sprechen wenig Spanisch. Wir versuchen uns mit den Leuten auf Englisch zu unterhalten. Nur um hier mit den einfachen Leuten zu reden, dafür brauche ich kein Spanisch zu lernen. Darauf hab ich kein Bock, nur um mich mit denen über den Kartoffelacker zu unterhalten, oder ob es der Ziege gut geht..." (Interview mit Heino: 16.12.1996)

„Die sind hier dumm und ungebildet. Die haben einen Horizont von hier bis zur Wand. Die Gomeros sind die Ostfriesen der Kanaren." (Gespräch mit Marion: 29.10.1999)

---

[87] Ein deutscher Migrant der seit 1985 im Valle Gran Rey lebt, meinte dazu, das sei genauso wie wenn jemand aus München in ein Dorf nach Oberbayern ziehe. Da müsse man ja auch drei Generationen gelebt haben, bevor man anerkannt werden würde.

Diese Beispiele sind Ausnahmen. Die meisten Deutschen erkennen, wie wichtig es ist, offen zu sein, und die Spanier in ihrer Art zu akzeptieren; auch für ihr eigenes Wohlbefinden. Im Gegensatz zu den vorangegangenen Einstellungen antwortet mir eine seit fünfzehn Jahren im Valle Gran Rey lebende Migrantin auf die Frage, was der Einzelne dazu beitragen könne, sich besser zu integrieren, Folgendes:

„... Er sollte die Menschen in seiner näheren Umgebung mit ihrer Art, und wie sie sind, lieben. Und das wird spürbar sein. Und das ist der Kontakt von Mensch zu Mensch. Er kann nicht erwarten, daß die Spanier ihn lieben. Aber die Nachbarin oder die Kollegen... Ganz einfach und gleichzeitig ganz schwer. Es gibt vieles was anders ist, oder schwierig ist zu akzeptieren.
Diese spanischen Hausfrauen, völlig beschmuddelt und bekleckert, die sind nicht so gestylt wie wir Deutschen. Oder dieser ganze Nippes in deren Wohnungen. Wie die es einrichten. Aber so ein Gefühl dafür zu entwickeln, es zu lieben. Die Frau, die darum kämpft zu ü-berleben, denn darum geht es hier noch. Die Menschen sind damit beschäftigt, zu überleben. Jetzt haben sie so ein bißchen Luxus. Sie kriegen so ein bißchen Sahne. Erst hatten sie nur das tägliche Brot, jetzt kriegen sie den Kuchen mit so ein bißchen Sahne obendrauf. Die überfressen sich zur Zeit. Und irgendwann kommt das große Kotzen. Und dann fragen sie sich auch: Wie können wir gesünder leben? Das war doch bei uns auch so.
Aber die sind noch nicht satt. Wenn mein Mann erzählt, wie die auf-gewachsen sind. Der hatte nur ein paar Tennisschuhe, und die durfte er nur sonntags in die Kirche anziehen. Der hat heute noch die ganze untere Haut von den Füßen ist Hornhaut. Die sind immer barfuß rumgelaufen. Der hatte nur zwei Hosen, eine kurze und eine lan-ge...Wenn man das unseren Kindern erzählt, die im Wohlstand auf-wachsen, das ist unvorstellbar." (Interview mit Conny: 28.01.1997)

Immer wieder wurde mir gesagt, daß die Gomeros sehr sensibel seien und ein Gespür dafür hätten, ob eine Person sie mag oder nicht. Ebensohäufig höre ich aber auch von den Gomeros, daß die Deutschen sie nicht mögen und sehr kalt seien (vgl. Kapitel 8).

„Wir haben, als wir die Idee hatten, uns selbständig zu machen, gleich einen Steuerberater gesucht, einen Gomero. Und nachdem wir mit dem alles durchgesprochen hatten, da wußte hier sowieso jeder Bescheid. Und als wir zum Ayuntamiento kamen, oder irgendwelche

Papiere brauchten, da wußten die gleich Bescheid, und es war überhaupt kein Problem. Du mußt die Leute hier beschäftigen. Die wollen gefragt werden. Die Deutschen wollen immer alles alleine machen und können. Das mögen die Spanier nicht..., wenn du alles besser weißt, das mögen sie überhaupt nicht!" (Gespräch mit Silvia: 12.12.1996)

Wie ich gezeigt habe, scheint es für deutsche Migranten durchaus möglich, aktiv daran zu arbeiten, von den Gomeros akzeptiert zu werden. Sei es durch Offenheit und Interesse gegenüber ihrer gomerischen Lebensweise oder durch eine Einbindung der Gomeros in die eigenen Geschäftsinteressen und damit die Ermöglichung der Teilnahme an der deutschen Lebensart.

### 6.10.2    Sprache

Eine wichtige Voraussetzung, um von den Gomeros akzeptiert und verstanden zu werden, ist die Beherrschung der Sprache. Deutschen Frauen mit spanischen Partnern oder Kindern fällt das Erlernen des Spanischen leichter, da sie täglich auf den Gebrauch der Sprache angewiesen sind. Andere leben seit einigen Jahren auf der Insel, finden aber aufgrund der Einbindung in Haushalt und Berufstätigkeit, oder auch wegen mangelnder Kontakte zu Gomeros, nur sehr langsam einen Zugang zu der neuen Sprache.

„Ja, für mich hängt sich das immer an der Sprache auf... Ich würde immer erst bei der Sprache ansetzen. Wenn du die Sprache nicht kannst, kannst du dich sowieso nicht integrieren. Wenn du irgendwo bist und immer nur die Hälfte verstehst, oder gar nichts, oder auch nicht sagen kannst was du willst. Also ich kann einkaufen gehen, und ich kann ins Restaurant gehen. Diese alltäglichen Sachen kann ich. Darüber hinaus kann ich eigentlich nichts. Und ich mein, dann kann ich mich auch nicht beschweren, daß ich nicht integriert bin." (Interview mit Annette: 04.01.1997)

Aber auch wenn eine deutsche Migrantin die spanische Sprache sehr gut spricht, so teilte mir eine Informantin mit, kann dies unter gewissen Bedingungen nicht ausreichend sein, denn zur Muttersprache wird die Fremdsprache niemals, auch nicht nach vielen Jahren auf der Insel und im Zusammenleben mit den Spaniern (vgl. Kap. 6.6.2).

„Spanisch ist nicht meine Sprache. Es gibt Zeiten, da ist es ganz normal, da rede ich auch tagelang kein deutsch. Aber es gibt Sachen, und das ist meistens, wenn es an meine Emotionen geht, wenn es etwas ist, was mir ganz wichtig ist, so im Haus, und mit Konflikten, und dann rede ich deutsch. Und wenn dann kommt: ‚Mama, sprich doch mal spanisch mit mir!‘, dann könnte ich ausrasten. Dann sage ich: ‚Ich bin Deutsche, und ich kann nicht immer spanisch reden. Und manchmal sage ich auch: ‚Ich hasse dieses Spanisch. Ich kann es nicht mehr hören. Lern Deutsch um mit mir zu sprechen!‘ Das ist vor allem so, wenn ich das Gefühl habe, daß sich alle keine Mühe geben, und daß ich nicht akzeptiert werde als ‚extranjera‘. Und ich bin das, und ich werde es auch immer bleiben. Ich kann doch hier fünfzig Jahre leben, und dann habe ich immer noch meine speziellen Eigenarten und meine Sprache.“ (Interview mit Anna: 31.01.1997)

Eine Spanierin meinte zu dem Thema, es sei für die Deutschen doch auch viel leichter Spanisch zu lernen, als für Gomeros, Deutsch zu lernen. In dieser Bemerkung wird wieder deutlich, daß sich die Gomeros oft unterlegen und benachteiligt fühlen („Gomerans associate with exploited people.....“ /Shally:1985) Es werden im Valle Gran Rey auch Deutschkurse für Spanier angeboten und es besteht die Möglichkeit, Sprachkurse am Radio zu verfolgen.

Reina: „Die Deutschen können ganz schnell Spanisch reden. Wir nicht! Spanisch ist viel einfacher.“
Gabi: „Spanisch ist leichter als Deutsch?“
Reina: „Klar, na klar!“
Gabi: „Aber Spanisch ist doch auch nicht so leicht. Es gibt soviele unregelmäßige Verben.“
Reina: „Ja, ja, aber du redest hier mit mir. Ich kann nicht mir dir reden (lacht).“ (Interview mit Reina: 19.01.1997)

Nach meiner qualitativen Untersuchung schätzen die 41 befragten deutschen Migranten ihre spanischen Sprachkenntnisse folgendermaßen ein:

**Tabelle 19:**

| Sprachkenntnisse der deutschen Migranten im Valle Gran Rey | |
|---|---|
| Sehr gut | 3 |
| Gut | 12 |
| Ausreichend | 18 |
| Gering | 3 |
| Sehr gering | 5 |

6.10.3     Sitten und Gebräuche

Mit wenigen Ausnahmen sind die deutschen Migranten, mit denen ich Kontakt hatte, bereit, auf die Sitten und Gebräuche der Gomeros Rücksicht zu nehmen, auch wenn das zum Teil eine Einschränkung ihrer gewohnten Freiheit bedeutet.

Ein immer wieder angesprochener Punkt ist das Nacktbaden am Strand. Es gibt, wie bereits erwähnt, die Playa Ingles, an der FKK inzwischen von allen geduldet wird, trotzdem baden viele Touristinnen und deutsche Migranten auch an den Dorfstränden oben ohne.

> Gabi: „Hast du das Gefühl, daß du Rücksicht auf die Spanier neh-
> men müßtest, oder machst du das?"
> Pia: „Ja, das tue ich schon. Ich versuche einfach, deren Grenzen zu
> respektieren. Zum Beispiel das Nacktbaden hier am Playa oder auch
> im Hafen. Das sind Dorfplätze, da kommen auch die Jugendlichen
> hin. Das ist die Dorfmitte, daß sich die Leute da nackt hinlegen. Die
> Fischer, die stehen ein paar Meter weiter, die leben da schon seit
> Jahren, das wird nicht respektiert.
> Oder die Klamotten, daß ich mich nicht so ausgeflippt anziehe, was
> weiß ich, ein durchsichtiges Teil anziehe. Das sind so Kleinigkei-
> ten... Wenn ich auf Fiestas gehe, ich würde niemals mit ‚nem Mini-
> rock auf ‚ne Fiesta gehen."
> (Interview mit Pia: 11.12.1996)

Auch im Alltag wird im Bezug auf das Äußere von einigen deutschen Migranten Rücksicht auf die Gewohnheiten und Erwartungen der spanischen Bevölkerung genommen:

> „Das ist ein Dorf hier, und du kannst einfach nicht von außerhalb kommen, und hier so leben, wie in Berlin in der Wohngemeinschaft. Einfach ein bißchen zurückhaltender und sensibler. Das heißt nicht sich verleugnen. Also wenn das hier so ist, daß die Kinder immer sauber angezogen und frisch geduscht zur Schule gehen, wie alle einheimischen Kinder, dann achte ich doch auch darauf, daß meine Kinder auch so aussehen. Weißt du in Berlin, in der freien Schule, da können sie hingehen wie sie wollen. Aber hier im Dorf werden sie gehänselt und ausgelacht von den anderen Kindern, und blöde Deutsche und so. Also da mußt du dich einfach ein bißchen anpassen. Oder ich könnte mir nie erlauben, unten an der Playa nackt zu baden. Auch nicht an der Playa Ingles. Weil da auch immer Jungs sind, und die kennen uns alle. Das könnte ich mir nicht erlauben. Manche machen das aber. Aber dann sind sie auch schon unten durch, dann werden sie sofort in diese Schublade gesteckt. Ich persönlich habe nichts gegen Nacktbaden, aber es fällt mir auch nicht so schwer, es nicht zu tun. Das ist auch okay für mich." (Interview mit Karla: 13.12.1996)

Eine Rücksichtnahme findet auch in anderen Bereichen statt. Eine Informantin, die im Besitz eines Wagens ist, berichtet wie sie Rücksicht auf die gomerischen Taxifahrer nimmt, damit ihnen keine Geschäft entgeht:

> „Wenn ich z. B. nach San Sebastian mit dem Auto fahre, und gegenüber vom Taxistand stehen Tramper, dann nehme ich die nicht mit, weil die gegenüber von den Taxifahrern stehen. Obwohl es beknackt ist. Es ist etwas, was ich in Deutschand nicht machen würde." (Interview mit Pia: 11.12.1996)

Dies sind Anpassungsmöglichkeiten an die Sitten und Gebräuche der Spanier, die nicht schwer fallen. Schwieriger ist es in den interethnischen Beziehungen, wo eine Frau es sich nicht erlaubt, mit einer Freundin abends alleine auszugehen, oder mit einem männlichen Freund öffentlich auf der Terrasse einen Kaffee zu trinken. (vgl. Kapitel 6.5)

Die größte Geste der Rücksichtnahme war für eine Informantin mit spanischem Partner die Taufe ihrer Kinder. In diesem Fall war es ein Entgegenkommen an die Schwiegermutter, nicht an den Mann:

> „Das größte Zeichen meiner Rücksichtnahme ist, daß ich meine Kinder hab taufen lassen, und S. (die Tochter) ist kommuniert worden. Obwohl ich wirklich völlig dagegen war, und das überhaupt nicht mein Ding ist, hab ich gesagt: ‚Okay ich mach das!' Und S. wollte es auch, aber ich hab auch die beiden Kleinen noch mitgetauft, weil ich denke: ‚O.k. wenn Oma das so haben will, und sie damit glücklicher ist, und sie was weiß ich, den Kindern passiert was und sie dann in geheiligter Erde liegen, das ist mir dann auch wurscht!" (Interview mit Evelyn: 143.10.1999)

Die Religiosität der Gomeros ist etwas, womit deutsche Migranten, in erster Linie solche mit spanischen Partnern, häufig ihre Probleme haben. Viele kritisieren die Doppelmoral, die ihrer Meinung nach hinter der katholischen Fassade stecke:

> „Diese Doppelmoral. Diese furchtbare Doppelmoral. Weißt du, die haben soviel Dreck am Stecken. Weißt du, ich kenn ja wirklich die ganzen Familiengeschichten hier. Also sagen wir mal, von siebzig Prozent der Familien kenne ich die Geschichten. Ich weiß welcher Mann nachts in der Diskothek mit welcher Touristin rumtanzt. Weil ich damals auch noch jede Nacht in der Disco war. Jetzt nicht mehr, aber ich weiß, sie tun es immer noch. Und die haben Frau und Kind zuhause sitzen. Und dann schimpfen sie über die Deutschen, da denke ich: ‚Nee, die haben soviel ihren eigenen Dreck vor der Tür wegzukehren." (Interview mit Evelyn: 07.12.1996)

Auch die deutsche Leiterin eines Kurses für „Jugendliche Mädchen" in der Schule in Borbalán kritisiert die Doppelmoral der Gomeros. In dem Kurs wurden Themen zur Pubertät und Sexualität diskutiert. Von acht Mädchen waren sechs Deutsche, eines Deutsch/Spanisch und ein Kind aus Teneriffa. Das einzige gomerische Mädchen kam nur zu Beginn des Kurses, wurde dann aber wieder vom Vater abgemeldet, mit der Begründung, die Tochter könne ihre Probleme auch zuhause lösen. Die enttäuschte Kursleiterin hierzu: „Diese Doppelmoral, das ärgert mich daran am meisten. Da sitzen die Kinder mittags vor der Glotze, und die vögeln im Fernseher schon um drei Uhr, aber zu so einem Unterricht dürfen die Mädchen dann nicht kommen!"

6.10.4     Arbeit

Für die Gomeros ist es wichtig, daß sie nachvollziehen können, wovon die Deutschen leben. Interessanterweise ist diese Betrachtung generationsunabhängig. Auch jüngere Gomeros sind der Meinung, daß es wichtig sei zu sehen, was einer arbeite, denn „...die sind hier für drei, vier Monate ohne zu arbeiten. Was können das für Leute sein, wenn die nicht arbeiten." (Gespräch mit Alberto: 20.12.1996)

> „Dann finden sie das auch schon wichtig, daß man einer geregelten Arbeit nachgeht, daß man was Richtiges tut. Ich denke, das ist auch ein großer Pluspunkt bei mir, daß sie sehen, ich bin zwar auch hier, aber ich bin nicht so reich, daß ich mir einfach hier so alles kaufen kann; sondern ich muß auch dafür arbeiten. Ich lebe von dem, was ich verdiene. Ich hab nicht irgendwelche Rückhalte." (Interview mit Karla: 13.12.1996)

> „Grundsätzlich bin ich total akzeptiert, weil ich auch so lebe, wie die Leute das hier für richtig halten. Mit Kind und Mann, und ruhig, und man hat seine Arbeit. Ich bin kein Hippie, bin nicht so ein Typ. Mich kennen auch alle Leute im Dorf, die wissen, wo ich hingehöre, und was ich mache." (Interview mit Bärbel: 27.01.1997)

Es gibt allerdings in diesem Punkt einen Widerspruch. Zum einen erwarten die Gomeros, daß eine Person einer regelmäßigen und nachvollziehbaren Arbeit nachgeht, um sie respektieren zu können, zum anderen ist die Situation im Valle Gran Rey aber auch so, daß es einen Konkurrenzkampf um Arbeitsplätze gibt[88]. Der Wohlstand unter der einheimischen Bevölkerung wächst mit dem anwachsenden Tourismus, aber jeder beobachtet genau, wieviel der andere hat und dazugewinnt. Das heißt, eine Arbeit ist wichtig, aber sie darf keinen Neid provozieren – etwas anders ausgedrückt: Arbeiten ist richtig, das gehört sich so, aber zuviel Wohlstand sollte sie nicht bringen!

---

[88] Einige Male ist mir von anonymen Anfeindungen berichtet worden. So von der Besitzerin einer gerade neueröffneten Tauchschule in La Playa: „Gestern ist mir was Seltsames passiert. Wir wollten mit dem Auto losfahren, als irgendwas blockierte. Als wir ausstiegen um nachzusehen, steckte ein etwa 7 cm langer Nagel im Reifen, und als wir ihn rauszogen, war der Reifen natürlich platt. Eigentlich wünschte ich mir, daß der Nagel versehentlich in unseren Reifen gekommen ist. Aber ich kann es mir eigentlich nur schwer vorstellen". (Interview mit Inge: 23.11.1996)

„Die Spanier sind neidisch, weil die Deutschen bessere Geschäftsleute sind. Und was sie manchmal auch nicht verstehen können, wieso die Deutschen so viel Urlaub machen können. Die wissen aber
auch nicht, wie die Deutschen arbeiten. Sehr viel mehr, härter, mit
viel mehr Verantwortung" (Interview mit Bärbel: 27.01.1997).

„Die Engstirnigkeit und Verbohrtheit der Gomeros ist so schlimm.
Ich komme in Deutschland vom Land. Eigentlich will ich mir das
nicht nochmal antun. Der Sozialneid hier ist so schlimm. Jeder hat
Angst, der andere könnte mehr haben. Und so zeigen sie sich gegenseitig an. Anonym natürlich. Das ist hier ganz schlimm" (Gespräch
mit Uta: 14.11.1999).

„Was anderes ist, mit dem anfeinden, klar, daß es auch viel Neid
gibt. Als ich hierhergekommen bin (redeten die Einheimischen über
uns)... und jetzt stocken sie das Haus auf, jetzt machen sie Apartments, die kann deutsch. Ich habe ja immer vermietet, weil ich ja
deutsch kann, mich rufen ja die Leute aus Deutschland an.
Jemand anderes hat mal vielleicht gerade zwei Apartments leer, und
da gibt es dann Feindschaft, schon ganz gut. Das zeigen die mir
nicht, das weiß ich aber. Das sagen die hintenrum. Nicht nur mir,
auch meinem Mann und so. Da ist Neid ganz schön groß.Hier ist der
Neid auf der ganzen Insel, speziell im Valle Gran Rey sowieso, hab
ich auch nicht gewußt, daß das so stark ist. Unter den Spaniern auch.
Nicht nur gegen die Deutschen. Jaja, ich hab das ganz oft erlebt, die
Gomeros haben Minderwertigkeitskomplexe. Alles, was von außen
kommt, ist schon mal besser als sie selber. Und sie geben den Job
doch lieber einem von außen, als dem Gomero selbst. Sie gönnen es
irgendwie doch eher dem Ausländer, daß der das Grundstück kauft,
als daß der Nachbar es kauft, weil dem Nachbarn gönnen sie es ja
nicht. Ja, das ist ganz komisch mit den Gomeros. Die sind gar nicht
so solidarisch. Die sind unheimlich neidisch einer auf den anderen,
und die zeigen sich auch unheimlich gerne gegenseitig an. Jaja, wenn
der da ein Haus baut, dann gehen sie sofort hin. Bei den Spaniern
auch, nicht nur bei den Deutschen" (Interview mit Bärbel:
27.01.1997).[89]

---

[89] Wie weit der Neid geht, zeigte sich auch darin, daß es mir zu Beginn meiner ersten Feldforschung nicht gelang, den Besitzer zweier Bungalows am Rande einer Bananenplantage im
Ortsteil La Playa ausfindig zu machen. Da ich Interesse daran hatte, eines der Häuschen für

--Fortsetzung nächste Seite--

Ein Informant, der die ersten Monate ohne Arbeit im Valle Gran Rey lebte und während der Zeit das Gefühl hatte, nicht von den Einheimischen respektiert zu werden, berichtet mir von seinen Erfahrungen:

„Solange du ihnen nicht ins Revier kommst, sind sie freundlich. Aber wenn du in ihr Revier kommst, dann kriegst du Ärger. Inzwischen arbeite ich seit einem Jahr als Wanderführer... Nun nehme ich keinem Gomero mehr was weg. Ich arbeite mit Touristen. Das gibt Arbeit für die Taxifahrer, für die Busfahrer und für einige Restaurants, wo wir nach den Touren einkehren. Dann ist alles gut! Das merke ich auch schon ganz einfach daran, daß ich auch mal zuerst gegrüßt werde. Vorher war das immer umgekehrt. Du bist denen einfach suspekt, wenn du nicht arbeitest. Die haben hier ihr Leben lang hart gearbeitet, das können die einfach nicht nachvollziehen. Die fahren ja auch nie in Urlaub." (Interview mit Holger: 30.12.1996)

6.10.5    Zusammenfassung

Grundsätzlich gibt es Möglichkeiten für die deutschen Migranten, durch eine gewisse Anpassung an die Lebensweise der einheimischen Bevölkerung, eine bessere Integration zu erreichen. Dazu gehören eine gewisse Offenheit gegenüber der einheimischen Lebensart, das Bemühen um eine Beherrschung der spanischen Sprache und das Akzeptieren der spanischen Sitten und Gebräuche. Aber den persönlichen Möglichkeiten sind Grenzen gesetzt.

Da sind zum einen die äußeren Grenzen, wie in dem Beispiel des deutschen Migranten, der bestätigt, daß die Gomeros es nicht mögen, wenn ein Deutscher keiner geregelten Arbeit nachgeht, aber gleichzeitig auch ein Konkurrenzkampf besteht. Oder die deutsche Frau, die mir sagte, selbst wenn ich zwanzig Jahre hier

---

meinen Aufenthalt zu mieten, fragte ich mehrere gomerische Frauen aus der Nachbarschaft der Bungalows, aber sie gaben an, die Besitzer nicht zu kennen, die seien vielleicht aus Teneriffa. Wie sich später herausstellte, wohnte die deutsche Besitzerin mit ihrem gomerischen Partner direkt unter ihnen. Die Besitzerin: „Die wissen ganz genau wem die gehören. Daß der Neid so weit geht, daß sie nicht einmal sagen wem die gehören, das hätte ich nicht gedacht." (Interview mit Bärbel: 27.01.1997) Auch mich hat soviel Mißgunst wirklich verblüfft.

leben würde, für meine Schwiegermutter wäre ich doch immer noch die Ausländerin.

Und dann gibt es innere Grenzen. Wie weit kann und will ein Mensch seine persönlichen Lebensvorstellungen und Werte verändern, um akzeptiert zu werden? Oder wie weit ist er bereit, seine Werte zu verändern, um sein Leben in der Migration, auf einer sonnigen Insel zu leben. Für manch einen würden weitere Zugeständnisse die Lebensqualität unter Umständen derart einschränken, daß eine Rückkehr nach Deutschland oder ein Übersiedeln auf eine größere Nachbarinsel die angenehmere Alternative sein könnte.

## 7 Die einheimische Bevölkerung im Valle Gran Rey

Im folgenden Kapitel möchte ich die Sichtweise der einheimischen Bevölkerung auf das „Zusammen"- Leben mit einer zunehmenden Zahl deutscher Migranten darstellen. Wie reagieren sie auf den im Valle Gran Rey stattfindenden sozialen und kulturellen Wandel? Von welchen Aspekten des Wandels fühlen sie sich besonders betroffen und wie gehen sie damit um? Wie empfinden sie den Kontakt zur deutschen Bevölkerung im Tal? Die Beantwortung dieser Fragen ist für diese Studie bedeutend, denn die Akzeptanz des sich entwickelnden deutschen Raumes unter der einheimischen Bevölkerung und ihr Verhalten gegenüber den Deutschen kann auch Auswirkungen auf die Lebensqualität der deutschen Migranten haben.

### 7.1 Sozialer und kultureller Wandel

Kultur ist immer im Wandel begriffen durch endogene und/oder durch exogene Einflüsse. Kulturwandel ist ein komplexer und dynamischer Vorgang, der auf freiwillige und erzwungene Kontakte zurückgeht, durch direkten oder indirekten Kulturkontakt bedingt ist, aber auch aus indigenen Antrieben gespeist wird (Liem 1974:5). Für diese Studie ist die Betrachtung des tourismusinduzierten Wandels von Bedeutung, da, wie bereits erwähnt, die deutschen Migranten zunächst als Touristen die Insel besuchten.

Welche Folgen hat es, wenn in einem Dorf von Bauern und Fischern, einem ländlichen, stark durch Traditionen geprägten Umfeld, eine wachsende Gruppe von Migranten einen modernen, nach den sozialen und kulturellen Maßstäben deutscher Großstädte, also einen quasi-urbanen Raum schaffen, zu dem die einheimische Bevölkerung, sei es nun gezwungenermaßen oder freiwillig keinen Zugang findet? Mißverständnisse und Konflikte, die aus dem Nebeneinander beider Räume entstehen, werde ich in diesem Kapitel betrachten.

## 7.1.1 Individuelle Veränderungen

Bei der einheimischen Bevölkerung im Valle Gran Rey ist in Bezug auf die deutschen Migranten eine grundsätzliche Spaltung in zwei gegensätzliche Meinungen zu erkennen. Diejenigen Gomeros, die aus existentiellen Gründen bereits einmal ihre Insel verlassen mußten, um sich ihren Lebensunterhalt in einem anderen Land oder auf einer anderen Insel zu verdienen, sind den deutschen Migranten gegenüber aufgeschlossen und betrachten die wirtschaftliche Entwicklung im Tal als positiv.

Andere wiederum, insbesondere solche, die nicht vom Tourismus leben, haben eine eher negative Sichtweise auf die Tourismus- und Migrationsentwicklung im Tal. Dann gibt es noch die Gruppe, die den wirtschaftlichen Aufschwung im Tal mit Freuden annimmt, es aber lieber sehen würden, wenn die Deutschen nur als Kurzurlauber kämen und nicht als Geschäftsleute und Käufer von Häusern und Grundstücken.

Ein Taxifahrer, der vierzehn Jahre in Venezuela gelebt hatte und sich in Caracas als Eisverkäufer seinen Lebensunterhalt verdienen mußte, ist aufgrund der wirtschaftlichen Verbesserungen glücklich, wieder in seiner Heimat leben zu können. Er findet es gut, daß soviele Deutsche in Valle Gran Rey leben:

> „Wir haben Arbeit durch die Touristen. Warum sollen sie nicht hierherkommen. Ich war doch auch in Venezuela und habe dort gearbeitet. Da hat auch keiner gesagt.'Du bist Gomero, du darfst hier nicht arbeiten!' Wenn die hier arbeiten wollen und hier ihre Steuern zahlen, warum nicht? Ich bin sowieso der Meinung, daß Europa ein einziges Land sein sollte. Viele Spanier sind neidisch auf die Deutschen, die sagen: ‚Die Deutschen haben eine bessere Ausbildung, mehr Möglichkeiten!' Das stimmt so nicht. Wenn du hier arbeiten und was lernen möchtest, kannst du das auch. Meine Tochter, die ist zwölf Jahre, und sie lernt in der Schule, aber auch noch an der Sprachschule Englisch. Sie kann schon sehr gut Englisch. Ich will, daß sie mehrere Sprachen lernt, daß sie später eine gute Arbeit findet. Oder am Radio, da werden auch Kurse angeboten. Oder die Leute können nach Teneriffa gehen, zum Studieren." (Gespräch mit Alejandro: 27.01.1997)

Ganz so einfach wie dieser Mann es darstellt, ist es sicher nicht, aber es ist richtig, daß es auch für Gomeros Ausbildungsmöglichkeiten gibt. Allerdings ist ein Studium auf Teneriffa eine teure Angelegenheit, denn die Kinder brauchen eine Wohnunterkunft, und nicht jede gomerische Familie kann sich ein zweites Apartment auf Teneriffa leisten.

Ebenfalls positiv sieht eine Gomera, die fast zehn Jahre mit ihren Eltern in England gelebt hatte, die Anwesenheit deutscher Migranten. Sie ist im Valle Gran Rey geboren, hat die Insel aber mit neun Jahren verlassen. Heute arbeitet sie an einer Hotelrezeption - eine begehrte Anstellung, die sie aufgrund ihrer Sprachkenntnisse bekommen hat. Ihre Eltern mußten, wie viele andere, die Insel vor zwanzig Jahren verlassen, weil es nicht genügend Arbeit gab. Nun ist sie zufrieden, wieder auf ihrer ruhigen Insel zu leben, mit weniger Stress und weniger Verkehr.

„Wo wären wir ohne den Tourismus, ohne die Deutschen. Zum Beispiel hätten wir kein Licht für unsere Apartments. Und die Arbeit, die wir haben – wenn die Deutschen nicht hier wären, würden wir in den Bananenplantagen, in der Landwirtschaft und der Fischerei arbeiten, und dort verdient man nicht viel. Der deutsche Tourismus bringt Einnahmen... Mir scheint es nicht schlecht, daß die Deutschen Häuser kaufen. Wenigstens restaurieren sie die Häuser. Wenn sie Häuser kaufen, richten sie es mit Sicherheit sehr typisch her. Die Spanier, wir haben keinen Geschmack, um Häuser hübsch zu machen. Wir haben nur Geschmack für eine große Garage, ein Apartment obendrauf und dann noch ein Studio drauf, um dieses an die Deutschen zu vermieten. Daher scheint es mir gut, wenn die Deutschen kaufen, solange sie etwas Typisches daraus machen." (Interview mit Alisa: 30.12.1996)

Es gibt auch Gomeros, die ihrem Unmut gegen die Deutschen mir gegenüber Ausdruck verleihen. Aber es ist selten, denn wie bereits erwähnt, bin ich als Deutsche kein neutraler Gesprächspartner für die Einheimischen. Viele leben vom deutschen Tourismus und hüten ihre Zungen gegenüber einer Ausländerin.

„Die Deutschen wollen nur besitzen, haben, haben, haben. Wenn sie hier ankommen, sind sie freundlich und fragen: ‚Kennen sie eine Finca, die zu verkaufen ist?' Und wenn sie dann gekauft haben, nach drei bis vier Jahren, kennen sie dich nicht mehr. Wir Spanier sind denen nicht gut genug.

Ich werde dir noch eine Geschichte erzählen. Da hat ein Deutscher ein Stück Land gekauft und drei Spanier wohnten neben ihm. Der Deutsche wollte nicht, daß die anderen seinen Weg benutzten[90]. Schließlich hat er einmal einen mit dem Messer angegriffen. Die Polizei hat ihn danach aus dem Land gewiesen. ...Die Deutschen mögen uns nicht. Ich habe kein Problem mit ihnen, aber ich höre sehr viel. Ich habe viele Freunde. Aber wir dürfen nichts sagen, denn wir leben ja von den Deutschen." (Interview mit Carmen: 16.12.1996)

„Es gibt gute und schlechte Deutsche. Ich habe auch Freunde unter den Deutschen und war auch schon mehrmals in Deutschland. Aber die Geschäftsleute, die wollen nichts mit den Spaniern zu tun haben. Die machen nur ihr Geschäft und interessieren sich nicht für uns." (Gespräch mit Francisco: 20.12.1996)

„Die Deutschen wollen mit den Gomeros nichts zu tun haben. Die kommen hierher, weil sie hier nicht soviele Steuern zahlen müssen wie in Deutschland und weil die Sonne scheint... Nein, wir werden uns nicht verstehen, das wird nicht aufhören Wir werden ein geteiltes Volk sein. Eine Hälfte denkt auf spanisch, die andere deutsch." (Interview mit Pablo: 20.12.1996)

## 7.1.2     Allgemeine Veränderungen

Mit dem wachsenden Tourismus hat im Valle Gran Rey ein sehr rascher soziokultureller Wandel stattgefunden. Vor allem ältere Menschen beklagen den Verlust der Ruhe, die wachsende Schnelligkeit im Alltag und auch den Verlust der Traditionen.

---

[90] Viele Gomeros betrachten es als eine negative Veränderung im Tal, dass die deutschen Migranten, wenn sie ein Grundstück erwerben oder ein Haus kaufen, dies mit dem Hinweis „privado" markieren. Auch dass einige von ihnen Mauern um ihre Anwesen bauen und Zäune ziehen ist den Gomeros fremd. „Wir haben nichts zu verstecken", sagte mir eine Informantin, „bei uns gab es das früher nicht."

„Die alten Menschen sehen, daß die Jugend nicht mehr den Traditionen folgt. Sie sehen, daß alles verloren geht. Ich glaube, das ist es, was die Alten fürchten. Keiner folgt mehr der Tradition von vielen Dingen. Trommeln wie früher, singen wie früher, viele Dinge. Ich zum Beispiel, meine Eltern besitzen Land auf dem sie Kartoffeln anbauen und an Weihnachten essen wir ‚ñames'[91]. Ich weiß nicht, wie man sie zubereitet. Meine Mutter hält auch Ziegen, sie weiß wie man Käse herstellt. Ich kann keinen Käse herstellen. Das alles geht verloren." (Interview mit Alisa: 30.12.1996)

Eine deutsche Migrantin, die seit fünfzehn Jahren mit ihrem spanischen Partner im Valle Gran Rey lebt, berichtet:

„Die Insel ist ja erst seit fünfzehn oder zwanzig Jahren am Aufwachen. Da geht vieles schief. Traditionen gehen durcheinander. In Chipude (einem Ort oberhalb des Valle Gran Rey), da werden neue Wohnblöcke gebaut, die werden schnell gebaut, ohne Heizung, und die Leute frieren und sind ständig krank. Früher, da hatten sie Hütten aus dicken Steinen, hinten war die Räucherkammer, vorne die Küche mit dem Herd, um das Haus aufzuheizen. Aber das geht nicht. Die wollen die neuen Dinge, aber müssen erst lernen, damit umzugehen. Das ist wie mit dem Müll. Als ich kam, da gab es hier noch keinen Müll. Damals gab es hier im Tal nur fünf Tante-Emma-Läden mit wenigen Dingen, einer Sorte Käse und so. Meine Schwiegermutter hatte dreizehn Kinder und zog noch zwei Enkelkinder groß. Und die hatte alle zwei Wochen ein wenig Müll, den sie hinten im Garten verbrannte. Den Rest fraßen die Ziegen. Damals gab es noch kein Müllauto. Das kam erst zwei Jahre später." (Interview mit Bettina: 09.12.1996)

Der Müll ist ein großes Problem im Tal und auch auf der gesamten Insel. Viele deutsche Migranten stören sich daran, wie achtlos Müll in der Natur zurückgelassen wird. Wenn sie dann Verbesserungsvorschläge für den Umgang mit Müll machen, wird das von den Gomeros als Bevormundung angesehen.

---

[91]Die „ñames" ist eine kartofelähnliche Frucht aus der Familie der Stabwurzelgewächse. Sie enthält einen Giftstoff, der erst nach stundenlangem Kochen entweicht. Darum werden um Weihnachten und Neujahr viele Feuer draußen angezündet, um die „ñames" auf offenem Feuer zu kochen, bis sie nach etwa zehn- bis zwölfstündiger Garzeit eßbar ist.

„Ja, also wenn ich zum Beispiel sage: ‚Mensch, hier so auf den Sonntag Feuer an und irgendwelche Autoreifen verbrennen, das ist doch nicht möglich. Das verpestet doch die Umwelt. Könnt ihr das nicht in irgendeiner anderen Form entsorgen‘, dann bin ich die Deutsche, die immer alles besser weiß. ‚Wieso, das habt ihr doch vor Jahren auch in Deutschland mal so gemacht. Und jetzt willst du mir erzählen, daß das nicht in Ordnung ist‘.“ (Interview mit Daniela: 24.01.1997)

„Die Spanier beklagen sich über den Dreck in El Guru, über die Hundescheiße. Aber was haben wir hier für einen Müll entsorgt, als wir hier angefangen haben: Batterien, Blech, Dosen, alles Mögliche. Das war eine Müllhalde hier. Das sehen die nicht. Die haben eben eine andere Sichtweise. Hundedreck ist eben schlimmer, weil man den mit in sein Wohnzimmer nimmt, wenn er an den Schuhen klebt.“ (Gespräch mit Wolfgang: 19.12.1996)

### 7.1.3    Zusammenfassung

Für die einheimische Bevölkerung im Valle Gran Rey ist der rasche Wandel zum Teil nur schwer zu akzeptieren. Die Gomeros, die selber einmal aus wirtschaftlichen Gründen auswandern mußten, in Venezuela, Kuba oder auf Teneriffa leben mußten, um sich ihren Lebensunterhalt zu verdienen, können die Veränderungen als positiv begrüßen. Sie sehen die Möglichkeit, außerhalb der Landwirtschaft und Fischerei eine Erwerbsquelle zu finden, als Chance.

Es bestätigt sich an meinem Untersuchungsort, daß die Beschäftigungsart der Bereisten  Einfluß auf deren Wahrnehmung tourismusinduzierter Auswirkungen hat. Gomeros, die durch den Tourismus Geld verdienen, können sich eher mit der Tatsache einer wachsenden Zahl deutscher Migranten abfinden, als Einheimische, die zum Beispiel bei einer Behörde arbeiten, Bauern oder Handwerker sind (vgl. auch Var/Sheldon 1990:288; Liu/Var 1986:201).

Für viele Gomeros aber kam der durch den Tourismus und die Migranten ausgelöste Wandel zu plötzlich. Vor allem die älteren Menschen beklagen, daß sie früher viel mehr Zeit hatten, das Leben heute zu schnell geworden sei.

## 7.2    Negative Folgen der deutschen Zuwanderung für die Gomeros

### 7.2.1    Ansteigen der Grundstückspreise

Viele Gomeros haben das Empfinden, daß inzwischen schon zuviele Deutsche im Valle Gran Rey leben, oder wie ein gomerischer Informant es formulierte: „Sie nehmen zuviel Platz ein!" Trotzdem stehen sie dieser Situation mit einer gewissen Ohnmacht gegenüber.

> „Wir können es nicht aufhalten, daß die Deutschen unser Land kaufen. Das ist Europa. Und die Deutschen können einfach mehr für Grund und Boden zahlen als wir. Die Spanier verkaufen auch vieles oben im Tal, da kann man gar nicht bauen... Die alten Leute verkaufen an Deutsche, da kriegen sie mehr Geld. Und die sagen sich: ‚Ich sterbe sowieso!' Denen ist es egal. Wenn die Kinder weg sind, auf dem Festland, was brauchen die hier noch Land. Denen ist das Geld lieber." (Interview mit Pablo: 20.12.1996)

Eine andere Gomera klagt ihr Leid, weil eine deutsche Familie sich mitten in ihre Finca eingekauft habe, da ein Bruder, der in Venezuela lebt, seinen Anteil verkauft hatte. Und dieser Anteil sei das Mittelstück des Grundstücks. Zwei Millionen Peseten hätten sie dafür bezahlt, für Land, das nichts wert sei, nichts als Steine, auf denen man nichts anbauen könne.

> „Die wollten mitten in unsere Finca. Wir haben da einen Grillplatz, da haben wir uns sonntags mit der Familie getroffen um eine ‚Parillada' (Grillfest) zu machen. Nun haben die eine Mauer um ihr Grundstück gezogen, so hoch, daß wir von unserem Grillplatz nur noch auf die Mauer schauen. Das ist doch nicht nett. Wir haben mit dem Bürgermeister geredet, der sagte auch, die Mauer müsse weg, aber sie haben sie einfach halbfertig stehen lassen. Dabei war ich wie eine Mutter zu der Frau, als sie hierherkam. Sie lebten damals im Campingbus, und fragten wo es Land zu kaufen gäbe. Mein Mann erzählte ihnen, hier gibt es Land zu kaufen und da, Sie konnten unser Wasser benutzen, als sie anfingen zu bauen. Und jetzt haben sie schon soviel Land und wollen sogar noch unsere Finca." (Gespräch mit Carmen: 16.12.1996)

Bei meinem letzten Besuch auf der Insel erzählte mir die Informantin, daß die anderen Brüder inzwischen auch verkauft hätten, und nur sie und ihre Familie noch ein Reststück der Finca besäßen. Sie selber konnten und wollten den in ihren Augen überhöhten Preis nicht an die Brüder zahlen. Obwohl sich der Wandel vor ihren Augen vollzogen hat, können viele Einheimische die marktwirtschaftlichen Prinzipien noch immer nicht nachvollziehen. Ein felsiges Grundstück, das an einem Steilhang liegt, der schwer erreichbar ist und auf dem man nichts anpflanzen kann, ist einfach wertlos. Die Nähe zum Meer und die Möglichkeit, es touristisch zu nutzen, wird oftmals nicht erkannt.

Für die Gomeros ist es problematisch, daß die Grundstückspreise derart in die Höhe schnellen. Mit einem einheimischen Gehalt kann sich kaum noch ein Einheimischer ein Baugrundstück kaufen. Eine Informantin, die mit ihrem spanischen Partner im Valle Gran Rey lebt, versuchte über einige Jahre ein günstiges Baugrundstück im oberen Tal zu erwerben, jedoch ohne Erfolg:

> „Weißt du, es gab genug. Aber da haben wir immer die Antworten bekommen: ‚Ach weißt du, ich wollte es für vier Millionen verkaufen, da hat mir ein Deutscher telefonisch sechs Millionen geboten, da hab ich es an ihn verkauft.‘ Das haben wir zweimal erlebt. Preise, wo du als Gomero... und ich fühle mich in dieser Situation wirklich als Einheimischer. Ich habe ein einheimisches Gehalt, absolut, und ich kann mich da mehr mit den Bewohnern hier indentifizieren.“ (Interview mit Anna: 31.01.1997)

Der zweite Bürgermeister des Valle Gran Rey, José Miguel Hernández, war zu einem Interview bereit, aber er betrachtete die Unterhaltung mit mir eher als ein touristisches PR-Gespräch, in dem er die Vorzüge des Valle Gran Rey betonte, und wie glücklich sie über die vielen Deutschen seien. Er ließ keine Kritik verlauten und gab mir als Abschiedsgeschenk noch ein Video über die Insel mit auf den Weg.

Ein anderer Angestellter des Rathauses hingegen stellte mir seine etwas differenziertere Sicht der Situation dar:

> „Wir haben hier große Probleme mit den Deutschen. Es werden immer mehr. Es sind einfach zuviele! Das hier ist ein kleines Dorf. Alle Häuser und Grundstücke werden nur noch an Deutsche verkauft. Sag mir, warum wollen soviele Deutsche ihr Land verlassen? Nur wegen der Sonne, oder warum? Wir haben hier schon große Probleme mit Deutschen gehabt. Sie kaufen sich ein Haus, und dann bauen sie eine

Mauer drum, daß keiner sie mehr sieht. Warum machen sie das? O-
der sie hängen ein Schild auf: ‚Privado!‘
Weißt du, die Leute, die vom Tourismus leben, die finden ihn gut.
Die Leute mit Restaurants, Supermärkten und Apartements. Aber ich
brauche keinen Tourismus. Ich habe meine Arbeit im Rathaus. Die
Leute, die nicht davon leben, die finden ihn auch nicht gut. Die Gomeros müßten ihre Häuser ja nicht an die Deutschen verkaufen, aber
die haben einfach mehr Geld. Ich weiß nicht, wo das noch hinführen
wird. Es gibt ja schon Gegenden, ich glaube auf Mallorca, wo Ausländer keine Grundstücke mehr erwerben dürfen. Vielleicht wird das
hier auch noch kommen!“ (Gespräch mit Fernando: 26.10.1999)


7.2.2        Einschränkung und Mißachtung des spanischen Raums

Viele Gomeros fühlen sich bedrängt von der wachsenden Zahl deutscher Migranten. Sie grenzen sich auch von den Deutschen ab, um ihre Privatsphäre, ihren
spanischen Raum zu schützen[92]. Eine deutsche Migrantin, die seit über zwanzig
Jahren im Valle Gran Rey lebt, beurteilt die Situation der Einheimischen folgendermaßen:

„Damals gab es noch mehr Austausch zwischen Spaniern und Deutschen... Die Sache ist, das sind ja einfach zuviele Deutsche schon.
Die fühlen sich ein bißchen eingeengt, durch diese deutsche Kultur.
Die wollen sich einfach mehr schützen. Und sozusagen Raum für
sich schaffen, wo sie zusammen sind. Sie versuchen so eine Art Distanz zu schaffen, um Raum für sich zu haben.“ (Interview mit Susanne: 21.01.1997)

Ein Spanier erzählte mir die Geschichte seines Vaters, der sein Leben lang Fischer war, und nun Ärger mit einem deutschen Ausflugsboot hatte:

---

[92] Waldren schreibt über ein Dorf auf Mallorca: „ Deianencs assert that only they know what
‚the village‘ is and what it needs; residence in the same social space does not give everyone the
same right to comment on the use of that space. They no longer feel an obligation to welcome
the unknown stranger, be hospitable, or project an image of their village that is not of their
own making. On the contrary, unable to control the influx of outsiders who are competing for
the same limited resources, they want to asset their birthright to the village they see slipping
away from them.“ (Waldren 1996:151f)

„Mein Vater hat letztens erlebt, daß er abends zum Fischen rausfuhr und von P. angemacht wurde, was er da suche. Mein Vater, 63 Jahre alt, sein Leben lang hier auf dem Meer zum Fischen gefahren, wird von einem Deutschen beschimpft, bloß weil der da seine Taucher hat oder sowas. Der hat kein Licht, keine Fahne, nichts ist korrekt, aber der macht meinen Vater an. Und mein Vater will sich natürlich nicht mit ihm anlegen und dreht um. Aber ich bin dann, als ich das hörte, zu ihm und habe ihm meine Meinung gesagt." (Gespräch mit Pablo: 20.12.1996)

Eine deutsche Migrantin, die seit fünfzehn Jahren im Valle Gran Rey lebt, erlebte die Veränderungen aufgrund der Nähe zu ihrem gomerischen Ehemann und der Schwiegermutter ebenso drastisch und intensiv:

„Ich habe das Gefühl, daß ganz schön viel zerfällt, an sozialen Strukturen. Das ist meine ganz persönliche Sache. Ich habe mich mehr geöffnet denen (den Gomeros) gegenüber. Aber auf der anderen Seite sehe ich auch, daß das Leben im Valle Gran Rey nicht mehr lebenswert ist, für die Gomeros. Es sind einfach zuviele Deutsche da. Es sind zuviele Deutsche da. Ich habe diese Gespräche oft mit meinem Mann. Es nervt ihn total, wenn andere Leute in sein Revier eindringen. Und so empfindet er auch die meisten Touristen. Sie nehmen zuviel Platz ein. Das finde ich schon traurig für eine Frau, wie seine Mutter, von siebzig Jahren, die hier ihr Haus gebaut hat, und nun sagt: ‚Ich will hier weg.' Die will nicht mehr hier wohnen. Das find ich unheimlich traurig." (Interview mit Anna: 31.01.1997)[93]

### 7.2.3 Zusammenfassung

Auch wenn sich für die Gomeros die wirtschaftliche Situation auf der Insel verbessert hat, so scheint für viele, vor allem ältere Menschen, doch ein Gefühl des

---

[93] Eine ähnliche Entwicklung beobachtet Waldren auf Mallorca: „The increased awareness of symbolic boundaries between insiders and outsiders seems to be the outcome of increased numbers of foreigners and the breakdown in modes of communication and adaptation between foreigners and locals. The presence of this ever enlarging group has begun to threaten the fabric of social relations, the meanings and values of local culture." (Warden:1996:151)

Verlustes an Lebensqualität mit dem Aufschwung einherzugehen. Sie stehen den davongaloppierenden Veränderungen oft hilflos gegenüber, und betrachten sie als ein Art Naturphänomen, auf das sie keinen Einfluß haben. Die spanische Schwiegermutter einer Informantin formulierte es mir gegenüber so:

> „Die Gomeros beklagen sich, daß die Deutschen zuviele Häuser und Gründstücke kaufen, aber es sind Gomeros, die ihr Land verkaufen. Sie beklagen sich, daß die Preise für Lebensmittel zu hoch seien, aber es sind Gomeros, die die Supermärkte besitzen und die Preise festlegen." (Gespräch mit Maria: 4.11.1999)

## 7.3    Kontakte zu Deutschen

Wenn es, wie in Kapitel 7.8 beschrieben, kaum Kontakte von Deutschen zu Gomeros gibt, so ist das umgekehrt natürlich auch der Fall. Die Gomeros haben sehr häufig das Empfinden, sich aus dem deutschen Raum ausgeschlossen zu fühlen.

Während meines ersten Forschungsaufenthaltes auf La Gomera passierte es mir, dass mich eine Spanierin vor „Waltrauds Waschsalon" ansprach. Ihre Waschmaschine war defekt, und nun wollte sie ihre Wäsche waschen lassen, aber der Salon war geschlossen, und alle Angaben zu den Öffnungszeiten waren lediglich in deutscher Sprache am Eingang zu lesen. Ein Beispiel von vielen, weshalb Einheimische sich im Valle Gran Rey aus dem deutschen Raum ausgegrenzt fühlen.

Als noch nicht soviele deutsche Migranten im Tal lebten, gab es einen herzlichen Kontakt, aber irgendwann, so empfindet es ein Einheimischer auf dem Valle Gran Rey, fühlten die Gomeros sich ausgegrenzt und minderwertig.

> Carlos: „Es gibt eine große Distanz, klar. Schau her! Als die ersten Deutschen kamen, die haben wir in unser Haus eingeladen, um Kaffee zu trinken, zum Essen. Aber das kann nicht sein. Du kannst nicht auf der einen Seite die Deutschen einladen, auf der anderen Seite störst du sie. Und so entstand immer mehr Distanz und am Ende: Eine Grenze, und Punkt... Sie haben es kaputt gemacht. Schau, das Beispiel D. Als er hierherkam, die ersten Tage war alles gut, und da-

nach hat er sich eingemauert. Sie sind es, die keinen Kontakt mit uns haben wollen.“
Gabi: „Ja, ich habe von den Spaniern oft gehört, ‚die Deutschen mögen uns nicht‘. Aber von den Deutschen habe ich auch gehört, daß sie gerne mehr Kontakt mit den Spaniern hätten.“
Carlos: „Klar gibt es einige Deutsche, die gut sind. Ich sage ja auch nicht, daß die schlecht sind. Alle sind gut, aber es gibt Leute, die vielleicht Kontakte mögen, aber ich weiß es nicht. Und meine Erfahrung ist eine Schlechte. Und ich kann nicht auf ihn zugehen und sagen, ah, du bist gut, dann komm hierher. Verstehst du? Wir haben schlechte Erfahrungen mit den Deutschen gemacht.
Die Deutschen kamen auch einmal in unsere Häuser. Wie die Amerikaner. Aber eines Tages passierte eine Sache. Wie der T., fing mit seinen Dummheiten an, lachte über uns. Jetzt kommt ein Deutscher, der will mein Freund sein, aber es ist zu spät... Ich kenne Deutsche, die sind gut. Aber ich weiß nicht, es gibt keine Harmonie, kein Vertrauen. Mit einem Deutschen kann man keine Scherze machen.“ (Interview mit Carlos: 31.01.1997)

Im deutschen Kulturzentrum „La Galeria“ wurden versuchsweise spanische Filme angeboten, aber die Gomeros sind auf das Angebot nicht eingegangen. Ich frage Carlos, was der Grund sein könnte:

„Ich denke der erste Grund ist T. Das ist der erste Grund. Danach gibt es noch andere Dinge. Der erste Grund ist der, daß er hier einen schlechten Ruf hat bei den Gomeros, einen sehr schlechten. Der andere Grund ist, daß es da oben sehr deutsch ist. Sie machen ihre Sachen sehr deutsch, und es kann passieren, daß ein Gomero kommt, und sie sagen, das ist nicht für dich. Das kann passieren.“
Gabi: „ Der Pächter hat mir nur gesagt, daß sie es versucht haben.“
„Ja, aber auf welche Weise haben sie es versucht. Auf die Art und Weise der Deutschen. Es ist für uns eine fremde Sache im Valle Gran Rey. Er hat es angefangen, und es interessiert mich nicht. Und ich glaube, es interessiert auch sonst keinen. Mich interessiert kein deutscher Film oder ein deutsches Ambiente. Alle reden deutsch. Das interessiert mich doch nicht.“ (ebd.)

## 7.4 Zusammenfassung

Von Seiten der Gomeros gibt es nur wenige Kontakte zu den deutschen Migranten. Sie fühlen sich oftmals nicht geachtet, bezeichnen die Deutschen als kalt und berechnend. Sicher spielt dabei auch eine Rolle, daß es inzwischen für das Empfinden der Gomeros zuviele Deutsche im Valle Gran Rey gibt und sie auch bereits zuviel Besitz für sich in Anspruch nehmen. Einheimische, die aus wirtschaftlichen Gründen für längere Zeit im Ausland leben mußten, stehen dem Wandel im Tal positiver gegenüber. Sie sind froh darüber, wieder die Möglichkeit zu haben, ihren Lebensunterhalt in der Heimat zu verdienen und betrachten die Entwicklung des Tourismus und der deutschen Infrastruktur als Gewinn für sich und ihre Kinder.

Für viele Gomeros aber bedeutet die Ausweitung des deutschen Raumes ein Identitätsverlust. Ihre Reaktion auf diese Fremdeinflüsse ist dann oft ein Widerstand, der sich in persönlicher Abgrenzung äußert, oder auch darin, daß, wie mir mehrfach berichtet wurde, von offizieller Seite den Deutschen, sei es beim Bau eines Hauses oder der Genehmigung für ein Geschäft, zusätzliche Hürden in den Weg gestellt werden. Ziel dieser Reaktionen ist der Erhalt der eigenen Kultur oder die Wiedererlangung der Kontrolle über kulturelle Mittel oder Elemente. (vgl. Kahrmann 1995:24)

## 8 Remigration nach Deutschland

Im folgenden Kapitel werde ich die Perspektive der Remigranten auf ihre Zeit in der Migration darstellen. Genaue Angaben über die Anzahl der Remigranten lassen sich nicht machen, da wie erwähnt, viele sich gar nicht beim Ayuntamiento im Valle Gran Rey registrieren lassen, andere schon abgereist sind, aber noch immer registriert sind. Aus meinen persönlichen Interviewlisten kann ich aber ersehen, daß von 52 deutschen Migranten, mit denen ich intensive Interviews geführt habe, bis zur Fertigstellung dieser Studie mindestens 14 mir bekannte Personen nicht mehr im Valle lebten. Drei von ihnen sind auf Nachbarinseln übergesiedelt, die anderen leben wieder in Deutschland. Das sind folglich 25 % der von mir befragten Migranten.

### 8.1 Der Entscheidungsprozess

In meinen Interviews mit den deutschen Remigranten, die zwischen einem Jahr und zehn Jahren auf La Gomera gelebt hatten, stellte sich heraus, daß der Rückkehr nach Deutschland kein bestimmter Auslöser zugrunde liegt, sondern daß es sich um einen langsamen Prozeß handelt, der von einem Glückgefühl zu Beginn der Migration über eine Desillusionierung bis hin zur Depression führen kann und dessen letzte Stufe schließlich der Abschied vom Inselleben, vielleicht von einem Traum, nämlich dem Traum vom „Leben im Paradies", ist.

„Ja, das kam nicht so schlagartig. Das kam so langsam. Durch diese eigene Veränderung. Was ich gut fand im Endeffekt, so in der ganzen Zeit, daß ich erstmal die Sprache gelernt habe, und daß ich meine Tochter bekommen habe, und daß ich schon einmal alles irgendwo gelassen habe, um wieder neu anzufangen. Also, daß ich auch wieder neu anfangen kann!" (Interview mit Helene: 4.7.2000)

„Ich möchte das jetzt mal als Prozeß beschreiben. Ich kam dorthin und habe gesehen, auf eine bestimmte Art ist die Lebensqualität dort höher als hier, weil man mit der Natur ganz eng zusammenlebt, weil man mit vielen Menschen... es ist so, daß man, das habe ich beobachtet, ich und auch andere, es ist so, daß man immer ganz viel

Kontakt hat mit anderen Menschen. Man ist permanent dabei sich auszutauschen. Eine große Nähe ist einfach vorhanden... Dann die Sonne, dann das Meer vor der Tür, wo die Delphine sind und die Wale. Äußerlich diese Schönheit ist natürlich immer wahr. Nur dann passiert innerlich etwas. Schon Träume, schon diese Idee: ‚Ah, ich bin im Paradies gelandet!' Und dann die Realisation: Es gibt gar kein Paradies, und ich bin gar nicht im Paradies. Das ist schon eine Enttäuschung und Verwirrung... Das ist eine große Desillusion. Von der Meinung, ‚ich bin im Paradies', die Erkenntnis ‚nein, das gibt es so gar nicht, weil, wenn nicht hier, wo denn dann?' So erstmal... Dann dieses. ‚Okay, was mache ich jetzt.' Und ich bin mir sicher, daß es jedem irgendwann so geht... Ich selber bin ja auch an den Punkt gekommen, ja verdammt, was ist denn jetzt der Sinn des Lebens? Letztendlich. Und dann kam erstmal eine ganz schwierige Phase von, ja, man kann das schon Depression nennen. Alles das, was ich bisher gemacht hatte, da habe ich gemerkt, nee, das funktioniert so nicht. Und okay, und was liegt vor mir. Tja, nichts! Das war wirklich eine ganz schön schwierige Zeit. Und meine Freundin zum Beispiel, die hat genau in dieser Phase sich halt das Leben genommen." (Interview mit Sarah: 28.02.2000)

Nun gelingt es einigen Menschen, diesen Prozeß zu verlangsamen, oder zu stoppen, indem sie ihre Erwartungen zurückschrauben. Bei anderen war die Erwartung zum Zeitpunkt der Migration vielleicht nicht so hoch, sodaß sie gar nicht viel nachzukorrigieren brauchen. Aber eine Remigrantin kam zu dem Schluß, daß viele an einer Illusion festhalten, auch wenn diese schon am Verblassen ist:

„Ich habe auch gemerkt, daß man ziemlich lange an diesen Konzepten festhält. Was Gomera ist, was Gomera war, was Gomera bedeutet, wofür Gomera steht. Man will sich das dann halt selbst nicht eingestehen, oder da nicht so ehrlich zu sich selbst sein, daß es in vielen Sachen auch eine Beschränkung ist. Wenn man damit leben kann, und es auch okay ist für eine Zeit, dann ist es auch gut. Aber wenn zum Beispiel sich die Sachen irgenwann auch mal grundlegend ändern, weil man vielleicht nicht wie einige Leute ein dickes Polster hat und eine Eigentumswohnung und keine Miete bezahlt und so, dann wird es schon schwierig. Aber ich glaube, da brauchen viele Leute, gerade wenn sie schon länger da sind, daß sie das nicht so schnell merken, wie sie in diesen Konzepten noch verfangen sind –

und ich will aber auf jeden Fall noch hier leben!" (Interview mit Marthe: 11.07.2000)

Viele der deutschen Migranten klammern sich an ihre Konzepte und wollen oder können diese nicht loslassen. Einige haben in Deutschland alles aufgegeben, ihre Wohnung, ihre berufliche Existenz usw. Und wenn dann nach Jahren auch die Kontakte zu Freunden und Familie weniger geworden sind, fällt eine Rückkehr schwer und würde vielleicht als persönliches Scheitern betrachtet.

> „Gerade das Wunderschöne täuscht ja auch. Bei mir war das so. Es war schwierig, da tiefer reinzuschauen. Dann bleibt man gern auf dieser schönen äußeren Fläche. Und ich habe damals auch immer gesagt: ‚Nein, das ist keine Flucht!' Ich hatte den Punkt ganz durchdrungen, und trotzdem sage ich heute: ‚Es war eine Flucht.' Ich kam in Deutschland nicht mehr zurecht. Ich hatte einige Probleme und wollte denen nicht so einfach standhalten, einfach hinschauen, aushalten und den Schmerz ertragen. Einfach, oh, ja, jetzt habe ich es endlich!
> Der Punkt ist, zu erkennen, das ist kein Paradies. Es gibt kein Paradies. Und dann wird es erst so eigentlich schwierig. Diese innere Stimme, die sagt: ‚Hier ist es gar nicht so, wie du gedacht hast.' Und dann ist da aber auch eine andere Stimme, die immer, die das trotzdem aber so haben will, die dann sagt: ‚Nee, also jetzt guck mal genauer, entspann' dich und nimm dir Zeit, genieß es mal und schau es dir an, also du siehst doch, daß es das Paradies ist!' Das ist echt schwierig." (Interview mit Manuela: 03.07.2000)

## 8.2    Beweggründe für eine Rückkehr

Es gibt Gründe, die abhängig von der persönlichen Lebenssituation auf den einen zutreffen und auf den anderen vielleicht nicht. Aber es gibt auch eine Reihe von Beweggründen für eine Rückkehr, die von vielen auf ähnliche Weise empfunden werden.

So kann zum Beispiel bei der Umsetzung des Entschlusses, nach La Gomera zu migrieren, eine Steigerung der Lebensqualität einsetzen, die aber nach längerem Aufenthalt sinkt, wenn bestimmte Erwartungen nicht erfüllt werden. Nun kann der Einzelne nachkorrigieren, das heißt seine Erwartungen zurückschrauben, damit die Diskrepanz zwischen dem „was ist" und dem „was sein soll" nicht unerträglich groß wird, oder er muß Konsequenzen daraus ziehen. Wie zum Beispiel die Informantin Sheila, die drei Jahre im Valle Gran Rey gelebt hat:

> „Irgendwann merkst du dann, daß dies nicht das Paradies ist, daß es das Paradies nicht gibt. Und das ist verdammt hart. Dann hast du mehrere Möglichkeiten, entweder du gehst zurück nach Deutschland, oder du flüchtest dich in Drogen, Alkohol und Koks, was viele tun, oder du bringst dich um, wie es meine Freundin getan hat, die sich am Mangobaum hinter dem Meditationsraum aufgehängt hat."
> (Interview mit Sheila: 28.2.2000)

## 8.2.1 Die Enge des Insellebens

Ein Grund, den viele für ihre Remigration angeben, vor allem wenn sie nicht die finanziellen und zeitlichen Möglichkeiten haben, öfter mal nach Teneriffa zu fahren, ist die Enge des Dorfes. Wobei zu der geographischen Enge dieses schmalen, zerklüfteten Tales, ja noch die soziale Enge eines spanischen Dorfes hinzukommt.

> „Also ich bin nicht hingezogen wegen der Leute, sondern wegen der Landschaft und wegen meiner Freundin. Und die Enttäuschung, also die Landschaft ist wunderschön und auch das Wetter, alles total klasse. Nur halt das Leben auf einer Insel, das kommt ja dazu, als weiterer Grund. Diese Enge, ne, die eigentlich alle empfinden, aber viele halt verdrängen. Da bist ja wie eingesperrt. Du kannst ja nicht einmal eben irgendwohin fahren. Du mußt immer raus aus dem Tal. Das ist auch ein wichtiger Grund, finde ich.
> Ja, es ist ein Dorf. Viele Leute sagen auch, Gomera ist was für vierzehn Tage oder vier Wochen. Das empfinden viele so, die wir gesprochen haben. Weil du bist halt auf dem Dorf und bleibst in dem Dorf, und du kommst halt auch nicht weg." (Interview mit Gunnar: 11.07.2000)

Diese Abgeschlossenheit der Insel kann für eine Weile als positiv betrachtet werden, aber dann als Nachteil empfunden werden:

> „Im Nachhinein habe ich, alles das, was das Schöne war, diese Abgeschlossenheit, diese Enge, war hinterher das, was mich eigentlich

vom Leben abgehalten hat. Es war einfach ein bißchen begrenzt, um es so auszudrücken." (Interview mit Marthe: 11.07.2000)

## 8.2.2 Fehlende Rückzugsmöglichkeit

Eine unmittelbare Folge der Enge des Insellebens ist für viele die fehlende Rückzugsmöglichkeit. Was bei einer Informantin als positiver Aspekt empfunden wurde, nämlich nie alleine sein zu müssen, da sie ständig irgendwelchen Leuten begegne, und die Touristen ja auch immer Zeit zum Plaudern hätten, wird von anderen nach einigen Jahren als Einschränkung erlebt.

„Der wichtigste Beweggrund war, daß ich das Gefühl hatte, für mein Wesen, meinen Typ, ist die Möglichkeit des Rückzugs sehr wichtig. Zum Beispiel hier (in Deutschland), wenn hier Herbst wird, und dann Winter, dann ist das vom Gefühl her ja auch Rückzug, dann ziehe ich mich zurück und kuschel mich ein und verarbeite ja auch vieles. Das fällt da weg. Also für mich war das kaum möglich... Auch wenn ich für mich war, war trotzdem irgendwie, also die Insel ist ja sehr heftig, und es kommt ja viel hoch... und der Raum das zu verarbeiten, und sinken zu lassen, und dir Zeit zu lassen, war nicht da... Jeder kehrt so sein Inneres nach Außen. Sowas ist da sehr typisch. Das hat für mich auch viel mit der Insel zu tun." (Interview mit Manuela: 03.07.2000)

Die fehlende Rückzugsmöglichkeit, das ununterbrochene Verwobensein mit dem sozialen Umfeld, kann auch ein Hindernis sein, sich die eigene Situation genauer anzuschauen, um eine einmal getroffene Entscheidung unter Umständen nochmal zu revidieren.

„Bis heute ist es noch immer eine Verarbeitungsphase. Das geht nicht von jetzt auf gleich. Ich hab die Insel verlassen, und erst in dem Moment fing für mich eine Art Verarbeitungsphase an. Das ist da unten nicht möglich. Weil jeder Moment bringt wieder so viele intensive neue Dinge, wo man sofort handeln, reagieren oder sonstwas muß. Und diese Ruhe, um mal wirklich zu realisieren, was ist jetzt alles passiert, das konnte ich erst hier in Deutschland...
In meinem Leben spitzte sich das auf folgenden Punkt zu, und der war folgendermaßen: Ich hatte das Gefühl gehabt, ich habe hier auf

dieser Insel nicht genug Raum für mich... Nicht genug Platz. Das kann meine eigene Geschichte sein, aber letztendlich, man teilt sich doch immer wieder alles dort[94]. Alles. Man kann nichts richtig für sich beanspruchen." (Interview mit Sarah: 28.02.2000)

### 8.2.3 Berufliche und finanzielle Situation

Was für viele zu Beginn als spannende Herausforderung begriffen wird, die lediglich von etwas Improvisationsgeschick und Mut zum Abenteuer abzuhängen scheint, entwickelt sich oft im Laufe der Jahre zur Existenzkrise.

„Ich denke, so auf Gomera, ist das so das Problem, daß der Boden schwer zu fassen ist, oder zu erreichen ist. Es fasziniert schnell, es ist wunderschön, und es gibt so einen Kick. Dann denkt man: ,Whow, hier kann ich das und das und das, und dann ist der Punkt so, sich Zeit zu lassen, und es genauer zu betrachten. Und ich habe mir viel Zeit gelassen, aber es war nicht genug. Ja, und jetzt sitze ich da und zahle meine Schulden ab, und die sind nicht gerade wenig." (Interview mit Manuela: 03.07.2000)

Andere wiederum sind bereit, sich für eine gewisse Zeit einzuschränken, aber können sich nicht vorstellen, wenn die beruflichen Pläne auf La Gomera scheitern, diese Einschränkung für den Rest ihres Lebens hinzunehmen.

„Der Grund für unsere Rückkehr waren eigentlich wirtschaftliche Gründe. Denn die ,Galeria' lief nicht mehr. Der Tourismus geht immer mehr in Richtung Massentourismus. Unten war alles voll, aber oben hin ist keiner gekommen. Und das, was wir verdient haben, in den ersten vier Monaten der Saison, das hätten wir im Sommer wieder aufbrauchen müssen. Das heißt also, auf Gomera kann man nur leben, wenn man entweder was geerbt hat, oder Apartamentos hat, oder Geld hat, oder schon vor zwanzig Jahren da war."
Gabi: „Oder bereit ist, mit weniger auszukommen."

---

[94] Die Aussage „sich alles teilen" wird erst verständlich durch die Information, daß diese Informantin drei Jahre auf der Finca Argayall gelebt hat. Also in einer Kommune. Sie bezieht sich darauf, daß man sich dort nicht nur die Lebensgeschichten teilt, sondern auch den Raum, in dem man sich bewegt, wo man lebt.

„Ja, man könnte auch deutlicher sein, oder sich ausbeuten zu lassen. Die Gehälter da unten sind unter aller Sau, die Kosten sind natürlich nicht gering." (Interview mit Gunnar: 11.07.1999)

Ich erinnere mich an ein Gespräch im Valle Gran Rey, bei dem mir die Informantin beteuerte, wie schön das Leben auf der Insel sei, die Natur, das Zusammenleben mit den Menschen, alles nahezu perfekt, wenn da nicht der Mietrückstand wäre und die Wahrscheinlichkeit, zum Monatsende ohne Wohnung dazusitzen. Für diese Frau schien ihre finanzielle Not die Lebensqualität auf der Insel nicht einzuschränken. Auf meine Frage, ob denn dieser Verdrängungsmechanismus wirklich funktioniere, antwortete mir eine Remigrantin in Hamburg:

„Nein, das funktioniert nicht und diese Menschen, ich kenne ja sehr viele, diese Menschen leiden selber darunter. Vielleicht in den ersten Monaten noch nicht, wo sie Schulden haben, aber dann wird der Druck immer größer. Und diese Menschen werden auch innen immer unglücklicher... Denn das Schlimme auf Gomera ist, wenn man da nicht mehr wegkommt. Dann dreht sich das, das ist die Hölle, die Hölle. Dann kommt noch dieses Inselphänomen dazu. Also irgendwann, diese Begrenzung wird einem so klar, wenn man nicht weg kann...
Und dann kippt alles und dreht sich alles um, weil dann wird plötzlich von Tag zu Tag die Welt immer kleiner und immer enger. Sie sehen keine Möglichkeit, dem zu entkommen. Und das ist wirklich Horror! Wirklich schlimm! Und da gibt es auch einige. Ich hab viele Kontakte zu solchen Menschen auf der Insel gehabt, und das wird so richtig traurig tragisch." (Interview mit Sarah: 28.02.2000)

### 8.2.4    Fehlende Perspektiven

Auch die fehlenden beruflichen und persönlichen Perspektiven können ein Grund für eine Remigration sein. Nicht jeder, der kein finanzielles Polster oder eine Absicherung in Deutschland hat, ist gewillt, für viele Jahre schlechtbezahlte Jobs in der Tourismusbranche auszuführen, nur um in der Sonne leben zu können.

„Was ich fand war eigentlich, daß das Leben, so in der Gegenwart, da sehr schön ist, aber daß ich für mich keine Perspektive gesehen habe. Ich konnte mich nicht so sehen, daß ich zwanzig Jahre da lebe und einen Laden mache. Das ist einfach nicht mein Ding. Das konnte ich zwar auch machen, und das hat mir auch Spaß gemacht, und für die Zeit wo ich schwanger war und wo das Baby da war, war das wunderbar. Aber ich habe schon noch andere Ansprüche an mein Leben, als in der Sonne zu sein und T-Shirts zu verkaufen, oder zu entwerfen. Gut, es war auch kreativ. Aber ich hatte schon auch den Anspruch, etwas aus meinem Leben zu machen, beruflich." (Interview mit Anita: 11.07.2000)

8.2.5        Probleme mit der Frauenrolle

Dieser Punkt trifft auf die deutschen Migrantinnen mit spanischem Partner zu.
Hier kann ich nur auf ein Beispiel zurückgreifen, aber die Kritikpunkte an der
Beziehung zum spanischen Ehepartner sind die gleichen Punkte, die auch von den
im Valle Gran Rey lebenden Frauen in binationalen Ehen beklagt wurden.

> „Sagen wir mal, ich hätte gut gelebt auf Gomera, wenn ich diesen
> spanischen Mann nicht gehabt hätte. Das hört sich zwar heftig an,
> aber wenn ich, ich durfte auch, ja was hab ich gemacht, ich habe
> dann immer für die Caféteria jeden Tag zwei Kuchen gebacken. A-
> ber wenn ich hätte machen dürfen, was ich wollte, dann hätte ich da
> prima leben und alt werden können. Der Störfaktor war eigentlich
> nur die Beziehung." (Interview mit Helene: 04.07.2000)

Diese Aussichtslosigkeit, noch länger die zugeschriebene Frauenrolle erfüllen zu
können, nicht alleine ausgehen zu dürfen, keinen Job außer Haus machen zu
dürfen, das war für diese Frau der Beweggrund für die Rückkehr.

> „Dieser ständige Ehekrach. Dieser Horror in der Ehe, wo ich ja auch
> über die Straße geprügelt worden bin, da bin ich einmal morgens
> quer über die Straße geflogen, und meine Tochter stand halt
> daneben, und das war dann so das I-Tüpfelchen." (ebd.)

## 8.3    Kontakte nach Gomera

Auch wenn sich einige der deutschen Migranten nach einem begrenzten Aufenthalt auf der Sonneninsel aus den beschriebenen Gründen wieder für ein Leben in
Deutschland entscheiden, so ist für sie der Gomeraaufenthalt gedanklich noch
nicht völlig abgeschlossen. Sie fragen sich noch lange danach, wofür diese Zeit
der Migration denn nun gut war, was sie daraus gelernt haben oder vergessen in
ihren Träumen auch mal die schwierigen Stunden, um sich der Erinnerung an
Sonne, Palmen und Meer hinzugeben.

> „Ich träum da immer noch auch davon. Also ich meine, alle Gründe
> die dagegen sprechen, mit Perspektiven und so, und wenn das Kind

in die Schule muß, Gründe gibt es genug dagegen; aber in meinem Herzen träume ich oft davon. Oder manchmal gibt es Situationen, daß mir die Tränen kommen. Also zum Beispiel, wir wohnen ja in der Nähe vom Flughafen, und wenn ich dann mit dem Fahrrad dran vorbeifahre, und da fliegt gerade ein Flugzeug los, und ich guck' so zu mit meiner Tochter, dann kann es passieren, daß mir voll die Tränen kommen. Weil ich so daran denke, wie es ist, auf Teneriffa zu landen... Also das ist schon bei mir noch im Herzen. (Interview mit Anita: 11.07.2000)

Eine andere Remigrantin fragt sich noch zwei Jahre nach ihrem dreijährigen Inselleben, was denn nun der Sinn ihres Aufenthaltes gewesen sein könnte:

„Also, da ist ein starker Herzenskontakt nach La Gomera. Es ist schon so, daß Gomera ein Platz ist, der auch ein Stück Heimat ist, auch wenn ich nicht dort leben kann. Aber es ist das Gefühl, mitten im Atlantik ist ein kleiner Fleck Erde, der mich sehr berührt hat, und wenn ich daran denke, kriege ich Gänsehaut, und mein Herz geht auf. Auch wenn ich an die Leute denke, ...aber ich kann noch immer nicht ganz fassen, was jetzt der tiefste Sinn dieser ganzen Sache war." (Interview mit Manuela: 03.07.2000)

Eine bereits seit neun Jahren wieder in Deutschland lebende Frau träumt noch heute von ihrer Zeit auf der Insel:

„Als ich dann wieder in Deutschland war, habe ich mich wieder nach da unten gesehnt. Das hat schon länger gedauert. Ich habe heute nacht noch von Gomera geträumt. Da war der Strom ausgefallen, und meine Ex-Schwiegermutter war mit meinem jetzigen Sohn noch auf Teneriffa und kam nicht rüber. Ich träume noch oft davon. Einfach ist das nicht. Da kann ich überhaupt nichts abbrechen. Ich hab mir schon überlegt, daß ich da mal wieder hin muß, nur um das da endlich abzuschließen." (Interview mit Helene: 04.07.2000)

Viele der Remigranten haben noch sehr lebendige Kontakte ins Valle Gran Rey, sei es brieflich, per Fax oder E-mail, oder auch mal durch Besuche bei Freunden.

„Ich habe Kontakte über E-mail, und daß ich manchmal hinfahre, zu Besuch. Also durchschnittlich einmal im Jahr für sechs Wochen. Das stimmt nicht immer so, aber so ungefähr... Jetzt war ich ja schon wieder da, und es war auch sehr schön. Aber für mich ist die Erkenntnis im Moment: Gomera ist für mich auch nach wie vor interessant, aber nur unter der Bedingung, daß ich in Deutschland ein Bankkonto habe, daß ich jederzeit meine ‚magic-card' in den Automaten stecken kann, wenn ich Geld brauche, und daß ich auch ein Rückzugsplätzchen in Deutschland habe. Also so alles auf eine Karte setzen, würde ich nie wieder, für Gomera jedenfalls, ich würde es nie wieder so machen." Interview mit Sarah: 28.02.2000)

## 8.4 Retrospektive: Ein Inselaufenthalt zur Selbsterfahrung

Von den von mir kontaktierten Remigranten bereute keiner den Aufenthalt auf La Gomera. Alle waren der Meinung, daß es für die dort gelebte Zeit der richtige Platz war, daß sie viel gelernt haben und diese Lebensphase nicht missen möchten, aber daß es ganz klar nicht der Ort war, wo sie den Rest ihres Lebens hätten verbringen können

„Also der Platz ist wunderschön, die Insel und die Sonne und das Meer. Diese Erfahrung möchte ich nie und nimmer missen. Also da, das war wirklich eine gute Schule, ich habe sehr viel gelernt, über die Menschen, über mich selbst. Und ich bin ja zurückgekommen wieder, drei Jahre später nach Deutschland, nicht mehr als Künstlerin, sondern als bodyworker. Also es hat wirklich eine Transformation stattgefunden. Seitdem interessiert mich nur noch der Mensch." (Interview mit Sarah: 28.02.2000)

„Vor fünf Jahren, da war die Insel für mich genau das Richtige. Um mich auf mich zu besinnen, und mich zu sammeln, nach einer Trennung. Also für einen Neuanfang war da Gomera richtig. Und jetzt ist für einen Neuanfang auch Schwarzwald richtig. Also ich gehe nicht an altbekannte Sachen zurück, sondern mach auch in Deutschland einen Neuanfang, also wo mich keiner kennt." (Interview mit Marthe: 11.07.2000)

„Gomera ist wie so ein, das kommt mir oft vor, wie so ein Gesellschaftsspiel. Wie ein Lernfeld. Ich gehe jetzt extra auf dieses Feld und spiele dieses Spiel, um dies und jenes zu erfahren, und zu lernen. Und wenn es dann gut ist, dann kann ich auch wieder gehen. So kam mir das vor. Und okay, für manche ist es nach einem Jahr gut, für manche nach zwei Jahren, bei manchen dauert es noch länger, für manche ist es vielleicht für ein Leben gut." (Interview mit Manuela: 03.07.2000)

## 8.5 Zusammenfassung

Im vorangegangenen Kapitel wurden die Beweggründe für eine Remigration nach Deutschland an Beispielen dargelegt. Es wurde deutlich, daß es sich bei der Entscheidung zu einer Remigration oft um einen langen Prozeß handelt, dem nicht ein bestimmter Auslöser zugrunde liegen muß. Vielmehr handelt es sich um das langsame Loslassen einer Idee, eines Traumes, der sich in der Migration auf Dauer als nicht realisierbar erwies. Aspekte des Insellebens, die sich zu Beginn der Migration als positiv und wohltuend darstellten, erweisen sich im Laufe der Zeit als Hindernis und Einschränkung. Finanzielle Engpässe und eine berufliche und persönliche Perspektivlosigkeit lassen nach einigen Jahren die Schönheit der Insel verblassen und machen eine Konfrontation mit der persönlichen Realität unumgänglich. Es zeigt sich, daß dies ein schwieriger und schmerzhafter Schritt sein kann, den viele Remigranten lange vor sich herschieben, und stattdessen, aus Angst vor einem Neuanfang und dem Eingeständnis einer gescheiterten Illusion, an ihren Konzepten von einem schöneren Leben in der Sonne, auf einer Insel mitten im Ozean, festhalten.

Wie hoch der Anteil der deutschen Migranten ist, die wieder zurück nach Deutschland gehen, und bei wievielen es sich um eine „permanent migration" handelt, darüber könnte nur eine längerfristige Studie Aufschluß geben. Allerdings läßt sich aus meinen Ergebnissen schließen, daß die Wahrscheinlichkeit länger auf La Gomera zu bleiben steigt, je länger die Aufenthaltsdauer bereits ist. Was sicher auch darauf beruht, daß viele der Migranten, die bereits etliche Jahre auf der Insel leben eine Familie gegründet haben, unter Umständen Eigentum erworben haben und sich eventuell auch beruflich etabliert haben. All dies sind Faktoren, die die Entscheidung für eine Remigration erschweren.

# 9 Zusammenfassung und Ausblick

Der **Anlaß** für diese Untersuchung war ein persönliches Interesse am Alltagsleben deutscher Migranten auf der Kanareninsel La Gomera, verbunden mit der Frage, ob sich die Lebensqualität eines Menschen durch die Migration auf eine sonnige Insel tatsächlich verbessert. Aber die freiwillige Migration in klimatisch begünstigtere, südliche Regionen ist auch ein in der Öffentlichkeit diskutiertes Thema. Immer häufiger suchen Menschen Alternativen zu ihrem Leben in einer leistungsorientierten, nach materiellen Werten strebenden Gesellschaft, das geprägt ist von der Komplexität eines schnelllebigen Alltags. Oftmals sind diese Alternativen mit einem Ortswechsel verbunden.

Das in den Medien geprägte Bild solcher alternativer Residenzmöglichkeiten, wie zum Beispiel Mallorca, Toscana oder auch die Kanarischen Inseln, spiegelt häufig ein leichtes Leben unter strahlender Sonne, im eigenen Häuschen mit Schwimmbad, umgeben von üppiger Vegetation und freundlichen Menschen wieder. Auch das in den Medien dargestellte Bild der idyllischen „Aussteigerinsel" La Gomera, vielleicht noch gewürzt mit den persönlichen Erfahrungen eines zweiwöchigen Urlaubes auf einer sonnigen Kanareninsel, verleitet immer wieder Menschen dazu, ein besseres Leben auf dem pittoresken Eiland im Atlantischen Ozean zu suchen, um dem Traum vom „Lebensglück im Paradies" ein Stück näher zu kommen.

Das **Ziel** dieser Studie war es, das von den Medien dargestellte Bild aufzunehmen, und mit der Alltagssituation der deutschen Migranten auf La Gomera, und zwar speziell im Valle Gran Rey, zu vergleichen. Wie sieht der Alltag in der freiwillig gewählten Migration aus? Entspricht er tatsächlich den Idealen und Erwartungen, mit denen die Menschen sich entscheiden, ihr Leben in Deutschland hinter sich zu lassen, um einen Neuanfang zu wagen? Die empirische Untersuchung ermöglichte es mir, Migrationsentscheidungen und Alltagsbewältigungsstrategien herauszuarbeiten. Die Betrachtung der individuellen Sichtweise auf Handlungen und Veränderungen, die ich durch eine Vielzahl von Zitaten aus meinen intensiven Interviews mit deutschen Migranten zum Ausdruck gebracht habe, erlaubte es mir, über die Verknüpfung mit den zur Erhebung von Lebensqualität zu berücksichtigenden Dimensionen „körperliche Verfassung", „psychisches Wohlbefinden", „soziale Beziehungen" und „Funktionsfähigkeit in Alltag und Beruf" (Rupprecht 1993:30), Rückschlüsse auf die tatsächliche individuelle Lebensqualität in der freiwilligen Migration zu ziehen.

Die **Methoden der Datenerhebung** wurden im zweiten Kapitel ausführlich dargestellt und begründet. Die Daten für diese Arbeit - unstrukturierte und teilstrukturierte Interviews, biographischen Interviews, Gespräche und Beobachtungen - resultieren aus mehreren Feldforschungsaufenthalten im Valle Gran Rey zwischen 1996 und 1999. Von der klassischen ethnologischen Feldforschung unterscheidet sich diese Untersuchung, da die ein- bis viermonatigen Forschungsaufenthalte sich über drei Jahre erstreckten, sodaß auch Veränderungen beobachtet werden konnten, und neben den im Valle Gran Rey gewonnen Daten auch Informationen aus den in Deutschland mit Remigranten geführten Interviews verwertet wurden.

Die Studie ist eingebettet in den **theoretischen Rahmen** von Tourismus, Migration, Lebensqualität und Ethnizität. Auch wenn die Frage nach der Lebensqualität im Alltag der deutschen Migranten auf La Gomera den Rahmen dieser Studie bildet, so sind doch theoretische Erkenntnisse aus der Tourismusforschung hilfreich, um Erklärungen für Migrationsmotive zu finden, sowie die Auswirkungen tourismusinduzierten Wandels auf die Gomeros und die daraus resultierenden Folgen für deutsche Migranten zu analysieren. Die in den Migrationstheorien enthaltenen verhaltens- und handlungstheoretischen Konzepte zu Migrationsmotiven belegen, daß kognitive, wertende und emotionale Komponenten eine Wanderungsentscheidung beeinflussen. Zur Einschätzung der subjektiven Lebensqualität ist die Betrachtung der Erwartungen des Individuums, also im weiteren Sinne die Migrationsmotive, sowie die jeweils eintretenden Erfüllungen dieser Erwartungen, also die aktuelle Lebensführung im neugestalteten Alltag, sowie die Zukunftserwartungen, von Bedeutung. Ethnizitätstheorien sind hilfreich, Abgrenzungstendenzen der deutschen Migranten untereinander, als auch eine sich durch den raschen soziokulturellen Wandel entwickelnde ethnische Grenzziehung zwischen Gomeros und deutschen Migranten zu erklären.

Zwischen dem theoretisch-methodischen Kapitel und dem empirischen Teil der Arbeit habe ich die Entwicklungen des „Aussteigertums" aufgezeigt, um ein Verständnis dafür zu entwickeln, warum La Gomera für Deutsche zu einem attraktiven Migrationsziel werden konnte. Die Darstellung der **Makroebene** liefert den Rahmen für die Alltagssituation deutscher Migranten und der einheimischen Bevölkerung im Valle Gran Rey, indem historische, politische und ökonomische Zusammenhänge aufgezeigt werden.

Die **Ergebnisse** meiner empirischen Forschung beziehen sich auf folgende aufeinander bezogene Themenbereiche: Die deutschen Migranten im Valle Gran Rey, die einheimische Bevölkerung im Valle Gran Rey und die Remigranten.

Die **Beweggründe für eine Migration** nach La Gomera lassen sich im weitesten Sinne in Motive, die mit der Herkunftsregion und Motive, die mit der Zielregion verknüpft sind unterscheiden. Kulturelle Faktoren wie der Leistungsdruck in Deutschland, das schnelle Leben in Großstädten, der Stress beim Wettlauf um materiellen Wohlstand und den Erwerb von Statussymbolen können entscheidend für eine Migration sein. Daneben spielen aber auch persönliche Faktoren wie eine gewisse Unangepaßtheit an die in Deutschland geltenden Regeln und Normen, eine innere Unruhe hervorgerufen durch das Erleben tragischer Biographien und einschneidender Schicksalschläge, die Suche nach mehr Lebenssinn oder gesundheitliche Gründe eine Rolle bei der Handlungsentscheidung.
Neben dem guten Klima und der Schönheit der Inselnatur, haben sich die Faktoren der Zielregion im Laufe der Jahre verändert. Waren es vor zwanzig Jahren, als die ersten deutschen Migranten das Valle Gran Rey zu ihrem festen Wohnsitz machten, noch die spanische Mentalität, die Kontakte zu den Einheimischen und das „gomerische Ambiente", die eine Anziehungskraft auf Fremde ausübten, so sind diese Faktoren zusehends einer Attraktivität des seither sich entwickelnden deutschen Raumes und des durch den Tourismus sich bietenden Arbeitsmarktes gewichen. Mit den sich verändernden Motivationen haben sich auch die Erwartungen an die Zielregion verändert, von deren Erfüllung die Lebensqualität in der Migration auch abhängt.

Es ist zur Herausbildung einer permanent ansässigen deutschen Minoritätengruppe in einem entsprechenden lokalen deutschen Raum gekommen, der Teil eines transnationalen deutschen Raumes ist. Es gibt Situationen, in denen die Einheimischen pauschal von „den Deutschen" sprechen, wie zum Beispiel, wenn sie ihre Ängste vor den Veränderungen durch die schnell anwachsende Zahl deutscher Migranten und der Ausbreitung des deutschen Raumes zum Ausdruck bringen. Auch die deutschen Migranten betrachten sich als Gruppe, wenn sie sich auf Traditionen und Merkmale aus dem Herkunftsland beziehen: Zum Beispiel das schlechte Wetter „bei uns in Deutschland" und die gemeinsame Sprache, Weihnachten im Vergleich zu Los Reyes auf La Gomera oder das schnelle Leben in Deutschland in Gegenüberstellung zu dem meist langsameren Alltagsrythmus auf La Gomera.

Trotzdem stellen die deutschen Migranten im Valle Gran Rey keine homogene Einheit dar. Aufgrund unterschiedlicher Lebensstile und Wertvorstellungen lassen sich unterschiedliche Kategorien deutscher Migranten herausarbeiten, die sich zum Teil überschneiden, deren Existenz aber von mir als außenstehende Forscherin herausgearbeitet werden konnten sowie von den Migranten selbst bestätigt wurde. Von Bedeutung bei der Betrachtung dieser Kategorien sind ihre Einbindung in den sozialen und kulturellen Alltag im Valle Gran Rey, ihre Integrationsfähigkeit in den Alltag der einheimischen Bevölkerung sowie Vernetzungen aber auch Abgrenzungstendenzen untereinander und zu den Gomeros.

**Deutsche Frauen mit spanischen Partnern** sind durch ihren Kontakt zur Familie des Mannes am weitesten integriert und von den Einheimischen akzeptiert. Wenngleich bei ihnen die Erwartung an das Leben auf Gomera mit einem gewissen Romantizismus verknüpft war, der sich nach längerem Zusammenleben nicht aufrechterhalten ließ, so sind sie oft durch gemeinsame Kinder, eventuell auch durch gemeinsames Wohneigentum eng mit dem Inselleben verbunden und versuchen ihren Alltag zu bewältigen, ohne vorschnell eine Remigration in Erwägung zu ziehen. Sie empfinden sich nicht unbedingt als Gruppe, sind aber über die Kinder und durch die Schule miteinander vernetzt. Sie fühlen sich am ehesten von allen Kategorien solidarisch mit der einheimischen Bevölkerung, auch wenn sie sagen, daß eine deutsche Frau bei den Gomeros keinen besonderen Stellenwert habe und eine solche Verbindung von den Schwiegereltern nicht unbedingt gerne gesehen werde.

Die **Geschäftsleute** unterscheiden sich, sofern das Unternehmenskonzept erfolgreich realisiert wurde, von anderen deutschen Migranten durch ihren gehobenen Lebensstandard. Viele haben eine Zweitwohnung auf Teneriffa und können sich regelmäßige Besuche in Deutschland leisten. Von den Gomeros, aber auch von anderen Migranten wird ihnen nicht selten mit Neid und Mißgunst begegnet. Aber sie schaffen Arbeitsplätze und können durch die Anstellung von einheimischem Personal Verknüpfungspunkte zwischen Einheimischen und Deutschen erwirken.

Die sogenannten „**Freaks**" könnte man auch als Lebenskünstler bezeichnen. Viele versuchen durch eine spartanische Lebensart äußeren Zwängen zu entrinnen. Einige von ihnen leben in Höhlen an der Playa de las Arenas, andere in Wohngemeinschaften im oberen Teil des Valle Gran Rey, wo die Mieten geringer sind als unten am Meer. Das äußere Erscheinungsbild der „Freaks" erinnert an die Hippies der siebziger Jahre. Sie sind weder von den Einheimischen akzeptiert noch von den deutschen Migranten geschätzt. Einige distanzieren sich bewußt von dieser Kategorie, da bei ihr ein starker Drogenkonsum und -handel vermutet wird, und der Umgang mit diesen Menschen ihrem Ansehen in der Familie schaden würde.

Eine weitere Kategorie sind die **Esoteriker**, die durch ihr vielfältiges Angebot an Massagen, Reiki, Tarot, Meditation und anderen körperlich-geistigen Heilverfahren im Valle Gran Rey präsent sind. Sie haben kein gemeinsames Erscheinungsbild, aber sie sind ein bedeutender Aspekt der deutschen Infrastruktur und nicht zuletzt auch durch das spirituelle Gemeinschaftsprojekt „Finca Argayall" ein Anziehungspunkt für Touristen. Ihr Angebot wird auch von anderen deutschen Migranten, aber nie von Einheimischen genutzt.

Auch die „**Gurianer**", die überwiegend deutsche Bevölkerung des oberhalb von La Calera an einem steilen Hang liegenden Dorfes El Guro, werden von deutschen Migranten als Gruppe definiert. Viele von ihnen verlassen diesen idyllischen Platz nur selten, der Touristenrummel im unteren Tal ist ihnen zuviel, eine Vernetzung mit den anderen deutschen Migranten existiert kaum. Hier leben Künstler und Handwerker, die mit Geschick und Können alte Hütten und Ziegenställe in eigenwillige Wohnhäuser umgebaut haben. Ein Austausch mit den Einheimischen, die die Entwicklung im Dorf mit Skepsis betrachten, findet nur in begrenztem Maße statt.

Eine letzte Kategorie deutscher Migranten, die durch die verbesserte Infrastruktur der vergangenen Jahre angewachsen ist, sind die **Rentner**. Da sie nicht wirtschaftlich eingebunden sind, erwecken sie auch keinen Sozialneid unter dem Rest der Bevölkerung. Trotz ihrer geringen Spanischkenntnisse gehen sie offen auf die Gomeros zu und haben vor allem zu den alten Fischern und Bauern ein freundliches Verhältnis.

Eine eigene Problematik bringen die **interethnischen Beziehungen** mit sich, in denen es aufgrund unterschiedlich kulturell geprägter Erwartungen und Vorstellungen häufig zu Konflikten kommt. Fast ausnahmslos sind es spanische Männer, die mit deutschen Migrantinnen eine Partnerschaft eingehen. Gelingt es der Frau, ihre Rollenerwartungen zu modifizieren und sich den Normen des Mannes anzupassen, so reduziert sich das Konfliktpotential. Aber nicht alle sind dazu bereit. Nicht wenige Frauen beenden aufgrund der Einschränkungen nach einigen Jahren ihre Beziehung. Nach einer Trennung vom gomerischen Partner ist das Leben in dem dörflichen, engen Tal wo jeder jeden kennt, nicht einfach, und so verlegen diese Frauen ihren Wohnsitz häufig zurück nach Deutschland oder auf die Nachbarinseln.

Die Betrachtung des Alltags der **deutschen und deutsch/spanischen Kinder** ist für die Studie bedeutsam, denn das Befinden der Kinder hat Auswirkungen auf das Wohlbefinden der Eltern, bzw. der deutschen Mütter. Anpassungsschwierigkeiten der deutschen Kinder in den neuen Lebensraum legen sich in der Regel, sobald sie die Sprache beherrschen und sich verbal gegen Anfeindungen anderer Kinder zur Wehr setzen können. Kinder aus binationalen Partnerschaften sind durch ihre Zweisprachigkeit besser integriert. Sie haben durch ihr anderes Aussehen und eine andere Erziehung die Möglichkeit, sich mit dem mütterlichen deutschen Teil der Familie, oder dem väterlichen spanischen Teil zu identifizieren. Diese Wahlmöglichkeit kann aber auch, wie in der Arbeit deutlich wurde, zu Problemen bei der Identitätsfindung führen.

Die **einheimische Bevölkerung** im Valle Gran Rey betrachtet die tourismusinduzierten sozio-kulturellen Veränderungen und die Herausbildung einer deutschen Minorität unterschiedlich. Der wirtschaftliche Aufschwung wird gerne angenommen, aber das damit einhergehende Anwachsen der deutschen Infrastruktur und ein unter anderem durch den Verlust von Traditionen sich äußernder Wertewandel wird vor allem von den älteren Gomeros als bedauerliche bis bedrohliche Veränderung empfunden. Gomeros, die selber einmal aus wirtschaftlicher Not die Insel verlassen mußten, sind glücklich, dank des Aufschwungs wieder in der Heimat leben und arbeiten zu können, und stehen dem Wandel offen und tolerant gegenüber. Besonders beklagt wird von Seiten der einheimischen Bevölkerung das Ansteigen der Grundstückspreise und der Lebenshaltungskosten. Viele Gomeros fühlen sich in ihrem persönlichen, spanischen Raum bedrängt und mißachtet, was dazu führt, daß sie sich mehr und mehr von Touristen und deutschen Migranten abgrenzen. Eine Annäherung wird mit dem Anwachsen der deutschen Bevölkerung im Tal zusehends schwieriger. Während früher noch ein freundschaftlicher Austausch stattfand, der teilweise die ethnischen Grenzen zwischen Deutschen und Gomeros aufzulösen schien, bestimmen heute kühle Distanz und Mißtrauen die Kontakte der Einheimischen zu den deutschen Migranten.

Die **Remigration** nach Deutschland wird, wie in der Studie deutlich geworden ist, nicht durch ein bestimmtes Erlebnis ausgelöst, sondern die Entscheidung zur Remigration ist ein oftmals über Jahre andauernder Prozeß, bei dem eine langsam eintretende Desillusionierung die anfängliche Euphorie ablöst und bis hin zur Depression führen kann. Es hat sich gezeigt, daß die Migranten noch lange, nachdem die persönliche Lebensqualität zu sinken begonnen hat, an ihren Idealen und Vorstellungen vom Leben auf La Gomera festhalten. Auch wenn die Enge des Insellebens, die fehlenden Rückzugsmöglichkeiten oder eine unbefriedigende berufliche und finanzielle Situation schon sehr bald nach der Migration als Einschänkung erlebt wird, so ist es kein einfacher Schritt, das „Experiment Inselleben" als gescheitert zu betrachten, und einen Neuanfang in Deutschland zu versuchen. Oftmals sind die Kontakte zu Freunden und Familienangehörigen, die das Auffangen in einem sozialen Netz ermöglichen könnten, abgebrochen. Dies führt dazu, daß viele Remigranten eine lange Leidensphase durchleben, bis ihr

Entschluß zur Rückkehr nach Deutschland oder zum Übersiedeln auf eine andere Insel feststeht.

Es sind durchaus viele Fragen offen geblieben, denen sich **künftige Forschungen** widmen könnten. Es wäre sinnvoll, einen Vergleich mit dem Norden Gomeras vorzunehmen, wo vergleichsweise wenige deutsche Migranten leben, der Tourismus weniger ausgeprägt ist und unter Umständen ein besserer Kontakt zwischen der einheimischen Bevölkerung und den Migranten besteht. Forschungen auf Teneriffa oder den kleinen Nachbarinseln El Hierro und La Palma könnten angeschlossen werden, denn auch deutsche Migranten, die aus dem Valle Gran Rey abwandern, wählen diese Inseln als alternative Residenzmöglichkeit. Solche Untersuchungen könnten Aufschlüsse über Verhaltensweisen und Wertvorstellungen der verschiedenen Gruppen von Bewohnern auf den anderen Inseln geben. Als ein zukünftiges Forschungsthema wäre ebenfalls interessant, die Entwicklung der heranwachsenden Kinder deutscher Migranten oder der Kinder aus interethnischen Ehen zu beobachten. Grundsätzlich hofft die Studie dazu anzuregen, das Phänomen der Migration aus Industriegebieten genauer zu erforschen.

Diese Studie zeigt, daß die Ideale und Erwartungen, die einer Migration in einen als besser und der eigenen Lebensqualität zuträglicher bewerteten Lebensraum zugrundeliegen, den Alltagserfahrungen oftmals nicht über längere Zeit hinweg standhalten können. Spannungen zwischen den verschiedenen Bevölkerungsgruppen, wirtschaftliche Nöte, das objektive Ausmaß der sozialen Beziehungen sowie die persönliche Zufriedenheit damit, können die Lebensqualität in der freiwilligen Migration beeinträchtigen.

Wer an mitgebrachten Paradiesvorstellungen festhält, der wird erkennen, daß auch der Alltag auf einer von den Medien als „Sehnsuchtsziel" gepriesenen Insel problematische Auseinandersetzungen, Einschränkungen und eine gewisse Schwere des Seins mit sich bringen kann. Er wird seine Entscheidung überdenken, und das ist der Punkt, an dem sich viele deutsche Migranten in jüngster Zeit zu einer Remigration nach Deutschland oder zu einem Abwandern auf die Nachbarinseln entscheiden. Aber selbst wenn die Migrationsentscheidung nicht zu einer permanenten Migration geführt hat, so wird nach den Ergebnissen dieser Untersuchung, der Entschluß einen Teil der Lebenszeit in einem fremden Land auf einer Insel zu leben, von den Remigranten durchaus positiv bewertet. Denn die gesammelten Erfahrungen werden von den meisten als eine Bereicherung für das zukünftige Leben und nicht als ein Verlust kostbarer Lebenszeit betrachtet.

Wem es aber gelingt, aufgrund der auf La Gomera gemachten Erfahrungen seine Normen und Erwartungen zu korrigieren und der gegebenen Realität anzugleichen, für den kann das Leben in einem milden, sonnigen Klima, auf einer wunderschönen Insel ohne Sommersmog und Verkehrsstaus, mit mediterranem Lebens- und Zeitgefühl durchaus ein   akzeptabler Lebensentwurf sein.

# Literatur

**Aceves, Joseph B. / Douglas, William A. (Hg.)**
1976   The Changing Faces of Rural Spain. Cambridge, Mass.

**Ackermann, Andreas**
1997   Ethnologische Migrationsforschung: Ein Überblick. In: kea, Zeitschrift für Kulturwissenschaften, Nr. 10:1-28. Bremen.

**Alemán Gutiérrez, Veronica**
1997   Que Identidad? In: El Mosaico. Suplemento domenical de la Gaceta de Canarias:10.Okt.

**Álvarez Delgado, J.**
1960   Primera conquista y cristianización de La Gomera. Algunas problemas históricas. Anuario de Estudios Atlánticos. Nr. 6: 445-492.

**Aznar Vallejo, Eduardo**
1992   La integración de las Islas Canarias en la Corona de Castilla (1478-1526): Aspectos administrativos, sociales y económicos. Las Palmas.

**Apaolaza, José Miguel**
1993   Lengua, Etnicidad y Nacionalismo. Barcelona.

**Bade, Klaus J. (Hg.)**
1996   Migration, Ethnizität, Konflikt. Osnabrück.

**Barke, M. / Towner J. / Newton M.T. (Hg.)**
1996   Tourism in Spain, Critical Issues. Newcastle.

**Basch, Linda / Glick Schiller, Nina / Szanton Blanc, Cristina**
1994   Nations Unbound. Transnational Projects, Postcolonial Predicaments and Deterritorialized Nation-States. Amsterdam.

**Beer, Bettina**
1996    Deutsch-philippinische Ehen. Eine empirische Untersuchung zu Heirats-
        migration und interethnischen Ehen. Hamburg.

**Bell, D.**
1975    Ethnicity and Social Change. In: Glazer u. Moynihan: Ethnicity, Theory
        and Experience. Cambridge Mass: 141-174.

**Bernard, H. Russel**
1995    Research Methods in Anthropology. Qualitative and Quantitative Ap-
        proaches. London, New Delhi, Walnut Creek.

**Bertram, Jutta**
1995    Arm aber glücklich. Wahrnehmungsmuster im Ferntourismus und ihr
        Beitrag zum (Miß-) verstehen der Fremde (n). Münster, Hamburg.

**Biedermann, Hans**
1983    Die Spur der Altkanarier. Eine Einführung in die Altvölkerkunde der
        Kanarischen Inseln. Hallein.

**Bitterli, Urs**
1985    Der „Edle Wilde". In: Theye, Thomas (Hg.). Wir und die Wilden. Einbli-
        cke in eine kannibalische Beziehung: 270-287. Hamburg.

**Blauw, Manuela**
1994    Der Kulturwandel auf Teneriffa 1940 – 1990. Hamburg, Münster.

**Bochner, Stephen (Hg.)**
1982    Cultures in Contact. Studies in Cross-Cultural Interaction. Oxford.

**Börjes, Irene**
1992    Kanarische Inseln. Teneriffa, La Palma, La Gomera, El Hierro. Hamburg.

**Boyer, M.**
1972    Le Tourism. Paris

**Bräunlein, Peter J. / Lauser, Andrea**
1997    Grenzüberschreitungen, Identitäten. Zu einer Ethnologie der Migration in
        der Spätmoderne. In: kea, Zeitschrift für Kulturwissenschaften, Nr. 10: I-
        XVIII.

**Bradburn, N.M.**
1969    The Structure of Psychological Well-being. Aldine Chicago.

**Brandes, Stanley H.**
1975    Migration, Kinship and Community: Tradition and Transition in a Spanish Village. New York.

**Breloer, Heinrich / Schauhoff, Frank**
1995    Mallorca, ein Jahr. Köln

**Brözel, Claudia**
1993    Europäische Tourismus-Entwicklung strukturschwacher Gebiete im Spannungsfeld von Ökonomie und Ökologie. Ein Vergleich zweier Planungsansätze für die Insel La Gomera. Unveröffentlichte Diplomarbeit. Heilbronn.

**Castellano Gil, José M. / Macías Martin, Francisco J.**
1993    Die Geschichte der Kanarischen Inseln. La Laguna.

**Chambers, Iain**
1994    Migrancy, Culture, Identity. New York, London.

**Chaunu, Pierre**
1977    Séville et l'Amérique aux XVI et XVII siècles.

**Clasen-Holzberg, Claudia**
1997    Wie Burgen, nur schöner. Ein Interview mit Günter Stockinger. In: Falksohn, Rüdiger: Urlaub total. Flucht in den Traum. Hamburg.

**Clifford, James / Marcus, George E.**
1986    Writing Culture. The Poetic and Politics of Ethnography. Berkley, Los Angeles, London.

**Clifford, James**
1997    Routes, Travel and Translation in the late Twentieth Century. Cambridge, Massachusetts, London.

**Cohen, Abner**
1974    Introduction. The Lesson of Ethnicity. In: Urban Ethnicity. Cohen, Abner (Hg.): IX – XXIV.

**Días Tejera, Antonio**
1988   Las Canarias en la Antigüedad. In: Morales Padròn, Francisco (Hg.), Canarias y America:13-32. Madrid.

**Diener, E. / Sandvik, E. / Pavot, W.**
1991   Happiness is the frequency, not the intensity, of positive versus negativ affekt. In: Strack F. / Argyle, M. / Schwarz, N. (Hg.). Subjective Well-Being – An Interdisciplinary Perspective: 119-139. Oxford.

**Dogan, Hasan Zafar**
1989   Forms of Adjustment. Sociocultural Impacts of Tourism. In: Annals of Tourism Research. Vol. 16: 216-236

**Duysens, Bart**
1985   Migranten en Toeristen op La Gomera. Geschiedenis en Identiteit van het Eiland van Columbus. Nijmegen.

**Eliade, Mircea**
1986   Ewige Bilder und Sinnbilder. Frankfurt/Main.

**Elwert, Georg**
1989   Nationalismus, Ethnizität und Nativismus – über die Bildung von Wir-Gruppen. In: Waldmann, Peter / Elwert, Georg (Hg.). Ethnizität im Wandel: 21-60. Saarbrücken,Fort Lauderdale, Breitenbach.

**Eriksen, Thomas Hylland**
1988   Ethnicity and Nationalism. Anthropological Perspectives. London, Boulder Colorado.

**Esser, Hartmut**
1988   Ethnische Differenzierung und moderne Gesellschaft. In: Zeitschrift für Soziologie: 235-248.

**Esser, Hartmut**
1996   Die Mobilisierung ethnischer Konflikte. In: Bade, Klaus J. (Hg.). Migration, Ethnizität und Konflikt: 63-88. Osnabrück.

**Fernandez Lopez, A. B.**
1992   La Laurisilva Canaria, un ecosistema fragil y amenazado. In: Revista „Montes". Nr. 30:60-67.

**Filipp, Sigrun-Heide / Ferring, Dieter**
1992   Lebensqualität und das Problem ihrer Messung. In: Seifert, Gerhard (Hg.). Lebensqualität in unserer Zeit – Modebegriff oder neues Denken? : 89-110.

**Finney, Ben R.**
1979   A New Kind of Sugar. Tourism in the Pacific. In: Annals of Tourism Research. Vol. 6:469-471.

**Fischer, Claudia**
1980   Alternatives Leben. Auf der Suche nach der Welt von morgen. Eine Chance, nicht nur für Aussteiger. München.

**Fischer, Hans**
1981   Zur Theorie der Feldforschung. In: Justin Stagl (Hg.). Grundfragen der Ethnologie: 63-77. Berlin.

**Fischer, Hans**
1982   Ethnologie und Tourismusforschung. In: Mitteilungen aus dem Museum für Völkerkunde N.F., 12: 37-54.

**Fischer, Hans**
1984   Warum Samoa? Touristen und Tourismus in der Südsee. Berlin.

**Fischer, Hans**
1988   Feldforschung. In: Ethnologie. Einführung und Überblick: 61-68. Berlin.

**Fischer, Hans**
1988   Ethnologie. Einführung und Überblick.

**Fischer, Michael M. J:**
1986   Ethnicity and the Post-Modern Arts of Memory. In: Clifford, James / Marcus, Georg E. (Hg.). Writing Culture. The Poetics and Politics of Ethnography: 194-233. Berkley, Los Angeles, London.

**Fleck, Michael**
1990   La Gomera. Insel der Sagen und Geheimnisse. Bruchköbel.

**Fog Olwig, Karen / Hastrup, Kirsten**
1988   Siting Culture. The Shifting Anthropological Object. London.

**Gade, O.**
1970   Geographic research and human spatial interaction theory: a review of pertinent studies in migration. In: Migration and Anthropology. Spencer, R. F. und Kasdan, L.: 72-96. Washington

**Galindo, Abreu de / Fray, Juan**
1977   Historia de la conquista de las siete islas de Canaria. Santa Cruz de Tenerife.

**Galván Tudela, J. Alberto**
1987   Islas Canarias. Una aproximación antropológica. Barcelona.

**García, Hernandez**
1981   La emigración de las Islas Canarias en el siglo XIX. Las Palmas.

**Gaugin, Paul**
1897   Noa Noa. Übersetzt von Louise Wolf (1920). Verlag Bruno Cassirer.

**Gawin, Izabella**
1995   Insula Fortunata: Vom Nutzen einer Atlantikinsel. Gran Canaria vom Spätmittelalter bis zur Gegenwart. Bremen.

**Geertz, Clifford**
1993   Die künstlichen Wilden. Der Anthropologe als Schriftsteller. Frankfurt/Main.

**Gleich, Michael**
1998   Mobilität und Reiselust. Ewig in die Ferne schweifen. In: ders. (Hg.) Mobilität. Warum sich die Welt bewegt: 70-99.

**Gmelch, George**
1980   Return Migration. In: Annual review of Anthropology 9:135-159.

**Göbel, Nicola**
1995   Touristische Entwicklungsprozesse im Norden der Kanarischen Insel La Gomera. Handlungsmöglichkeiten und –grenzen der Verwaltung des „Parque Nacional de Garajonay" und einer lokalen Initiative zur Förderung einer nachhaltigen touristischen Entwicklung. Unveröffentlichte Diplomarbeit. Hannover.

**Gonzales, Nancie L. / Mc. Common, Carolyn S.**
1989    Conflict, Migration and the Expression of Ethnicity. Boulder Colorado.

**Goodhart, D. E.**
1985    Some psychological effects associated with positive and negative think-
        ing. About stressful event outcomes: Was Pollyana right? In: Journal of
        Personality and Social Psychology Nr. 48:216-232.

**Greverus, Ina-Maria / Haindl, Erika (Hg.)**
1983    Versuche der Zivilisation zu entkommen. München.

**Greverus, Ina-Maria**
1983    „ ...bietet die Insel-Situation in Griechenland die Möglichkeit, unser
        Projekt mit mehr Ruhe aufzuziehen?" In: Greverus / Haindl (Hg.). Versu-
        che der Zivilisation zu entkommen: 124-138. München.

**Greverus, Ina-Maria**
1983    Natur im utopischen Denken. In: Greverus / Haindl (Hg.). Versuche der
        Zivilisation zu entkommen: 23-44. München.

**Greverus, Ina-Maria / Köstlin, Konrad / Schilling, Heinz**
1988    Kulturkontakt – Kulturkonflikt. Zur Erfahrung des Fremden. Ergebnisse
        des 26. Deutschen Volkskundekongresses. Frankfurt/Main.

**Guibernau, Montserrat / Rex, John (Hg.)**
1997    The Ethnicity Reader. Nationalism, Multiculturalism and Migration.
        Cambridge, Oxford, Malden.

**Gupta, Akhil / Fergusen, James**
1992    Beyond Culture: Space, Identity and the Politics of Difference. In: Cultu-
        ral Anthropology Nr 7: 6-23.

**Gutierrez, A. Herández**
1987    Arquitectura y urbanismo de turismo de masas en las Islas Canarias.
        Santa Cruz.

**Haffner, Karl G. G.**
1886    Die im Jahre 1808 in Tübingen entdeckte geheime Gesellschaft. In: Würt-
        tembergische Vierteljahresschrift für Landeskunde, Neue Folge 9:81-93.

**Haindl, Erika**
1983    Auch wir in Arkadien ... Toskana – eine Formel für Hoffnung? In: Greve-rus / Haindl (Hg.). Versuche der Zivilisation zu entkommen: 97-123. München.

**Hebestreit, Dieter**
1975    Touristik-Marketing: Ziele, Strategien, Instrumentarium, Organisation, Planung des Marketing von Reiseveranstaltern. Berlin.

**Heckmann, Friedrich**
1992    Ethnische Minderheiten, Volk und Nation. Soziologie inter-ethnischer Beziehungen. Stuttgart.

**Hennig, Christoph**
1997    Reiselust. Touristen, Tourismus und Urlaubskultur. Leipzig.

**Hernández, Antonio Macías**
1993    La emigración. Geografía de Canarias. Guillermo Morales Matos (Hg.). Las Palmas.

**Heyerdahl, Thor**
1981    Fatu Hiva - Zurück zur Natur. München.

**Hillmann, Karl-Heinz**
1986    Wertewandel. Zur Frage soziokultureller Voraussetzungen alternativer Lebensformen. Darmstadt.

**Homer**
1958    Die Odysee. Übersetzt in deutsche Prosa von Wolfgang Schade-waldt.Hamburg.

**Horlemann, J.**
1988    Unterwegslexikon. Entwicklungspolitik. Stuttgart.

**Huber, Joseph**
1986    Wer soll das alles ändern. Die Alternativen der Alternativbewegung. Berlin.

208

**Husbands, Winston**
1989    Social Status and Perception of Tourism in Zambia. Annals of Tourism Research 16(2): 237

**ICONA**
1990    Parcque Nacional de Garajonay. Patrimonio Mundial. Informationsbroschüre. Madrid.

**ISTAC**
1998    Iniciadores Municipales en cifras. Canarias. Santa Cruz de Tenerife.

**Janosch**
1997    Gastmahl auf Gomera. München.

**Jensen, Jürgen**
1980    Verwandtschaftliche-lokale Bindung und regionale Mobilität bei den Bavuma (Uganda). Berlin.

**Jost, Gerhard**
1986    Tourismus in einem griechischen Dorf (Stoupa). Eine Fallstudie soziokultureller Aspekte des Phänomens Tourismus. Wien.

**Jost, Gerhard**
1988    Tourismus in einem griechischen Dorf (Stoupa) und seiner Region. In: Greverus, Ina-Maria (Hg.). Kulturkontakt-Kulturkonflikt. Zur Erfahrung des Fremden: 365-368. Frankfurt/Main.

**Kerl, Willi**
1990    Die Kanarischen Inseln. Landschaft-Geschichte-Kunst. München.

**Kahrmann, Christine**
1995    Hoffen auf den reichen Strand: Tourismus in der Südsee; die einheimische Sichtweise. Berlin.

**Kilian, Dieter**
1992    La Gomera – Dieser Traum wird nicht zerstört. In: Brigitte Nr. 26:210-214.

**King, Brian E. M.**
1997    Creating Island Resorts. London.

**Kößler, Reinhart / Schiel, Tilmann (Hg.)**
1995 Nationalstaat und Ethnizität. Frankfurt.

**Kortländer, Kristina**
1999 Das Land des Lächelns. Thailand als Mythos in Reisekatalogen. Unveröffentlichte Magisterarbeit. Hamburg.

**Kohl, Karl-Heinz**
1983 Entzauberter Blick. Das Bild vom Guten Wilden und die Erfahrung der Zivilisation. Berlin.

**Lewis, G.**
1972 The Virgin Islands. Evanston.

**Liem, Ottmar**
1974 Akkulturation als Konzept des kulturellen Wandels. In: Zeitschrift für Kulturaustausch. 24. Jahrgang: 4-9.

**Lindner, Rolf**
1988 Wer wird Ethnograph? Biographische Aspekte der Feldforschung. In: Greverus, Ina-Maria (Hg.). Kulturkontakt – Kulturkonflikt.

**Liu, Juanita C. / Var, Turgut**
1986 Resident Attitudes Toward Tourism Impacts in Hawaii. Annals of Tourism Research 13(2): 193-214

**Löher, Franz von**
1895 Das Kanarierbuch. Geschichte und Gesittung der Germanen auf den Kanarischen Inseln. München.

**López Herrera, Salvador**
1978 Die Kanarischen Insel. Ein geschichtlicher Überblick. Madrid.

**Lucassen, Jan / Lucassen, Leo**
1997 Migration, Migration History, History: Old Paradigmas and New Perspectives. In: Migration, Migration History, History. Lucassen/Lucassen (Hg.): 9-38. Bern.

**Malingue, Maurice (Hg.)**
1960 Paul Gaugin, Briefe (1887-1901). Berlin.

**Marcus, George E.**
1995 Ethnography in/of the world system: The Emergence of Multi-Sited Ethnography. In: Annual Review of Anthropology 24: 95-117.

**Marshment, Margaret**
1997 Gender takes a holiday. Representation in Holiday Brochures. In: Sinclair, Thea (Hg.) Gender, Work and Tourism: 16-34.

**Maslow, A. H.**
1954 Motivation and Personality. New York.

**Meyers**
1984 Meyers Grosses Universallexikon in 15 Bänden. Mannheim.

**Miles, Matthew B. / Huberman, A. Michael**
1994 Qualitative Data Analysis. An expanded Sourcebook. Thousand Oaks, London, New Delhi.

**Millares, Augustin**
1983 Canarias siglo XX. Las Palmas.

**Millares Torres, Augustin**
1985 Historia General de las Islas Canarias. (Erstauflage Las Palmas 1893). Santa Cruz de Tenerife.

**Moore, Kenneth**
1976 Modernization in a Canary Island Village. In: Aceves/Douglas. The Changing Faces of Rural Spain:17-28. Cambridge Mass.

**Morales Padròn, Francisco (Hg.)**
1988 Canarias y America. Madrid.

**Moynihan, D.P. / Glazer, N.**
1964 Beyond the Melting Pot. The Negroes, Puerto Ricans, Jews, Italians and Irish of New York City. Cambridge.

**Moynihan, D.P. / Glazer N. (Hg.)**
1975 Ethnicity: Theorie and Experience. Cambridge Mass.

**Müllender, Bernd**
1999    Organ im Darm. Das vermutlich längste Abo der Welt. In: Die taz:
26.März: S. 20.

**Murphy, Paul**
1996    Kanarische Inseln. Thomas Cook Reiseführer. München.

**Nash, Dennison / Smith, Valene L.**
1991    Anthropology and Tourism. In: Annals of Tourism Research. Vol. 18: 12-26.

**Nash, Dennison**
1978    Tourism as a Form of Imperialismus. In: Smith, Valene L. Hosts and Guests. The Anthropology of Tourism: 33-47. Oxford.

**Nau, Petra**
1995    Gomera. Mit Ausflügen nach Teneriffa und Hierro. Köln.

**Nickel, Horst / Schmidt, Ulrich**
1980    Vom Kleinkind zum Schulkind. Eine entwicklungspsychologische Einführung.

**Nooteboom, Cees**
1992    Der Umweg nach Santiago. Frankfurt am Main.

**Nuñez, Theron A.**
1963    Tourism, Tradition and Acculturation: Weekendismo in a Mexikan Village. Ethnology   2 (3): 347-352.

**Nuñez, Theron A.**
1963    Tourism, Tradition and Acculturation: Weekendismo in a Mexican Village. In: Southwest. Journal of Anthropology. Vol. 34: 328-336.

**Nuñez, Theron A.**
1977    Touristic Studies in Anthropological Perspectives. In: Hosts and Guests: The Anthropology of Tourism. Valene L. Smith (Hg.): 206-216. Philadelphia.

**Nuscheler, Franz**
1996    Migration, Ethnizität und Konflikt in Afrika. In: Bade, Klaus J. (Hg.).
        Migration, Ethnizität und Konflikt: 289-304.

**Opaschowski, Horst W.**
1999    Tourismus im 21. Jahrhundert. Zwischen Nepal und Hawaii. Auf der
        Suche nach dem Paradies auf Erden. Hamburg.

**Orywal, Erwin / Hackstein, Katharina**
1993    Ethnizität: Die Konstruktion ethnischer Wirklichkeiten. In: Schweizer Th.,
        Schweizer M., Kokot W. (Hg.). Handbuch der Ethnologie: 593-609. Ber-
        lin.

**Padilla, Amado M. (Hg.)**
1980    Acculturation: Theory, Models and some new Findings.

**Pardin, Harry B.**
1987    Paradise. In: Eliade, Mircea (Hg.) The Encyclopedia of Religon: 184-189.
        New York, London.

**Park, Robert Ezra / Miller, Herbert A.**
1921    Old World Traits Transplanted. (Neuauflage 1974). New York.

**Parnwell, Mike**
1993    Population Movements and the Third World. New York.

**Pérez Fernández, Isacio**
1989    Estudio preliminar. Fray Bartolomé de Las Casas. Brevísima relación de
        la destrucción de Africa: Preludio de la destrucción de Indias. Pérez
        Fernández, Isacio (Hg.):11-190. Salamanca.

**Pi-Sunyer, Oriol**
1981    Tourism and Anthropology. In: Annals of Tourism Research. Vol. 8: 271-
        284.

**Plinius, Gajus Secundus**
1853    Naturgeschichte, Bd. 1, übersetzt und mit erläuternden Registern versehen
        von Christian Friedrich Lebrecht Strack. 6. Buch. 32. Kapitel: 285f.

**Pollig, Hermann**
1987   Exotische Welten – Europäische Phantasien. In: Exotische Welten – Europäische Phantasien. Ausstellungskatalog: 16-25. Stuttgart.

**Refield, Robert**
1966   Die „Folk"-Gesellschaft. In: Mühlmann, Wilhelm E. / Müller Ernst W. (Hg.). Kulturanthropologie. Köln, Berlin.

**Reuter, Christoph**
1988   Das Tal der Paradiesvögel. In: Geo-Special, Kanarische Inseln. Nr. 5. Oktober:68-77.

**Riedel, Uwe**
1971   Der Fremdenverkehr auf den Kanarischen Inseln. Schriften des geographischen Institutes des Uni Kiel Bd. 35.

**Riedel, Uwe**
1972   Las lineas de desarollo de turismo en las Islas Canarias. Annuario de Estudios Atlánticos No. 18.

**Rousseau, Jean Jacques**
1756   Aus freien Stücken bei den Wilden. In: Johann Jacob Rousseau. „Bürgers zu Genf Abhandlung von dem Ursprunge der Ungleichheit unter den Menschen, und worauf sie sich gründe." Berlin

**Roth, Jörg**
2000   Fahren sie bloß nicht nach ... Gomera. In: Frankfurter Rundschau. Magazin Reisen. Nr. 2. 6.Mai: 16.

**Rupprecht, Roland**
1994   Lebensqualität. Theoretische Konzepte und Ansätze zur Operationalisierung. Nürnberg.

**Saehrendt, Christian**
2001   Das verlorene Paradies der Boheme. In: Die Tageszeitung. 13./14.Okt.2001:18.

**Said, Edward W.**
1995   Orientalism. (Erstauflage 1978). London.

**Sánchez, Carlos**
1949 El turismo en Gran Canaria. Isla Nr. 6: 3.

**Sánchez, Garcia J.**
1990 Garajonay: Parque Nacional. In: Perez de Paz P. L. (Hg.): Parque Nacional de Garajonay. Patrimonio Mundial: 19-27. Madrid.

**Scherer, Brigitte**
1995 Special: Tourismus. Hamburg.

**Scherrer, Christian**
1986 Dritte-Welt-Tourismus: Entwicklungsstrategische und kulturelle Zusammenhänge; Grundlagen zur Beurteilung des 3.-Welt-Tourismus und Bedingungen zur Möglichkeit angepaßter Tourismusformen. Berlin,

**Schmidt, Bruno**
1996 Die Ureinwohner der Kanarischen Inseln. Ihre Geschichte, Herkunft und Hinterlassenschaft. Münster.

**Schmidt-Lauber, Brigitte**
1993 Die abhängigen Herren: Deutsche Identität in Namibia. Interethnische Beziehungen und Kulturwandel Bd. 9. Hamburg, Münster.

**Schöps, Joachim (Hg.)**
1982 Auswandern. Ein deutscher Traum. Hamburg.

**Schweizer, Th. / Schweizer M. / Kokot W.**
1993 Handbuch der Ethnologie. Berlin.

**Seifert, Gerhard (Hg.)**
1992 Lebensqualität in unserer Zeit – Modebegriff oder neues Denken? Referate gehalten auf dem Symposium der Joachim-Jungius-Gesellschaft der Wissenschaften. Hamburg.

**Selwin, Tom**
1993 Peter Pan in South East Asia: Views from the Brochures. In: Hitchcock, Michael / King, Victor T. und Parnwell, Michael J.G. (Hg.). Tourism in South East Asia: 117-147.

**Shally, Beth**
1985   Living one's Stories of to be Gomero: Dynamic Processes of Identification in the Gomeran Fiesta. Princeton, New Jersey.

**Silver, Ira**
1993   Marketing Authenticity in Third World Countries. In: Annals of Tourism
Research 20: 302-318.

**Simon, Karl Günter**
1993   Zum Meer hin stürzen alle Täler. La Gomera. In: ADAC – Special. Das
Reisemagazin Nr. 11: 136.

**Smith, A. D.**
1981   The Ethnic Revival in the Modern World. Cambridge

**Smith, Valene L.**
1978   Hosts and Guests. The Anthropology of Tourism. Oxford.

**Stagl, Justin**
1974   Kulturanthropologie und Gesellschaft. Wege zur Wissenschaft. München.

**Stein, Gerd (Hg.)**
1984   Europamüdigkeit und Verwilderungswünsche vom 18. bis zum 20. Jahrhundert. Ethnoliterarische Lesebücher Bd. 3. Frankfurt/Main.

**Steuer, Rüdiger**
1966   La Gomera. Bergwandern in ursprünglicher Natur. Pforzheim.

**Tejera Gaspar, A.**
1996   La religión de los Gomeros. Ritos, mitos y leyendas. La Laguna.

**Urry, John**
1990   The tourist gaze. London.

**Uysal, Muzaffer / Hagan, Lee Anna R.**
1993   Motivation of Pleasure Travel and Tourism. In: Khan, Mahmood A.;
Olson, Michael D. und Turgut Var (Hg.). VNR's Encyclopedia of Hospi-
tality and Tourism: 798-810. New York.

**Van den Berghe, Pierre L.**
1981   The Ethnic Phenomenon. New York.

**Vanberg, M.**
1971   Kritische Analyse der Wanderungsforschung in der BRD. Institut für Soziologie. TU Berlin. Arbeitshefte Nr. 3.

**Vanberg, M.**
1971/72   Entwicklung eines Modells der Wanderungsentscheidung. In: Kottwitz, G. und M. Vanberg. Ein Modell der Wanderungsentscheidung. Institut für Soziologie. Tu Berlin. Arbeitshefte Nr. 4: 35-96.

**Vanberg, Viktor**
1972   Der verhaltenstheoretische Ansatz in der Soziologie – Theoriegeschichtliche und wissenschaftstheoretische Fragen. In: Homans, G.C. Grundfragen soziologischer Theorie: 141-175.

**Viera y Clavijo, Joseph de**
1772/83 Noticias de la Historia General de las islas de canaria. Madrid.

**Viña Brito, Ana**
1992   La Conquista señoral. In: Historia de Canarias. Bd. 1, Aznar Vallejo, Eduardo (Hg.):117-132. Las Palmas.

**Wahrlich, Heide**
1984   Tourismus – eine Herausforderung für Ethnologen: Problemdimensionen und Handlungsaspekte im touristischen Bezugsfeld. Berlin.

**Waldmann, Peter / Elwert, Georg (Hg.)**
1989   Ethnizität im Wandel. Spektrum, Bd. 21. Saarbrücken, Fort Lauderdale, Breitenbach.

**Waldner, Regula**
1998   Bali – Touristentraum versus Lebensraum? Ökosystem und Kulturlandschaft unter dem Einfluß des internationalen Tourismus in Indonesien. Bern.

**Waldren, Jacqueline**
1996   Insiders and Outsiders. Paradise and Reality in Mallorca. Oxford.

**Wölfel, Josef**
1965 Monumentae Lingua Canariae: Die kanarischen Sprachdenkmäler: Eine Studie zur Vor- und Frühgeschichte Weißafrikas. Graz.

**Wolbert, Barbara**
1984 Migrationsbewältigung, Orientierungen und Strategien. Biographisch-interpretative Fallstudien über die „Heiratsmigration" dreier Türkinnen. Göttingen.

**Wolbert, Barbara**
1996 Der getötete Paß. Berlin.

**Wolcott, Harry F.**
1990 Writing up Qualitative Research. Qualitative Research Methods. Series Nr. 20. London, Newbury Park, New Delhi.

**Zapf, Wolfgang / Breuer, Sigrid ed. al.**
1987 Individualisierung und Sicherheit. Untersuchungen zur Lebensqualität in der BRD. München.

## Interviewpartner

Die nachfolgende Liste der Interviewpartner soll einen Überblick über die im Valle Gran Rey und in Hamburg geführten Interviews geben. Die Datumsangaben sind identisch mit den wirklichen Daten. Alle Namen (bis auf Personen der Öffentlichkeit) sind wie bereits erwähnt zum Zwecke der Anonymisierung frei erfunden, aber so in der vorliegenden Studie verwendet.

### Deutsche Migranten und Gomeros 1996/1997

| | |
|---|---|
| Heike | 13.11.96 |
| Sonja | 17.11.96 |
| Hilde | 22.11.96 |
| Inge | 23.11.96 |
| Dieter | 25.11.96 |
| Dagmar | 28.11.96 |
| Marianne | 30.11.96 |
| Udo | 30.11.96 |
| Tonia | 01.12.96 |
| Thomas | 05.12.96 |
| Evelyn | 07.12.96 |
| Bettina | 09.12.96 |
| Pia | 11.12.96 |
| Silvia | 12.12.96 |
| Karla | 13.12.96 |
| Carmen | 16.12.96 |
| Heino | 16.12.96 |
| Harald | 19.12.96 |
| Wolfgang | 19.12.96 |
| Alberto | 20.12.96 |
| Pablo | 20.12.96 |
| Daniela | 22.12.96 |
| Monika | 26.12.96 |
| Tanja | 27.12.96 |
| Holger | 30.12.96 |
| Maria | 31.12.96 |

Annette    04.01.97
Irena      09.01.97
Ulla       18.01.97
Reina      19.01.97
Susanne    21.01.97
Daniela    24.01.97
Bärbel     27.01.97
Conny      28.01.97
Anna       31.01.97
Schiwa     27.01.97
Theresa    20.02.97

## Deutsche Migranten und Gomeros 1999

Pia         15.10.99
Evelyn      14.10.99
Patricia    01.11.99
Simone      18.10.99
Dieter      15.10.99
Carola      14.11.99
Schulkinder 04.11.99
Anna        16.11.99
Katharina   28.10.99
Ralf        19.10.99
Jens        27.10.99
Yana        10.11.99
Gerda       28.10.99
Lena        25.10.99
Martha      07.11.99
Hans        07.11.99
Inge        09.11.99
Helmut      09.11.99
Julia       14.10.99
Harold      28.10.99
Jan u. Uta  14.11.99
Marion      29.10.99
Maria       05.11.99
Fernando    26.10.99

## Remigranten 2000

| | |
|---|---|
| Sarah | 28.02.00 |
| Jule | 04.07.00 |
| Helene | 04.07.00 |
| Manuela | 03.07.00 |
| Gunnar | 11.07.00 |
| Marthe | 11.07.00 |
| Anita | 11.07.00 |

**Anhang I:**

**Landkarten**

Abb. 1: Gesamtübersicht Kanarische Inseln
Abb. 2: La Gomera
Abb. 3: Valle Gran Rey

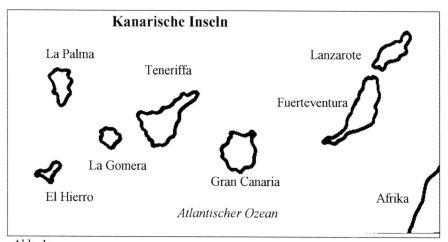

Abb. 1:
Übersichtskarte Kanarische Inseln

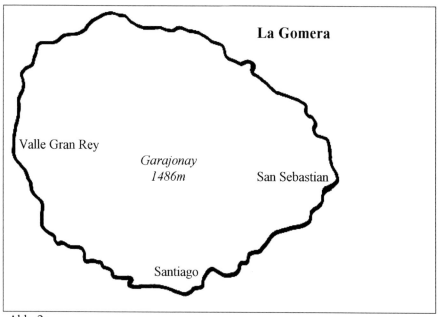

Abb. 2:
La Gomera

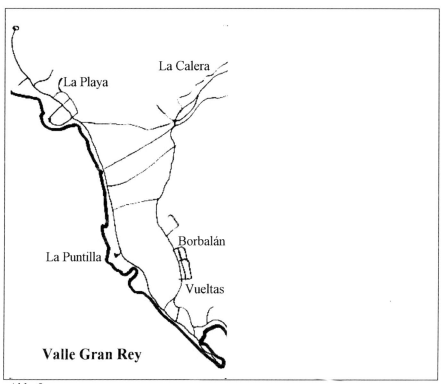

Abb. 3:
Valle Gran Rey

**Anhang II:**

Zeitungsartikel

Abb. 1: „Grüß Gott, Herr Qualitätstourist." In: Der Valle-Bote Nr.15:1
Abb. 2: „Scheinasylanten." In: Der Valle-Bote Nr.15:48
Abb. 3: „Offener Brief..." In: Der Valle-Bote Nr.24:30
Abb. 4: „Der König von ‚El Guro'". In: Der Valle-Bote Nr.12:11
Abb. 5: „Ernst ist das Leben..." In: Der Valle-Bote Nr.12:10

Abb. 1:
„Grüss Gott, Herr Qualitäts-Tourist." In: Der Valle-Bote Nr.15;1

226

## Scheinasylanten

### Kanarisches Asylrecht soll eingeschränkt werden

Seit jeher wird klimatischen Flüchtlingen aus nord- und mitteleuropäischen Ländern auf den Kanaren grosszügig klimatisches Asyl gewährt. Seit dem letzten Sommer allerdings sind die Aufnahmebedingungen härter geworden. Das liegt zum einen an der sprunghaft angewachsenen Zahl von Asylsuchenden, zum anderen aber auch an dem Missbrauch, der mit dem kanarischen Asylrecht getrieben wird. So werden in jüngster Zeit zunehmend Scheinasylanten und Asyl-Schwindler auffällig, die die freundliche Behandlung der Behörden bei der Einreise rücksichtslos ausnutzen. Um klimatisches Asyl auf den Kanaren gewährt zu bekommen, reicht als Begründung Nieselregen oder Kohlenheizung nicht mehr aus. Mindestens Flechtenbildung an intimen Köperstellen oder Pilzwuchs an Unterschenkeln sind amtsärztlich nachzuweisen. Bei Husten, Schnupfen und Heiserkeit besteht heutzutage kaum noch Aussicht auf Gewährung von klimatischem Asyl, da sich diese Schäden auch in Neustadt am Rübenberge leicht mit Hustinetten-Bärchen oder Wick Medinight heilen lassen. Das Gleiche gilt für rheumatische Beschwerden. Wer mit solcherlei Begründung einen Asylantrag stellt, der wird kaum mit Anerkennung desselben rechnen können. (Anerkennungs-Quote unter 4 %). Schliesslich ist einfaches "Verhungern" ja auch in Deutschland kein Asylgrund. Da handelt es sich ja auch nur um Wirtschaftsflüchtlinge - eine Unterart von Wirtschafts-Kriminellen. Relativ gute Chancen hingegen hat der Nachweis manischer Depressionen und ähnlicher Gemütskrankheiten, die durch atlantische Tiefausläu-fer und Nachtfrost ausgelöst wurden. Und da diese Art Erkrankungen nur schwer mit letzter Gewissheit zu diagnostizieren sind, tut sich gerade hier ein Sumpf von Scheinasylantentum auf. Eine augenfällige Macke ist eben sehr viel einfacher zu simulieren als genentzündung - vor allem seit dem Trick mit den Kaugummis auf dem Rücken inzwischen auch bei den kanarischen Asyl-Behörden bekannt ist. Wer von den vielen Beknackten, die in Valle Gran Rey immer noch das nächtliche Strassenbild bestimmen, echt bescheuert ist und wer seine Hacke nur simuliert, lässt sich also schwer feststellen. Die Behörden vermuten, dass sich unter den Abgedrehten der Insel inzwischen über 43 % schräge Vögel befinden, die nur so tun als ob. Scheinasylanten also, die in Abschiebehaft zu nehmen sind.

Abb. 2:
„Scheinasylanten." In.: Der Valle-Bote Nr.15:48

## Offener Brief an meine lieben Kollegen "Mitbewerber" im Valle

Liebe Petra, lieber Karl,
natürlich belebt Konkurrenz das Geschäft. Und die freie Marktwirtschaft gilt auch auf unserer kleinen Insel. Aber müsst Ihr eigentlich mit allen Mitteln und auf Teufel komm raus jeder Pesete nachjagen, die es hier möglicherweise zu ergattern gibt ? Und müsst Ihr dabei jedweden Anstand und alle Guten Sitten rücksichtslos ausser acht lassen ? Ihr habt hier im Valle seinerzeit eine Motorrad-Vermietung aufgemacht, und wir haben Euch alle Erfolg damit gewünscht. Dann reichte Euch dieses Geschäft wohl nicht mehr und Ihr habt auch Mountainbikes in Euer Angebot genommen und einen Preiskampf losgetreten. Und jetzt macht Ihr uns auch noch unsere Bergtouren nach. Genau vom gleichen Ausgangspunkt wie wir das seit 10 Jahren tun. Ihr kopiert gnadenlos unsere Routen, unsere Angebote, unser Konzept. Und - was ich Euch vor allem vorwerfe - geht Ihr auch noch hin und nennt Eueren neuen Laden "Bike-Station".
Unter zivilisierteren Bedingungen erfüllt das den Tatbestand des Unlauteren Wettbewerbs. Wenn Ihr schon keine eigenen Ideen für die Vermarktung Euerer Billig-Bikes habt, dann klaut doch wenigstens woanders als gerade bei uns, die wir (im Gegensatz zu Euch) hier seit vielen Jahren Wert auf eine gewisse Qualität legen.
Tut mir leid, dass ich Euch öffentlich "anmachen" muss, aber für ein freundschaftliches Gespräch als "Kollegen" steht Ihr ja leider nicht zur Verfügung.

Mit (nicht allzu) freundlichen Grüssen

**Sabine Grundmann**
**Bike-Station Gomera**

Abb. 3:
„Offener Brief an meine lieben Kollegen..." In: Der Valle-Bote Nr 24:30

# Der König von "El Guro"

### (Burghard Löwenstein)

Lang ist es her, und niemand weiss heut mehr genau, wer er denn war, jener "Grosse König", dem das Valle Gran Rey - das Tal des Grossen Königs - seinen Namen verdankt. Sagen und Legenden aus der Zeit der Guanchen, der Ureinwohner, gibt es viele. Doch mögen auch die Gebeine jener antiken Majestät längst zu feinem Staub zerfallen sein, der königliche Geist schwebt weiter über Berg und Tal und Insel. Und neue Könige bringet er täglich hervor - kleine und mittlere - und wer weiss: Vielleicht eines Tages auch wieder einen richtig grossen. Der, von dem hier die Rede ist, ist (noch) nicht so furchtbar gross. Aber doch schon ganz schön bedeutend. Jedenfalls für gomerianische Verhältnisse. Mit Ludwig II von Bayern wird er bereits verglichen. Nicht weil er etwa der gleichgeschlechtlichen Liebe nachginge (das tut er - walte Hugo - mitnichten), sondern weil er, ähnlich dem Erbauer von Neuschwanstein, sein königliches Tun und Treiben ganz in den Dienst der Kunst gestellt hat. Nicht irgendeiner Kunst, sondern jener, die der Nachwelt noch hunderte von Jahren erhalten bleibt. Und so präsentiert sich - dank königlichen Schaffens - geballte Baukunst, hineinkomponiert in schroffes Gestein und liebliche Palmen. Sorgsam das Alte bewahrend wird Avantgardistisches geschaffen. Liebevolle Künstlerhände mischen den Zement - Schäufelchen für Schäufelchen. Ein Eselchen trabt Jahr für Jahr leichten Fusses die steilen Hänge hinauf und bringt alte, handverlesene Tonplatten und Dachziegel, nutzlos Weggeworfenes und dennoch zeitlos Schönes, aussortiert von Konsum und Progress - eingesammelt von kennerischer, begnadeter Sammlerhand. Kleine Kunstwerke Stück für Stück. Und jedes findet alsbald seinen Platz an Mauern und Säulen, auf Simsen und Sockeln. So steigt "El Guro", das einstmals verfallene, fast schon aufgegebene, vom Fortschritt vergessene, einem Phoenix gleich aus Gomeras Asche. So liegt es heute wieder hoch über dem Tal des Grossen Königs, die Blicke der Sehenden ergötzend, die Stimmen der Spötter zu ewigem Schweigen verdammend, die Hände derer lobpreisend, die es täglich neu schaffen. Bescheiden, wie kaum ein gekröntes Haupt zwischen Orient und Okzident, regiert der König von El Guro mit sanfter, liebevoller Hand sein alternatives Völkchen. Ein aufmunterndes Wort hier, eine freundliche Geste dort, und schon fährt er fort in seinem unermüdlichen Tun zum Wohle seiner Untertanen, die er gern "meine lieben Künstler-Kinder" zu nennen pflegt. Und wie Kinder spornt er sie täglich an zu kreativem Tun. An Bögen und Erkern sieht man sie werkeln, emsig, fröhlich, unermüdlich, und aus allen Blicken strahlt die Freude am kunstvollen Sinn des Seins. Und jedes neue Mitbringsel wird reihum bestaunt und bewundert. "Seht nur, was ich auf staubiger Müllhalde entdeckte und hurtigen Schenkels über die Berge zu euch trug, um unser liebliches Dörflein wiederum ein klein wenig zu bereichern !" Da klingen die "Ahs" und "Ohs" wie silberne Glocken gen Himmel, und manch faltiges Auge wird feucht unter dem Zementstaub vollbrachten Tagwerks. Und manch müdes Knie beugt sich in Ehrfurcht vor der königlichen Weisheit und Fürsorge, die der Herrscher selbst dem Geringsten unter seinen Maurerknechten angedeihen lässt.

Ein gütiger König ist er, der König von El Guro, ein fleissiger und gerechter und dennoch ein so bescheidener. Mit verschämter Hand winkt er ab, wenn ihm sein Volk eine Hymne singen, eine Ballade dichten, sein königliches Konterfei in gebrochenem Marmor schaffen will. Eitelkeit ist dieses Königs nicht. Selbst seine Staatskarosse, den schlichten, schmucklosen Mercedes, von dem er mit eigener Hand "SE" und Zierleisten entfernte, er hat ihn zum Wohl seines Volkes verkauft und den Erlös zum Ruhme eines Höheren in Bloques und Zement verwandelt. Einem Tagelöhner gleich fährt er nun einen bescheidenen, rostigen Motorroller. Und wie sich die Herrscher zu allen Zeiten ihren Beinamen verdienten (Richard der Löwe, August der Starke, Ludwig der Sonnenkönig, Karl der Grosse oder Heinrich der Verschleimte) so hat sich auch unser kleiner König aus El Guro den seinen gemacht: "Der Gütige". Unverständlich, wie wenig sein königliches Tun und Streben ausserhalb seiner an so selbstgenügsamen, kleinen Berggemeinde geschätzt wird. Wo er, der König, einem Bettelmönch gleich, durch Baustellen und Abbruchhäuser kriecht, um neue Schätze für sein Reich zu heben, ertönen schrille Schreie:

"Rosa ! Hol die Wäsche rein ! ER schleicht schon wieder um unser Haus !" Und dann blickt er ganz traurig drein, der König von El Guro, vor soviel Eigennutz und künstlerischem Unverstand. Doch majestätisch erträgt er selbst die ungebührlichsten Anwürfe des Pöbels. Was kümmert es den Mond, wenn ihn der Hund anbellt ?

"Herzlichen Glückwunsch", Walter Moers

# Ernst ist das Leben...

### Vernissage in der Oasis

Aufgeblüht ist Elfriede Pieper in ihrer neuen Kunst-Galerie in der Oasis. Der tägliche Umgang mit Insel-Künstlern macht sie täglich jünger und den Schlitz im langen Seidenen täglich gewagter. So auch auf der Vernissage für den Bremer Hanns Menninger am vorvergangenen Sonntag, 17 Uhr. Bei Erdnüsslein und Käsehäppchen trafen sich mal wieder die feinen Leute der Insel. Während der gutgelaunte Hausherr hochrechnete, dass bei den Preisen ein Künstler locker auf einen Stundenlohn von 2.780 DM kommt, agierte Elfriede charmant und tüchtig nach dem Motto: "Steht hier nicht so dumm rum ! Kauft was !"

Das handverlesene, kaufkräftige Publikum hielt sich dennoch zurück und machte cosmopolitisch auf Small Talk: Foto-Unternehmer Thomas K. mit Goldgewerblerin Christine Müller; Bauunternehmer Björn (der, mit dem eigenen Esel); Privatier Werner (der sein Haus in Calera nun doch nicht mehr verkaufen will); Atlantis-Chefin Erika; Lilo mit Mann von der Casa Rudolfo. Selbst der alte Capitano Claudio mit Frau Conchi drückte sich durchs hochsoziale Gewühl und suchte Schmückendes für seinen neuen Anbau in Vueltas. Eigentlich wollte ja auch Irmgard (Casa Simon) kommen. Aber als sie hörte, dass es sich bei den ausgestellten Bildern mal wieder nur um solche handelte, auf denen man nicht erkennen kann, was sie eigentlich darstellen sollen, blieb sie lieber zuhause bei ihrer echten Rembrandt-Kopie (in einem echten KZ auf echter Kriegspappe handgemalt und inzwischen gute 9000 Mark wert), die sie allerdings dringend mit feuchtem, frischem Graubrot (wenn sie nur welches hätte) restaurieren müsste. Während sich die Garderobe der Damen durchaus bereits unter dem Begriff "Cocktail-Kleidchen" kategorisieren liess, kamen die Herren (in Modefragen ja bekannterweise eher konservativ) noch im typischen Gomera-Gammel-Look. Das Dinner-Jacket hat offensichtlich seinen Weg (noch) nicht wieder bis ins Valle gefunden. Kann aber sicher nicht mehr allzu lange dauern. Unter den Künstlern, die sich meist etwas linkisch und irritiert abseits hielten, setzte sich nur Goldpeer von Eisenspinne (als Fliegenpilz verkleidet) publikumswirksam in Szene und machte die Gäste darauf aufmerksam, dass er Orangensaft trinke. (Hätte sonst vielleicht jemand auf die Idee kommen können, dass er nur unter Alkoholeinfluss so herrlich beknackt sei ).

Bildhauer Fred Donant philosophierte darüber, dass die riesigen Kakteen der Oasis seinen Kunstwerken möglicherweise die Schau stehlen könnten, und Ehrengast Hanns Menninger meinte artig, dass es sich schon allein für seine Gomera-Besuche lohnen würde, zu malen. Dafür gab's dann auch jede Menge Applaus. Wenn so ein kreativer Mensch wie Hanns Menninger strammen Schritts auf die 60 zumarschiert, dann hat er jüngeren Kollegen zumindest eines voraus: Vita. 1937 geboren, Studium in München, Bühnenbildner, Schauspieler, Regisseur, Fernsehredakteur, Autor, Lyriker - dann Malerei und Skulptur und Ausstellungen u.a. in Worpswede, Hamburg, Basel, Paris und Krakau. Und wenn er nicht gerade seine Bilder auf Gomera zeigt, dann lebt er heute als Maler und Autor in Bremen.

Abb. 5:
Ernst ist das Leben... In: Der Valle-Bote Nr 12:10

229

**Anhang III:**

**Fotografien**

Abb. 1:
El Guro, das „U-Boot"

Abb. 2:
El Guro, eigensinnige Architektur

Abb. 3&4:
El Guro, Dorfimpressionen

232

Abb. 5:
Erinnerungen an die Heimat, „Die Bremer Stadtmusikanten"

Abb. 6:
Der Hühnerhof verspricht deutsche Gemütlichkeit

Abb. 7:
Anwesen eines deutschen Migranten im Ortsteil La Playa I

Abb. 8:
Anwesen eines deutschen Migranten im Ortsteil La Playa II

Abb. 9:
Schriftzug beim Postamt, „Alemanes fijos fuera"

Abb. 10:
Restaurant in Calera: „We offer Canarian Culture and Customs für Europe"

Abb. 11:
Privatweg im Barranco Argaga

Abb. 12:
Privatweg in La Playa

Abb. 13:
Weihnachtsmarkt in Vueltas I

Abb. 14:
Weihnachtsmarkt in Vueltas II

Abb. 15:
Fiesta Los Reyes

Abb. 16:
Finca Argayall

Abb. 17:
Blick ins Valle Gran Rey auf den Ortsteil Calera

**Anhang IV:**

Werbeprospekte

Abb. 1:
Massage und Shiatsu in El Guro

Abb. 2:
Schneiderei in La Playa

# La Galeria

Ausstellung, Theater, Konzerte, Kino, Cine-Bar

## Programm

*16. Dezember 1996 bis 11. Januar 1997*

La Galeria ist Treffpunkt für kultur- und kunstinteressierte Menschen. Seit 1985 bietet sie ein gomerabezogenes Programm in Filmen und audiovisuellen Medien. Ausstellungen, Konzerte, Musikkabarett und Theater erweitern unser kulturelles Angebot. Jeder, der mehr über die Insel erfahren möchte und auch auf La Gomera nicht auf Kleinkunst verzichten will, ist herzlich eingeladen, die La Galeria kennenzulernen.

Sie erreichen uns über die Treppe beginnend am Rathaus, (Ayuntamiento) von La Calera. Immer rechts abbiegen, vorbei am Restaurant Descancillo, am Terrassen-Restaurant Mirador, danach sehen Sie links das Haus am Hang liegen. Den Parkplatz erreichen Sie, wenn Sie nach dem Restaurant La Pista links auf die alte Dorfstrasse einbiegen.

La Galeria und die Cine-Bar haben an den Veranstaltungstagen ab 20 Uhr geöffnet. Weiter Programm informationen erhalten Sie über Telefon 80 58 78.

Wir freuen uns auf Ihren Besuch.
La Galeria, La Calera, La Gomera. Islas Canarias
Vorverkauf bei "el fotografo"La Playa

## LA GALERIA
### Wir sorgen für Abwechslung

Jeden Dienstag um 21.03 h

## Kabarett "Baff"

Das insulare Wahnsinnskabarett präsentiert:
### Der Dichter und die Honigbiene
von & mit Barbara Groß (ex "Missfits") & Taff Thore.

"Das ist kurios und aberwitzig" (Gazeta Humoris). Es geht um Herz, Hirn und Hose. Ablachen bis die Schleimhäute schwellen. Verpassen Sie bloß diesen Abend nicht, Sie haben uns gerade noch gefehlt!

Einlaß und Café ab 20.01 Uhr
La Galeria ist in La Calera. Sie finden uns, wenn Sie die große Treppe links vom Ayuntamiento (Rathaus) von Calera benutzen, dann 2 mal rechts abbiegen und am Parkplatz nach links oben schauen.
In unserer gemütlichen Heaven-Bar kredenzen wir u.a. Waffeln und leckere Möhrensahnesuppe! Hmmm!
*Bienvenido, bis gleich.*

Abb. 3:
Deutsches Kulturzentrum
in La Calera

**Argayall**
Place of Light O.M.C.
La Gomera

Urlaub
Meditation
Selbsterfahrung
Heilung

**L**eben, lieben, lachen – den Platz genießen.
Du kannst gemütlich an einem unserer beiden Pools liegen oder dich unter unserem riesigen Gummibaum auf der Schaukel vergnügen. Genieße den Sonnenuntergang direkt vor unserer Tür und feiere mit uns ein Vollmondfest. Fühl dich wohl bei uns und entdecke dich selbst dabei!

**L**age, Umgebung und Klima.
Die Finca liegt etwa zehn Minuten zu Fuß vom nächsten Ort entfernt in einer eigenen Bucht. Cafés und Einkaufsmöglichkeiten sowie Fahrrad- und Autovermietungen sind schnell erreichbar. Direkt vor der Finca liegt ein Steinstrand, ca. fünf Minuten weiter findest du meistens Sandstrand. Ausflüge über die Insel führen dich vor allem in den beeindruckenden Regenwald, durch abenteuerliche Barrancos oder auf den geheimnisvollen Tafelberg, die Fortalezza. Unser Klima ist ausgeglichen mit Durchschnittstemperaturen von 21 bis 26 Grad. Von November bis März kann es auch mal etwas kühler und windiger sein.

Abb. 4:
Finca Argayall

Abb. 5:
Fitness-Zentrum in Vueltas

## Sie finden uns im
## Valle Gran Rey in La Puntilla

an der Promenade am Meer
auf halbem Weg zwischen
Playa und Hafen

**Bike Station Gomera**
La Puntilla No. 7
Valle Gran Rey
La Gomera - Canarias
Tel./Fax:
0034/9/22/80 50 82

**Öffnungszeiten:**
Täglich außer Sonntag
von 9⁰⁰ bis 13⁰⁰ Uhr
und von 17⁰⁰ bis 20⁰⁰ Uhr

Abb. 6:
Fahrradverleih in La Puntilla

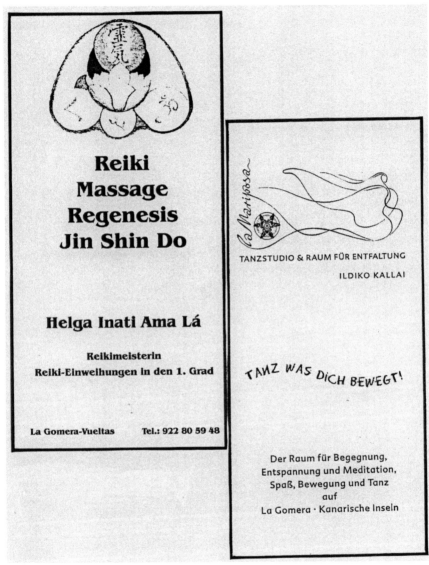

Abb. 7:
Reiki und Massage in Vueltas

Abb. 8:
Tanzstudio in Borbalán

245

Abb. 9:
Shiatsu und Massage in El Guro

Abb. 10:
Bäckerei und Konditorei

## Algo diferente

DAS NEUE LOGO VON LA GOMERA

EL NUEVO LOGO DE LA GOMERA

THE NEW SYMBOL FROM LA GOMERA

| KAPPEN | GORRAS | CAPS |
|---|---|---|
| TASCHEN | BOLSOS | BAGS |
| T-SHIRTS | CAMISETAS | T-SHIRTS |
| AUFKLEBER | PEGATINAS | STICKERS |
| REGENJACKEN | CHUBASQUEROS | RAINWEAR |

## Algo diferente

DER T-SHIRT LADEN NEBEN DER APOTHEKE

LA TIENDA DE CAMISETAS AL LADO DE LA FARMACIA

THE T-SHIRT SHOP NEAR BY THE FARMACY

Montag-Samstag-Lunes-Sabado-Monday-Saturday

10:00—13:30          17:30—20:30

Abb. 11:
T-Shirt Laden